老化混凝土桥梁疲劳寿命评估方法

马亚飞 郭忠照 王 磊 著

科学出版社

北京

内 容 简 介

我国混凝土桥梁占桥梁总数的90%以上，反复车辆荷载和不利环境影响下桥梁腐蚀疲劳损伤问题日益突出。本书针对腐蚀疲劳导致的材料复合损伤机理，对准确预测混凝土桥梁的寿命这一问题，开展了系统试验和理论研究。通过开展不同环境和不同应力比下的钢筋疲劳裂纹扩展试验，揭示材料疲劳断裂失效机理；通过研究腐蚀水平和应力幅值对混凝土梁抗弯刚度、疲劳寿命和失效模式的影响，建立老化混凝土梁疲劳抗弯刚度计算模型；提出坑蚀和疲劳耦合作用建模方法，考虑钢筋与混凝土间粘结性退化、外界环境变化等不确定性因素，提出基于等效初始裂纹增长的老化混凝土桥梁疲劳寿命评估方法。

本书可供桥梁管理及科研技术人员使用，也可作为桥梁工程方向研究生的教材。

图书在版编目(CIP)数据

老化混凝土桥梁疲劳寿命评估方法 / 马亚飞，郭忠照，王磊著. —北京：科学出版社，2023.9
ISBN 978-7-03-075961-0

Ⅰ.①老… Ⅱ.①马… ②郭… ③王… Ⅲ.①钢筋混凝土桥-梁桥-疲劳寿命-评估 Ⅳ.①U448.34

中国国家版本馆 CIP 数据核字（2023）第 123778 号

责任编辑：王　钰　李程程 / 责任校对：赵丽杰
责任印制：吕春珉 / 封面设计：东方人华平面设计部

科学出版社 出版
北京东黄城根北街 16 号
邮政编码：100717
http://www.sciencep.com

北京中科印刷有限公司印刷
科学出版社发行　　各地新华书店经销
＊

2023 年 9 月第 一 版　　开本：B5（720×1000）
2024 年 9 月第二次印刷　　印张：12 1/4
字数：247 000

定价：128.00 元
（如有印装质量问题，我社负责调换）
销售部电话 010-62136230　编辑部电话 010-62135319-2030

前　言

　　桥梁作为交通线路的咽喉要道，对交通的安全运营起着关键作用。截至 2022 年底，我国公路桥梁总数已达 103.3 万余座，居世界首位。其中，混凝土桥梁占很大比重。在不利环境长期作用下，桥梁老化、腐蚀问题日益突出，已成为制约桥梁服役水平的主要因素。同时，桥梁还承受反复车辆荷载作用，持续增长的交通量使得服役桥梁疲劳损伤问题逐渐显现。腐蚀会进一步加速疲劳损伤累积，显著降低结构使用寿命。工程中这种复合损伤较为常见，如除冰盐过量使用或在沿海等环境下防护不当，易引起腐蚀进而加剧桥梁疲劳。腐蚀和疲劳作用导致的结构失效往往是瞬间的，失效前无任何征兆。腐蚀和疲劳影响下桥梁维护和修复正日益成为关系结构长期耐久性的关键问题之一。混凝土桥梁的腐蚀疲劳损伤机理十分复杂，受很多因素影响，准确预测其腐蚀疲劳寿命是桥梁维修加固决策的前提。

　　笔者一直从事桥梁可靠性和耐久性方面的理论研究与实践。本书是笔者对老化混凝土桥梁疲劳性能退化特征及疲劳寿命评估方法的研究成果总结。全书共 9 章。第 1 章介绍钢筋以及混凝土构件在腐蚀疲劳耦合作用下的力学性能退化的研究现状，论述了现有研究仍有待解决的关键科学问题。第 2 章开展钢筋疲劳裂纹扩展试验，明确了应力比和材料晶粒组织取向对钢筋疲劳裂纹扩展性能的影响。第 3 章开展钢筋腐蚀疲劳裂纹扩展试验，揭示了应力比和腐蚀环境类型对钢筋疲劳裂纹扩展的影响，明确了钢筋腐蚀疲劳耦合机理。第 4 章研究腐蚀和疲劳影响下混凝土桥梁构件抗弯性能退化规律，构建了相应的抗弯刚度计算模型。第 5 章建立考虑空间效应的腐蚀钢筋疲劳后的本构关系模型。第 6 章考虑钢筋不同腐蚀形态和钢筋坑蚀导致的应力集中影响，发展腐蚀混凝土梁疲劳寿命高效分析方法。第 7 章考虑钢筋坑蚀的不同建模方法，提出坑蚀与疲劳耦合作用下混凝土桥梁寿命评估模型。第 8 章建立疲劳粘结退化下腐蚀钢筋与混凝土间变形不协调的解析量化模型，建立粘结退化影响下的疲劳寿命预测方法。第 9 章考虑混凝土桥梁服役环境变化影响，提出季节性腐蚀疲劳作用下的混凝土桥梁寿命评估方法。

　　本书由长沙理工大学马亚飞教授、华东交通大学郭忠照博士、长沙理工大学王磊教授共同撰写。在本书写作过程中得到了博士生汪国栋、苏小超，硕士生王强、彭安银提供的数据和资料支持。另外，本书还参阅、引用了大量国内外学者的相关文献，在此一并表示感谢！

感谢国家重点基础研究发展计划项目（项目编号：2015CB057705）、国家自然科学基金项目（项目编号：51508036）等对本书研究工作的资助，感谢长沙理工大学学术著作基金的资助。

由于笔者水平有限，书中难免存在不妥之处，敬请读者批评指正。

目　　录

第1章 绪　　论

1.1　研　究　意　义

交通是国民经济的命脉之一，"经济要发展，交通必先行"已成为全社会的共识。桥梁作为交通线路的咽喉要道，对交通的安全运营起着关键作用，是关系社会和经济协调发展的生命线工程。近年来，我国桥梁建设随着经济增长得到飞速发展，一次次刷新世人对中国桥梁建设的认识。截至2022年底，我国公路桥梁总数已达103.3万余座，居世界首位。其中，混凝土桥梁所占比重达90%以上。长期以来，服役钢筋混凝土（reinforced concrete，RC）桥梁由于环境、荷载等因素导致的病害突出，严重影响RC桥梁服役安全。

钢筋腐蚀是导致服役RC桥梁提前破坏及耐久性损伤的主要原因之一[1-2]。腐蚀引起的桥梁承载能力退化、安全储备不足已经成为世界性问题，持续增长的荷载加剧了该问题的严重性[3]。据统计，美国已有的近60万座桥梁中，每年有150～200座RC桥梁因性能劣化或部分或完全失效，有近45%的桥梁存在不同程度的缺陷[2]。美国公路桥梁每年仅因钢筋腐蚀引起的直接花费就超过80亿美元，加拿大和韩国早期因使用除冰盐导致RC结构遭到严重破坏，英国、澳大利亚和一些海湾国家等都有因钢筋腐蚀导致混凝土结构破坏的问题，其中英国每年的修复费高达50亿英镑。

我国既有RC桥梁也面临着同样问题。我国在役的混凝土桥梁中，有近60%的桥梁在环境和不利荷载等因素作用下服役性能退化、服役寿命减少，约有13%的桥梁存在严重问题（技术状况评定为四、五类桥）。有一大批桥梁由于钢筋腐蚀已经进入了"老龄化"，然而，这些桥梁长期"带病工作"，埋下了极大的交通安全隐患，如图1.1所示。例如，1979年通车的北京西直门立交桥，由于冬季撒盐化冰造成的"盐害"，在使用不到20年便被迫重建，重修费用达3000万元；天津滨海3座混凝土桥使用8～10年后，保护层脱落，桥墩、柱内钢筋已严重腐蚀。

RC桥梁在服役过程中不仅遭受环境腐蚀，同时还承受车辆荷载作用。车辆荷载作用导致钢筋材料、RC构件及结构出现疲劳损伤，而环境腐蚀加速其疲劳损伤累积，即腐蚀疲劳。腐蚀疲劳是交变荷载和腐蚀介质之间的联合交互作用，比腐蚀和疲劳的单一作用以及两者单一作用叠加效果对桥梁的服役安全更为不利，显著降低桥梁的使用寿命[4]。

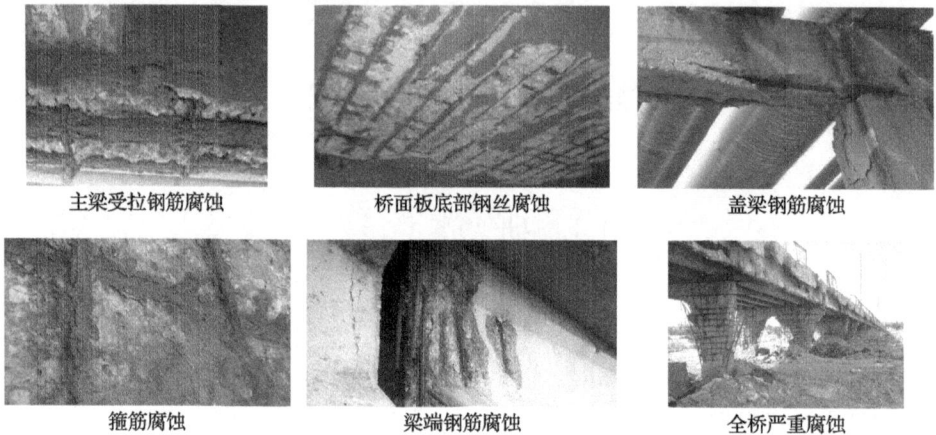

图 1.1　腐蚀导致的服役 RC 桥梁损伤

RC 桥梁腐蚀疲劳退化是一个多因素共同作用下的渐变过程,影响因素包括钢筋材料的腐蚀疲劳损伤、混凝土疲劳损伤、服役环境变化、疲劳粘结退化等[5]。在混凝土桥梁的疲劳分析中有效考虑上述因素的影响,将对结构抗疲劳和防断裂设计具有重要理论意义,同时对社会经济的稳步发展具有实际工程价值。因此,混凝土桥梁的腐蚀疲劳问题为土木工程界一大研究热点[6]。

已有试验研究表明,RC 桥梁构件的疲劳破坏为构成材料(如钢筋、混凝土)的局部疲劳破坏[7]。因此,有必要从材料层面入手,明确材料的疲劳劣化机理,这也是对整个桥梁构件进行疲劳分析的基础。同时,有研究指出,无论适筋混凝土梁还是超筋混凝土梁,在纯疲劳[8-9]、先腐蚀后疲劳[10]以及溶液环境中疲劳[11]等情况下,构件的疲劳失效模式均为受拉钢筋的脆性断裂,极少出现受压区混凝土的疲劳压碎破坏。

服役 RC 桥梁的疲劳性能退化与钢筋材料的疲劳裂纹萌生和扩展紧密相连。反复车辆荷载作用和钢筋材料自身微观缺陷将萌生材料内部微裂纹,微裂纹不断扩展并最终发展成为宏观裂纹,宏观裂纹不断增长,进而导致结构疲劳失效。掌握材料的疲劳裂纹扩展性能是疲劳寿命评估的前提。国内外学者研究各种材料的疲劳性能已近 200 年历史[12]。与航空航天、机械、化工、材料等领域相比,土木工程中基于断裂力学的材料裂纹扩展研究起步较晚,普通钢筋疲劳裂纹扩展性能至今仍不明确。

RC 桥梁及构件作为一种多材料构成体,仅研究其材料疲劳性能仍远远不够。RC 桥梁及构件的各构成材料之间存在相互作用,如钢筋腐蚀导致的粘结退化、疲劳粘结退化和混凝土疲劳损伤导致的结构应力重复分布等[13]。简化或忽略单个影响因素可在一定程度上反映 RC 桥梁的腐蚀疲劳基本退化规律,而考虑多因素共同作用效应，则有助于探究贴近实际的 RC 桥梁腐蚀疲劳退化机理。

因此，本书从桥梁常用钢筋材料入手，分别从微观和宏观角度研究钢筋腐蚀疲劳裂纹扩展性能，明确材料腐蚀疲劳耦合机制和腐蚀疲劳断裂机理，进而建立基于疲劳裂纹增长分析的 RC 桥梁腐蚀疲劳寿命分析方法和预测模型，明确钢筋不同腐蚀形态的模拟、服役环境的交替变化、混凝土疲劳损伤以及疲劳粘结退化对疲劳寿命预测结果的影响。研究成果可为混凝土桥梁的安全服役、抗疲劳设计提供科学依据和技术支撑。

1.2　国内外研究现状

1.2.1　腐蚀钢筋静力和疲劳性能

腐蚀将改变钢筋本构关系，导致屈服强度和极限强度逐渐退化。目前，腐蚀钢筋的相关力学性能指标随腐蚀率的变化规律主要由静力试验获得。Zhu 等[14]开展腐蚀钢筋静力拉伸试验并指出，钢筋抗拉强度随腐蚀率增大反而增大，增长近 30%。Maslehuddin 等[15]、Allam 等[16]通过大气环境对钢筋进行自然腐蚀并开展腐蚀钢筋拉伸试验，发现腐蚀率和直径对钢筋屈服强度影响较小。此外，Almuallam[17]基于试验得出，增大腐蚀率将降低钢筋的抗拉强度和延性。Cairns 等[18]通过开展腐蚀钢筋静力试验并进行数值模拟分析得出，增大腐蚀率导致腐蚀钢筋屈服强度近似呈线性下降。

吴庆和袁迎曙[19]通过开展通电和气候环境模拟下的加速腐蚀试验，得到不同腐蚀程度钢筋并开展静力拉伸试验，提出了腐蚀钢筋本构关系模型，指出钢筋力学性能在加速腐蚀环境下逐渐退化。徐港等[20]对 RC 试件进行了为期两年的干湿循环法腐蚀试验，指出腐蚀钢筋的极限强度和塑性性能随腐蚀率增大而降低，且腐蚀的不均匀性增大将缩短钢筋屈服平台直至屈服平台失效。张伟平等[21]获得了人工通电腐蚀、自然裸露腐蚀和服役桥梁中自然腐蚀的三种腐蚀钢筋并开展静力试验研究，指出各腐蚀条件下的钢筋力学性能退化规律差异不大，低腐蚀情况下的钢筋极限应变呈线性减小，通过综合已有文献数据，建立了腐蚀钢筋的应力-应变本构关系模型。

Zhang 等[22]、张伟平等[23]开展腐蚀钢筋的静力和疲劳拉伸试验，得到了腐蚀钢筋应力-寿命回归方程，提出了相关保证率和预期寿命的腐蚀钢筋容许应力幅值，指出钢筋疲劳性能比静力性能受腐蚀影响更大。Nakamura 和 Suzumura[24]开展了不同环境下的钢筋疲劳拉伸试验，发现潮湿环境下钢筋疲劳强度下降更快。Apostolopoulos 等[25-26]基于腐蚀 S400、S500s 钢筋低周疲劳试验，指出低周疲劳显著降低腐蚀钢筋延性,质量损失率为2%和3%分别减小钢筋疲劳寿命22%和47%。Sun 等[27]取出疲劳破坏后的混凝土梁的腐蚀受拉钢筋并对其进行静力拉伸试验,发现腐蚀钢筋屈服强度随着腐蚀率增大而显著降低,延性随腐蚀率增大而急剧减小,呈现硬钢特性。曾志斌和李之榕[28]分别对不同钢筋类型的疲劳寿命 S-N 曲线方程展开研究,将疲劳应力幅值作为参数指标,分别建立了光圆钢筋、变形钢筋的 S-N 曲线方程。

钢筋均匀腐蚀率以质量损失为代表。大量研究表明,坑蚀比均匀腐蚀对钢筋疲劳性能的影响更为显著。李士彬[29]对电化学加速腐蚀的钢筋和实桥当中自然腐蚀的钢筋展开高周疲劳试验研究,腐蚀钢筋疲劳断口的微观观察结果表明,坑蚀为钢筋断口裂纹源,增大腐蚀率导致腐蚀钢筋疲劳寿命显著减小。Nakamura 和 Suzumura[30]研究了坑蚀形状对钢丝疲劳性能的影响,坑蚀形状包括三角形、圆形和三角形坑蚀根部带刻痕,结果表明,坑蚀形态对钢丝疲劳强度具有重要影响,圆形坑蚀对钢丝疲劳性能影响较小,而三角形坑蚀和三角形坑蚀根部带刻痕的钢丝与自然腐蚀钢丝的疲劳寿命曲线相似。

Cerit 等[31]针对金属的局部腐蚀情况,开展了半椭圆形坑蚀下的坑蚀根部应力集中有限元分析,建立了坑蚀深度与应力集中因子的关系表达式,指出坑蚀的深宽比是坑蚀根部应力集中的主要影响因素,当蚀坑根部继续出现坑蚀时,应力集中情况更为显著。Ma 等[32]对光圆钢筋进行了四种人工缺口形状的模拟并进行了钢筋静力和疲劳拉伸试验,缺口形状包括径向椭圆形、轴向椭圆形、三角形和变长度三角形,结果表明,缺口根部应力集中程度按三角形缺口、变长度三角形缺口、径向椭圆形缺口和轴向椭圆形缺口的顺序依次减小,基于试验数据回归分析得到了不同缺口形状下的钢筋应力幅值-寿命-缺口深度的应力寿命 S-N 曲线方程。Chen 等[33]采用通电加速腐蚀方法对钢筋进行局部腐蚀,研究了局部腐蚀形态对钢筋疲劳性能的影响,发展了一种考虑最大坑蚀深度和坑蚀深宽比的钢筋疲劳寿命预测模型,并结合已有文献数据进行了模型验证。

1.2.2　疲劳裂纹扩展机理

安全寿命设计理论假定材料为均匀的、无缺陷的,研究荷载水平与疲劳寿命的关系,如应力-寿命法和应变-寿命法。但是,实际情况中的工程材料缺陷难以完全避免。损伤容限设计方法作为 20 世纪 70 年代新理论,其假定材料存在裂纹,通过断裂分析和试验验证,开展材料及构件的疲劳寿命评估以确保结构安全[34]。其中,断裂力学是研究疲劳裂纹萌生和扩展的理论基础。

因加工、运输以及材料内部杂质等因素,工程材料或多或少存在缺陷,反复荷载将导致疲劳裂纹在材料缺陷位置萌生和扩展。根据材料受力情况,疲劳裂纹可分为拉应力作用下的张开型、剪应力作用下的滑开型和撕开型,如图 1.2 所示[34]。

张开型（Ⅰ型）裂纹最容易导致材料疲劳断裂，也是工程研究的重点。

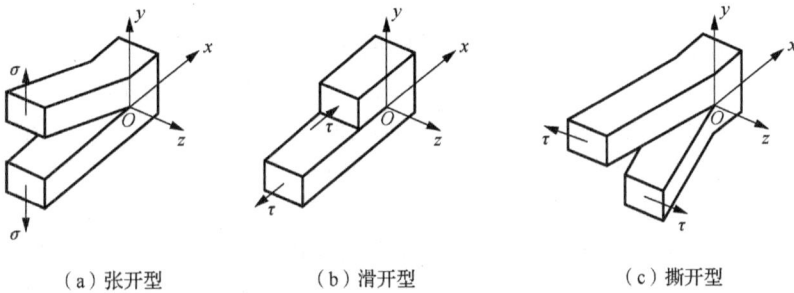

（a）张开型　　　　　　　（b）滑开型　　　　　　　（c）撕开型

图 1.2　疲劳裂纹类型

疲劳裂纹扩展速率 da/dN，即疲劳载荷每循环一次时的裂纹增长长度。疲劳裂纹扩展速率受裂纹尖端的交变应力场控制，且在疲劳裂纹扩展过程中，da/dN 不断变化，如图 1.3 所示。疲劳裂纹扩展包括三个阶段：裂纹低速增长阶段（阶段Ⅰ）、裂纹稳定增长阶段（阶段Ⅱ）、裂纹不稳定增长阶段（阶段Ⅲ）[34]。

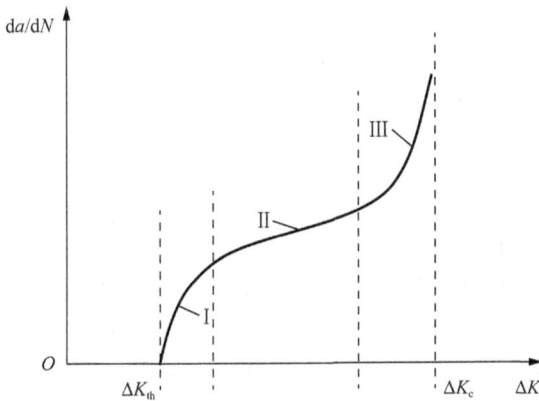

图 1.3　疲劳裂纹扩展 da/dN-ΔK 曲线

阶段Ⅰ中 ΔK_{th} 为裂纹扩展门槛值。当应力强度因子幅值 ΔK 大于 ΔK_{th} 时，疲劳荷载作用导致材料的微观缺陷位置萌生微裂纹，微裂纹将沿着与主应力方向约 45° 角的最大剪应力方向扩展，微裂纹继续扩展形成宏观裂纹。反之，当 ΔK 小于 ΔK_{th} 时则裂纹不扩展。裂纹扩展阶段Ⅰ的裂纹扩展速率容易受到材料晶粒构造、荷载条件和外部环境的影响，疲劳断口常见解理断面以及晶界分离等形貌。

阶段Ⅱ中的疲劳裂纹沿着与主应力垂直的方向扩展，材料晶粒构造、加载条件对裂纹扩展速率影响较小。阶段Ⅱ中裂纹扩展机制包括疲劳条带机制、微孔连接、微区解理和晶间分离四种，而疲劳条带机制常见于韧性材料中。

阶段III中 ΔK_c 为材料的断裂韧度。加载条件和材料晶粒构造对阶段III裂纹扩展速率影响较大。宏观裂纹增长到极限裂纹长度，材料将不足以承受外部荷载，最终导致材料断裂失效。阶段III裂纹扩展速率快，经历的荷载循环数在总寿命中所占比重极小。因此，现有的裂纹扩展模型主要考虑裂纹扩展的阶段I和阶段II。

不同材料的微观组织构造特点是彼此之间疲劳裂纹扩展性能差异的根本原因。为了明确材料的断裂机理、裂纹萌生和扩展的特点，对材料疲劳断口开展微观观察显得尤为重要。Guan 和 Yu[35]对比分析了两种不同晶粒构造的钢材的疲劳裂纹扩展性能，发现贝氏体晶粒比珠光体晶粒更能阻碍裂纹扩展，含贝氏体晶粒的钢材的裂纹路径中更易发生裂纹分叉，进而消耗更多能量，因此，含贝氏体钢材的疲劳性能优于含珠光体钢材。Zhao 等[36]进行了铁素体/珠光体 X80 金属管道的疲劳试验，发现不同晶粒之间晶界分布以及晶界之间损伤累积使得疲劳裂纹偏折，进而改变断裂模式。Ronevich 等[37]研究了 X65 钢管的疲劳裂纹扩展性能，指出 X65 钢管中铁素体和珠光体呈条带状并与管轴线平行，垂直于该条带组织的裂纹扩展速率明显低于平行于条带组织的裂纹增长速率。已有关于钛合金与铝合金材料的研究表明，增大晶粒尺寸将增大疲劳裂纹偏转程度和疲劳裂纹路径粗糙度，进而减缓材料的疲劳裂纹扩展速率[38-39]。Krüger 等[40]研究了不同工序处理后的 Ti-6-22-22-S 钛合金疲劳性能，指出层状晶粒构造的钛合金表现出更好的抵抗裂纹扩展性能，其原因在于层状构造钛合金的裂纹路径偏转较大、裂纹分支较多。

Carpinteri 等[41-42]指出，对于脆性和塑性材料，疲劳裂纹扩展性能均受到疲劳裂纹偏转和分叉的显著影响。对于珠光体离散分布于铁素体的钢材，疲劳裂纹更倾向于穿过铁素体晶粒，而在遇到珠光体时，疲劳裂纹则容易发生偏转[35]。对于珠光体均匀分布于铁素体的钢材，其疲劳裂纹路径的偏转程度明显大于珠光体离散分布于铁素体钢材的裂纹路径偏转程度[43]。HRB400 钢筋材料由珠光体与铁素体构成[44]，该材料的微观组织特点以及疲劳裂纹受偏转和分叉情况的影响仍尚未明确。

影响裂纹扩展的外部因素包括应力比、试件厚度、温度等，国内外学者们针对各种材料的服役条件，对相关影响因素开展大量研究。回顾已有研究得出，各影响因素对不同材料裂纹扩展性能的影响尚无法得到统一结论，也不足以解释不同材料裂纹扩展性能的异同。

Wang 等[45]研究了应力比对 16MnR 钢裂纹扩展性能的影响，指出应力比对裂纹低速扩展阶段影响较大。Kalnaus 等[46-47]分别开展了 304L 和 AL6XN 不锈钢的疲劳试验及对比分析，发现应力比对两种材料裂纹扩展速率均有较大影响，增大应力比将增大裂纹扩展速率。Zhao 等[48]系统研究了应力比、过载、降载对 7050-T651 铝合金的裂纹扩展性能的影响，指出应力比及疲劳荷载变化对该铝合金材料裂纹扩展性能有较大影响，增大应力比将减小其抵抗裂纹扩展性能。张仕朝等[49]开展了 Ti-1023 钛合金疲劳裂纹扩展试验并分析了应力比的影响，发现应力比仅在低应力强度范围内对裂纹扩展速率有明显影响。与以上结果相比，王立东等[50]对碳化硅颗粒复合材料的研究则得出了相反的结果，其研究指出，增大应力比反而减小该复合材料的裂纹扩展速率。

Korda 等[43]进行了铁素体-珠光体钢在不同试件厚度下的裂纹扩展研究，指出增大试件厚度将减小裂纹闭合效应，进而增大裂纹增长速率。Park 和 Lee[51]开展了 304 不锈钢的常幅疲劳试验，发现较薄试样的裂纹尖端塑性变形更大，导致裂纹尖端钝化并减小材料裂纹扩展速率。王春生等[52]对 HPS485W 钢进行了疲劳试验，发现试件厚度对 HPS485W 钢材裂纹扩展性能影响较大，相同厚度试件的裂纹扩展速率随应力比增大而增大。宗亮等[53]开展了多种试件厚度下的 Q345qD 钢疲劳试验，认为试件厚度变化对裂纹扩展速率影响很小。

吕宝桐和郑修麟[54]开展了不同温度条件下的 LY12CZ 铝合金疲劳试验，发现低温条件可提升 LY12CZ 铝合金的疲劳性能，降低其裂纹扩展速率，同时还指出 LY12CZ 铝合金材料在低温下裂纹扩展机制主要为条带机制。Dudgeon 和 Martin[55]开展了铝锂合金在不同温度下的疲劳试验，发现低应力强度时高温环境减小该材料裂纹扩展门槛值，高应力强度时提高温度会降低材料抵抗裂纹扩展性能。钱友荣和何向东[56]发现 30CrMnSiNiA 钢对温度变化具有较强敏感性，不同温度水溶液对该材料产生明显温度效应。

1.2.3　腐蚀疲劳裂纹扩展机理

腐蚀疲劳是交变荷载与腐蚀介质相互作用的过程，并且腐蚀疲劳耦合作用强于两者单独作用效应的简单叠加[57-58]。回顾以往氯离子环境下碳钢的腐蚀疲劳裂纹扩展研究，腐蚀疲劳裂纹扩展类型可分为三种：真腐蚀疲劳、应力腐蚀疲劳、真腐蚀疲劳与应力腐蚀疲劳的结合，如图 1.4 所示[59]。

对于真腐蚀疲劳，腐蚀介质降低材料的抵抗裂纹扩展性能，腐蚀环境下的裂纹扩展门槛值 $\Delta K_{th, cf}$ 小于惰性环境下的裂纹扩展门槛值 ΔK_{th}。当腐蚀环境下的疲劳裂纹尖端应力强度大于腐蚀疲劳裂纹扩展门槛值 $\Delta K_{th, cf}$ 时，腐蚀环境将加速疲劳裂纹扩展，使得低应力强度下的腐蚀疲劳裂纹增长速率明显大于纯疲劳裂纹增长速率。继续增大疲劳裂纹尖端应力强度使得腐蚀疲劳裂纹扩展速率逐渐趋近纯疲劳裂纹扩展速率[60]。

对于应力腐蚀疲劳，当腐蚀环境下的裂纹尖端应力强度大于腐蚀疲劳裂纹扩展门槛值 $\Delta K_{th, cf}$ 且小于应力腐蚀门槛值 K_{ISCC} 时，腐蚀环境对材料裂纹扩展速率的影响较小。当裂纹尖端应力强度大于应力腐蚀门槛值时，腐蚀疲劳裂纹扩展速率急剧上升并趋于稳定状态，腐蚀疲劳裂纹增长速率随应力强度增大而逐渐趋近纯疲劳裂纹扩展速率[61]。

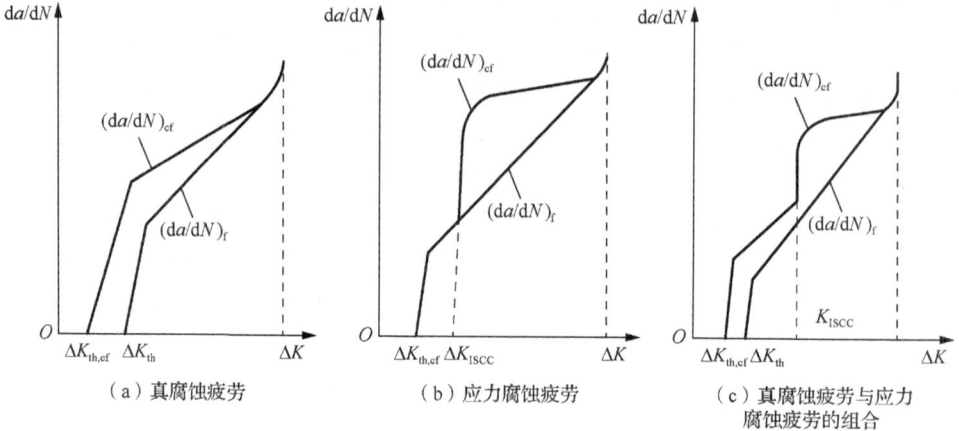

（a）真腐蚀疲劳　　　（b）应力腐蚀疲劳　　　（c）真腐蚀疲劳与应力
　　　　　　　　　　　　　　　　　　　　　　　　腐蚀疲劳的组合

图 1.4　腐蚀疲劳裂纹扩展类型

　　第三种腐蚀疲劳裂纹扩展速率模式为真腐蚀疲劳与应力腐蚀疲劳的组合形式。当腐蚀环境下的裂纹尖端应力强度大于腐蚀疲劳裂纹扩展门槛值 $\Delta K_{th, cf}$ 且小于应力腐蚀门槛值 K_{ISCC} 时，腐蚀疲劳裂纹增长速率稍大于纯疲劳裂纹增长速率。当应力强度大于应力腐蚀门槛值时，疲劳裂纹扩展速率模式则类似于应力腐蚀疲劳裂纹扩展速率[62]。

　　Ding 等[63]开展了镍铝青铜合金材料在浓度 3.5%氯化钠溶液中的腐蚀疲劳试验，发现该合金材料裂纹扩展性能表现出真腐蚀疲劳裂纹扩展的特点。Weng 等[59]开展了不同浓度氯化钠溶液下的 AISI 4340 高强钢腐蚀疲劳研究，指出 AISI 4340 钢的腐蚀疲劳裂纹扩展速率表现出应力腐蚀疲劳特征，并提出了一种应力腐蚀疲劳裂纹扩展速率组合模型。McEvily 和 Wei[64]通过回顾已有研究工作，指出大部分金属材料的腐蚀疲劳裂纹扩展模式并非真腐蚀疲劳或应力腐蚀疲劳的单一形式，而是真腐蚀疲劳与应力腐蚀疲劳的组合形式。然而，不同的材料可能表现出不同于以上三种形式的腐蚀疲劳裂纹扩展速率模式。Schönbauer 等[65]开展了 12%Cr 钢在氯盐溶液环境下的腐蚀疲劳研究，发现该钢材在盐溶液中的裂纹扩展速率小于空气中的裂纹扩展速率。

　　阳极溶解和氢脆开裂是两种主要的腐蚀疲劳耦合机理。对于阳极溶解，腐蚀介质与金属材料之间发生电化学反应，在金属表面形成腐蚀产物层，疲劳荷载作用将破坏腐蚀产物层[66]。腐蚀产物层的反复形成与破坏将加速材料的溶解和疲劳裂纹扩展[67]。已有基于阳极溶解的裂纹扩展速率模型都以试验研究和法拉第定律为理论基础[68]。对于氢脆开裂，氢原子扩散进入裂纹尖端，对疲劳裂纹扩展速率有显著影响，氢原子可能源自氢气、阴极极化作用、水解反应等。目前对氢脆开裂的解释主要有氢原子加剧裂纹尖端塑性变形理论、氢原子加剧晶粒解理断裂理论等[69]。在溶液环境下，阳极溶解和氢脆开裂在疲劳裂纹尖端同时发生，而哪一种机制占主导地位则受众多因素的影响，包括金属材料微观组织结构、外界环境的腐蚀类型、疲劳荷载形式和频率等[70-71]。已有研究表明，绝大部分碳钢和合金在氯盐溶液中均以氢致开裂为主要腐蚀疲劳耦合机制。然而，Zhao 等[72]研究了 E690 碳钢在模拟海水环境下的腐蚀疲劳性能，指出当应力水平接近材料屈服强度时，阳极溶解为 E690 钢疲劳裂纹萌生的主要腐蚀疲劳耦合机制。

Olive 等[73]研究 316L 钢在氯盐溶液中的疲劳性能，借助长聚焦显微镜对其腐蚀疲劳裂纹扩展过程进行实时观测，量化了 316L 钢材在腐蚀疲劳过程中的金属溶解量和气态氢析出量。沈海军[74]研究了不同酸碱度条件下 7475-T761 合金裂纹扩展性能，指出 3.5%NaCl 溶液中的 pH 值增大将增强该材料抵抗裂纹扩展性能。杨胜等[75]分别开展了常温空气、潮湿环境以及盐雾条件下的 2E12 合金的疲劳研究，发现该合金具有较好的抗疲劳性能，受环境影响程度由大至小依次为盐雾环境、潮湿环境、室温环境，并且随着环境腐蚀程度增强，材料的脆性断裂特征也逐渐明显。

1.2.4　腐蚀混凝土梁疲劳性能退化

钢筋混凝土是桥梁工程中最常用的建筑材料之一。现如今，国内外研究人员对 RC 结构的疲劳性能开展了大量室内试验研究和实地监测监控，也编撰了疲劳设计规范[76]。RC 梁在反复荷载作用下的疲劳寿命[77]、抗弯刚度[78]、混凝土开裂宽度[9]、混凝土裂缝发展规律[8]等都已被大量研究，并且研究人员针对混凝土结构在常幅和变幅疲劳作用下的抗弯性能退化规律也进行了大量有限元模拟分析。上述研究均为钢筋混凝土结构的纯疲劳研究而未考虑腐蚀影响，难以对既有混凝土结构的疲劳性能评估提供可靠参考[79]。因此，针对钢筋混凝土结构在腐蚀和疲劳作用下的疲劳性能研究逐渐开展起来。

Ma 等[80]开展了钢筋混凝土矩形梁的加速腐蚀试验和疲劳加载试验，指出试验梁破坏模式均为受拉钢筋的脆性断裂，混凝土梁跨中挠度随着疲劳加载次数增加而呈现快速增长-稳定缓慢增长-快速增长的特点，并发展了腐蚀混凝土梁在疲劳作用下的抗弯刚度退化模型。易伟建和孙晓东[81]通过开展腐蚀混凝土梁疲劳试验得出，坑蚀导致钢筋局部应力激增并显著减少梁的疲劳寿命，试验梁基准频率随时间增加而呈现非单调递减，基准频率变化规律不足以预示试验梁的疲劳脆性断裂，腐蚀混凝土梁塑性性能随应力幅值增大而减小。李士彬等[82]研究了腐蚀严重的无粘结 RC 梁疲劳性能，发现无粘结段越长，试验梁抗弯刚度越小，粘结性能对寿命影响极小，受拉钢筋的腐蚀水平和应力幅值是影响 RC 梁疲劳寿命的主要因素。

何世钦等[83]研究了空气、淡水、盐水条件下的混凝土梁疲劳抗弯刚度退化规律，指出混凝土在腐蚀环境下出现疲劳模量退化，腐蚀疲劳作用下的钢筋性能劣化和钢筋-混凝土界面性能退化是混凝土梁刚度退化的主要原因,而盐水中的刚度退化最快。王海超等[84]开展了空气、淡水、盐水条件下的混凝土梁疲劳性能研究,试验梁跨中挠度随着疲劳次数增加而增加且表现出三阶段特点,随着环境腐蚀程度增加,试验梁抗弯刚度退化加快且寿命显著减小。Fang 等[85]研究了腐蚀混凝土梁的疲劳性能并进行了数值模拟分析,揭示了腐蚀钢筋-混凝土界面疲劳粘结退化对 RC 梁抗弯性能的影响,发现钢筋在低腐蚀情况下将提升钢筋-混凝土界面粘结性能,而钢筋在高腐蚀情况下将减小粘结性能,粘结性能的提升将增大腐蚀梁抗弯承载力近 5%。

Yi 等[10]进行了腐蚀 RC 梁的疲劳试验研究,发现 3.25%腐蚀率的试验梁的疲劳寿命比未腐蚀梁疲劳寿命减少超过 60%,试验梁断裂截面均为最大弯矩区的最大坑蚀位置,钢筋腐蚀水平和应力幅值是钢筋疲劳性能退化的重要因素,钢筋塑性性能和屈服强度均随应力幅值和腐蚀水平的增加而减小,而塑性性能退化尤为明显。Sun 等[27]开展腐蚀混凝土梁疲劳试验发现,未腐蚀梁具有较好的疲劳性能,经历 200 万次疲劳荷载循环后仍展现出较好的塑性变形能力,而所有腐蚀梁均以受拉钢筋脆性断裂为失效模式。Zhang 等[86]通过试验研究指出,腐蚀梁均为纯弯段混凝土主裂缝位置的主筋发生疲劳脆性断裂,受压混凝土应变、钢筋应变随荷载循环次数增加而增加,横截面受压区高度随荷载循环次数增加而减小,横截面内由于钢筋和混凝土的疲劳损伤累积而出现应力重分布。

1.2.5 腐蚀疲劳寿命评估方法

对于既有 RC 桥梁,交变荷载致使材料出现疲劳损伤,腐蚀环境则加速材料的损伤累积,显著降低桥梁疲劳寿命[87-88]。既有桥梁疲劳失效模式极少为受压区混凝土的压碎破坏,主要为腐蚀主筋脆性断裂[10]。目前,疲劳寿命评估的方法主要有两种:一种是基于材料应力-寿命特性和疲劳损伤累积规则的寿命评估方法;另一种是基于断裂力学和裂纹增长分析的寿命评估方法。前者是一种经验分析方法并缺乏明确的失效准则。对于后者,开展腐蚀疲劳寿命评估的关键在于如何处理蚀坑与疲劳裂纹之间的关系[89]。

一些研究学者将蚀坑当作钢筋的表面裂纹。Goswami 和 Hoeppner[90]提出了七个阶段的腐蚀疲劳寿命理论模型,考虑了蚀坑的形成以及蚀坑对疲劳裂纹成核的影响。Bastidas-Arteaga 等[88]建立 RC 桥梁的腐蚀疲劳寿命评估模型,蚀坑增长和蚀坑增长转变为疲劳裂纹增长是该模型的主要部分。Li 和 Akid[91]发展了钢轴材料的腐蚀疲劳寿命预测模型,该模型主要侧重于蚀坑的形成以及蚀坑向疲劳裂纹的转变阶段。Cheng 和 Chen[92]通过考虑疲劳荷载频率以及初始裂纹尺寸,建立了蚀坑增长转变为疲劳裂纹增长的极限应力强度因子模型。Shi 和 Mahadevan[93]建立了腐蚀疲劳寿命预测理论模型，该模型考虑了蚀坑成核、蚀坑增长以及蚀坑增长转变为疲劳裂纹增长过程中的随机不确定性。Nan 等[94]发展了腐蚀疲劳寿命预测方法并将腐蚀疲劳全过程划分为两个主要阶段：腐蚀初始阶段和疲劳裂纹增长直至结构失效。将蚀坑当作钢筋表面裂纹可简化腐蚀疲劳寿命预测方法，却忽略了蚀坑增长与疲劳裂纹增长之间的相互作用。

坑蚀是钢筋局部腐蚀形态的主要特点之一。坑蚀强化蚀坑根部应力场，诱发蚀坑根部疲劳裂纹的萌生和增长，显著降低钢筋疲劳寿命[31]。有关坑蚀发展机理、蚀坑对混凝土内钢筋力学性能的影响可详见 Apostolopoulos 等[95]的研究。一部分研究人员认为坑蚀不同于尖锐裂纹，实际工程中将蚀坑当作钢筋的表面缺口更为合适。Rust 等[96]基于传统的疲劳缺口因子方法建立了腐蚀试件的疲劳寿命预测模型。Xiang 和 Liu[97]假定蚀坑为半圆形缺口，提出腐蚀试件的基于裂纹增长分析的疲劳寿命预测方法。Ma 等[98]进一步发展了腐蚀 RC 梁的疲劳寿命预测模型，该模型将蚀坑当作缺口并融入了均匀腐蚀和局部腐蚀两种腐蚀形态。

另外，腐蚀疲劳作用会导致钢筋与混凝土之间粘结性能退化。腐蚀钢筋与混凝土之间疲劳粘结性能的退化可以表征为钢筋滑移量、粘结强度、沿钢筋长度的粘结应力等结果的逐步增加[99-101]。腐蚀和疲劳都将导致钢筋-混凝土界面粘结退化，导致两者变形不协调，影响腐蚀钢筋应力水平及其疲劳裂纹增长速率。因此，腐蚀钢筋疲劳粘结退化应当在 RC 结构的疲劳失效分析中加以考虑。Zhang 等[86]基于材料应力-寿命曲线和线性损伤累积规律建立了腐蚀 RC 梁疲劳寿命预测模型。对于 RC 结构整体性分析，充分考虑钢筋坑蚀、混凝土性能劣化和钢筋-混凝土界面粘结退化有助于深入理解既有 RC 结构的疲劳性能退化规律。

1.3　已有研究的局限性

目前，针对钢筋材料和 RC 桥梁构件的疲劳性能已开展了一些研究，也取得了一些成果，但仍有一些结果需进一步验证，部分理论仍不成熟，主要问题如下：

（1）钢筋脆性断裂是混凝土结构的主要疲劳失效模式，然而，钢筋疲劳裂纹扩展性能、钢筋材料微观构造特点、钢筋疲劳断裂机理等，目前鲜有报道。另外，钢筋在实际服役过程中受到疲劳和腐蚀共同作用。钢筋腐蚀疲劳裂纹扩展性能、腐蚀疲劳耦合机制、不同环境中的腐蚀疲劳性能仍未明晰。

（2）坑蚀是钢筋主要腐蚀形式之一。坑蚀导致蚀坑根部应力集中，显著降低钢筋疲劳寿命。钢筋疲劳断裂的起源位置通常为蚀坑根部，蚀坑对钢筋疲劳裂纹的萌生和扩展起到了至关重要的作用。然而，蚀坑与疲劳荷载共同作用对钢筋材料性能退化的影响仍不明确，关于考虑蚀坑对钢筋疲劳性能影响的力学机理模型仍需深入研究。

（3）现有的腐蚀 RC 梁疲劳寿命预测模型主要专注于混凝土内腐蚀受拉钢筋的疲劳寿命预测，未考虑 RC 梁受压区混凝土的疲劳损伤以及钢筋与混凝土之间疲劳粘结退化。混凝土疲劳损伤和钢筋-混凝土界面粘结退化都将导致 RC 梁内部的应力重分布。如何系统地将钢筋腐蚀形态、混凝土疲劳损伤和腐蚀钢筋疲劳粘结退化融入 RC 桥梁疲劳寿命评估，仍有待进一步研究。

（4）既有疲劳寿命预测模型均针对预腐蚀构件和结构，未考虑蚀坑增长与疲劳裂纹增长的相互作用，另外，RC 桥梁的混凝土保护层开裂以及服役环境的季节交替变化将使得蚀坑增长与疲劳裂纹增长之间的相互影响更为复杂。目前涵盖这些影响因素的腐蚀疲劳寿命评估理论模型鲜有报道。

1.4　本书内容体系

本书综合运用统计学理论、可靠性理论、钢筋混凝土理论等，围绕钢筋腐蚀疲劳裂纹扩展性能和既有 RC 桥梁疲劳寿命评估展开研究，主要内容如下：

1）钢筋疲劳裂纹扩展试验

以 HRB400 钢筋为研究对象，研究空气环境下钢筋径向和轴向的疲劳裂纹扩展性能，分析应力比、微观组织结构取向对疲劳裂纹扩展速率和疲劳裂纹扩展门槛值的影响。通过对钢筋材料、试件断口和裂纹路径进行微观观察研究，明确不同应力比和晶粒组织取向下的钢筋疲劳裂纹扩展机理。

2）钢筋腐蚀疲劳裂纹扩展试验

根据 HRB400 钢筋实际断裂情况，设计空气、纯水、3.5%氯化钠溶液、3.5%氯化钠溶液通电加速腐蚀四种环境，研究应力比和环境类型对钢筋径向腐蚀疲劳裂纹扩展性能的影响。分析钢筋的断口形貌、断口成分，明确不同环境下的钢筋断裂机理，定量分析疲劳裂纹尖端的腐蚀疲劳耦合机制，揭示钢筋腐蚀疲劳耦合机制随环境情况的变化规律。

3）腐蚀 RC 梁疲劳后抗弯刚度退化试验与计算方法

开展疲劳荷载下快速腐蚀 RC 梁的抗弯试验，研究试验梁在经历不同疲劳次数后的混凝土裂缝发展规律、荷载-挠度关系和失效模式，分析不同腐蚀水平对 RC 梁疲劳寿命的影响。在现有规范的基础上，系统考虑疲劳作用、锈胀、混凝土弹性模量退化、腐蚀钢筋与混凝土间的变形不协调等因素的影响，发展疲劳后的锈胀 RC 梁抗弯刚度计算模型。

4）考虑空间效应的腐蚀钢筋疲劳后本构关系模型

开展混凝土梁电化学腐蚀试验和疲劳抗弯试验，腐蚀梁疲劳失效后，取出试验梁中不同位置处的普通钢筋进行静力拉伸试验，着重研究经历疲劳加载后的钢筋应力-应变关系曲线以及强度的变化规律。最后，提出一个考虑空间位置效应的钢筋疲劳后的本构关系模型，运用已有文献中的试验结果验证了该模型的有效性。

5）腐蚀 RC 梁疲劳寿命高效分析方法

针对钢筋蚀坑根部的裂纹，采用发展的渐进插值分析法评估应力强度因子。根据腐蚀观测和分析结果，建立腐蚀深度和腐蚀率的关系表达式，提出了腐蚀影响下的应力集中因子模型，发展基于等效初始裂纹发展的腐蚀 RC 梁寿命预测模型。分析混凝土疲劳性能退化对 RC 梁疲劳寿命的影响，并进行参数敏感性分析。采用反一次二阶矩法建立 RC 构件的腐蚀疲劳寿命预测概率模型，并将理论预测结果和试验结果进行比较验证。

6）坑蚀与疲劳耦合作用下 RC 桥梁寿命评估

针对钢筋坑蚀的不同模拟情况，提出两种 RC 桥梁腐蚀疲劳寿命评估方法。方法 I 将蚀坑模拟为钢筋表面缺口，方法 II 将蚀坑模拟为钢筋表面裂纹，两者均综合考虑氯离子侵蚀、蚀坑增长、疲劳裂纹增长、混凝土开裂、蚀坑根部应力集中等因素。对比两种模型并进行参数分析，明确钢筋坑蚀模拟情况对 RC 桥梁疲劳寿命评估的影响，为 RC 桥梁腐蚀疲劳寿命评估建模提供理论技术参考。

7）钢筋与混凝土间粘结退化影响下 RC 梁疲劳寿命评估

基于断裂力学和等效初始裂纹尺寸概念，综合考虑钢筋坑蚀、疲劳粘结退化和混凝土疲劳损伤的影响，提出腐蚀 RC 梁疲劳寿命预测方法。对 RC 梁受压区混凝土进行塑性应变分析，考虑混凝土性能劣化。提出腐蚀钢筋与混凝土之间的疲劳粘结退化模型，量化腐蚀钢筋与混凝土之间的应变不协调。考虑蚀坑根部应力集中并分析计算蚀坑根部应力强度因子。在腐蚀 RC 梁疲劳失效分析中，对钢筋疲劳断裂、混凝土压碎破坏以及梁端锚固失效三种失效模式进行实时判别。运用文献数据对模型进行验证，通过参数分析，揭示各影响因素对寿命预测的影响。

8）季节性腐蚀疲劳作用下 RC 桥梁寿命评估

将 RC 桥梁寿命划分为三个主要阶段：腐蚀初始-纯疲劳裂纹扩展阶段、蚀坑与疲劳裂纹竞争阶段以及结构失效阶段。模型融入了材料微观缺陷、氯离子扩散和侵蚀、蚀坑增长、疲劳裂纹增长、混凝土开裂、环境季节变化、蚀坑根部应力集中等因素。考虑各影响因素的不确定性，发展腐蚀疲劳寿命概率评估模型。对模型进行参数敏感性分析，明确应力集中、混凝土锈胀开裂损伤和环境季节交替变化对寿命评估结果的影响，为 RC 桥梁的季节性腐蚀疲劳寿命评估提供新思路。

第2章　钢筋疲劳裂纹扩展试验

HRB400 钢筋对应美国规范 ASTM A615 中 G60 级别的热轧带肋钢筋[102]，是目前中美两国在桥梁工程中最常用的钢筋材料之一。随着交通量和车辆荷载的不断增长，混凝土桥梁的钢筋疲劳损伤逐渐受到研究人员的关注。已有工程事故及试验研究表明，受拉钢筋断裂是混凝土桥梁的主要疲劳失效模式[10, 80]。混凝土桥梁的疲劳性能退化过程与钢筋材料的疲劳裂纹萌生和扩展有着紧密联系[8, 85]。反复车辆荷载作用以及钢筋材料自身微观缺陷导致材料内部萌生微裂纹，微裂纹不断扩展并发展成宏观裂纹，最终导致结构疲劳失效[38-39, 103]。掌握 HRB400 钢筋材料的疲劳裂纹扩展性能是基于裂纹扩展分析的疲劳寿命预测方法的重要前提。因此，研究 HRB400 钢筋疲劳裂纹扩展性能对钢筋材料以及钢筋混凝土结构的抗疲劳设计具有理论和实际工程意义。

疲劳裂纹扩展性能受到众多因素的影响。这些影响因素可分为外部因素和内部因素两大类。外部因素包括应力比、荷载频率、荷载波形、加工制造过程、环境等[104-105]。内部因素包括材料微观组织成分、晶粒尺寸、微观组织取向等[35, 106]。应力比，即材料最小应力与最大应力的比值，是材料疲劳裂纹扩展性能的重要影响因素，在20世纪60年代便得到研究人员的密切关注。现有针对铝合金、碳钢等材料的疲劳裂纹扩展研究表明，增大应力比将加速材料的疲劳裂纹扩展速率，且近门槛值区的疲劳裂纹扩展速率对应力比的敏感性要强于稳定扩展区[107-108]。然而，不同材料的疲劳裂纹扩展性能对应力比变化的敏感性差异较大，裂纹增长速率甚至存在几个数量级以上的差异。此外，王立东等[50]通过研究 SiC_p/Al 复合材料的疲劳性能，指出增大应力比反而减小该材料的疲劳裂纹扩展速率。由此可见，应力比对不同材料的疲劳裂纹扩展性能有不同的影响，甚至产生截然相反的作用。

材料晶粒尺寸、分布形式和微观组织取向同样对材料的疲劳裂纹扩展速率有重要影响。已有关于钛合金与铝合金材料的研究表明，较大晶粒尺寸增大疲劳裂纹偏转程度和疲劳裂纹路径粗糙度，进而减缓材料的疲劳裂纹扩展速率[38-39]。Carpinteri 等[41-42]指出，不管是脆性材料还是塑性材料，疲劳裂纹扩展性能明显受到疲劳裂纹偏转和分叉的影响。对于珠光体离散分布于铁素体的钢材，疲劳裂纹更倾向于穿过铁素体晶粒，而在遇到珠光体时，疲劳裂纹则容易发生偏转[35]。对于珠光体均匀分布于铁素体的钢材，其疲劳裂纹路径的偏转程度明显大于珠光体离散分布于铁素体钢材的裂纹路径偏转程度[43]。HRB400 钢筋材料由珠光体与铁素体构成[44]，但是关于该材料的微观组织特点以及该材料疲劳裂纹受偏转和分叉情况的影响仍需深入研究。

　　本章以 HRB400 钢筋为研究对象，以线弹性断裂力学为理论基础，开展空气环境下的疲劳裂纹扩展试验研究，考虑应力比、微观组织结构取向对疲劳裂纹扩展速率和疲劳裂纹扩展门槛值的影响，借助扫描电子显微镜和金相显微镜等设备观察分析疲劳断口和裂纹扩展路径，揭示钢筋在不同情况下的疲劳断裂机理。

2.1　疲劳裂纹扩展试验

　　钢筋疲劳裂纹扩展试验考虑的变量为应力比和疲劳裂纹扩展方向。应力比依次设定为 0.02、0.1、0.2、0.3、0.5。疲劳裂纹扩展方向分别为沿钢筋径向和沿钢筋轴向。

2.1.1　试件设计

　　以 ϕ40mm HRB400 钢筋为研究对象，材料主要化学成分质量分数如表 2.1 所示，经计算，碳当量（Ceq）为 0.45%。根据《金属材料　拉伸试验　第 1 部分：室温试验方法》（GB/T 228.1—2021）[109]测定钢筋基本力学性能，如图 2.1 所示，试验结果如表 2.2 所示。

表 2.1　HRB400 钢筋主要化学成分质量分数　　　　　　（单位：%）

C	Si	Mn	P	S	Cu	Cr	Ni	V	Fe
0.19	0.43	1.44	0.02	0.01	0.04	0.02	0.02	0.06	97.32

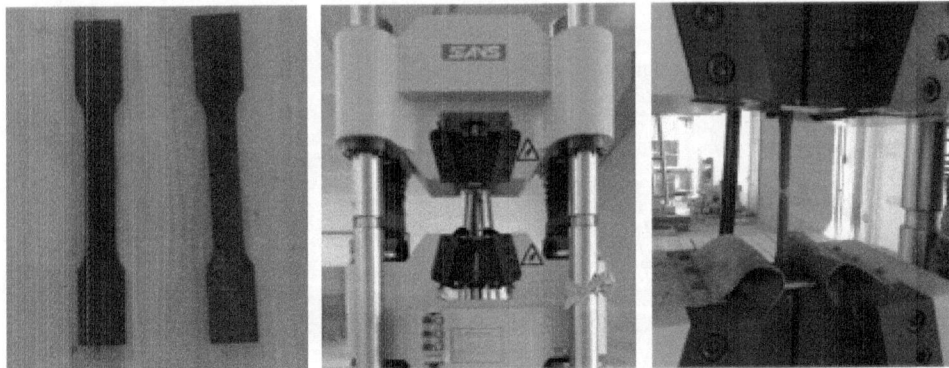

图 2.1　钢筋材料轴向拉伸试验

表 2.2　HRB400 钢筋材料力学性能

材料名称	弹性模量/MPa	σ_y/MPa	σ_u/MPa	延伸率/%
HRB400	2.1×10^5	472	632	23

根据 *Standard test method for measurement of fatigue crack growth rates*（ASTM E647-15）[110]，依次采用铣床、磨床、线切割等工艺，将钢筋制成标准紧凑拉伸［compact tension，C(T)］试件，试件厚度 B=5mm，宽度 W=28mm，C(T)试件具体尺寸如图 2.2 所示。

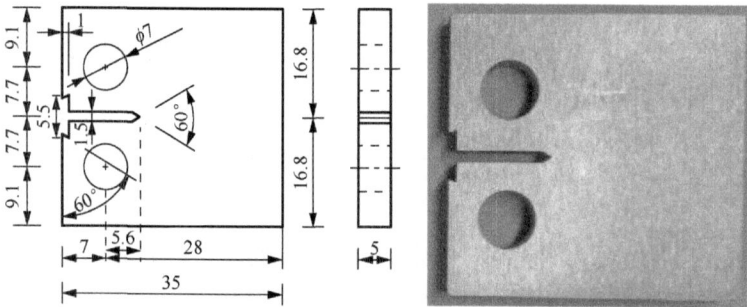

图 2.2　C(T)试件尺寸（单位：mm）

实际工程中，钢筋受力以轴向拉压为主。钢筋的疲劳失效模式为沿钢筋横截面发生疲劳断裂，疲劳裂纹扩展方向沿钢筋径向方向。已有研究表明，疲劳裂纹扩展速率与材料微观组织的相对位置有关，即与裂纹扩展方向有关。尽管实际工程中钢筋极少沿纵截面疲劳断裂，为了全面了解 HRB400 钢筋材料的疲劳裂纹扩展性能，分别考虑沿钢筋径向和轴向的疲劳裂纹扩展。C(T)试件与钢筋的相对位置关系如图 2.3 所示。

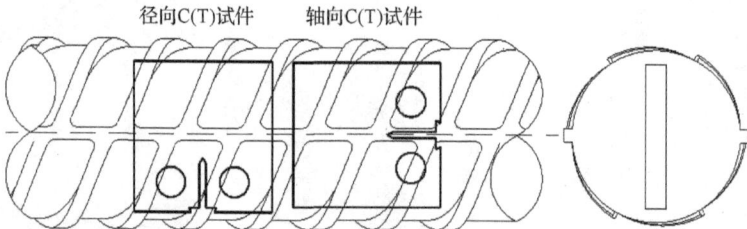

图 2.3　C(T)试件与钢筋的相对位置关系

2.1.2　试验过程

疲劳裂纹扩展试验采用 MTS Landmark 疲劳试验机，并借助 MTS 仪器自带的裂纹扩展试验功能模块进行数据采集，结合计算机自动控制、软件驱动等技术，预置试验参数、数据自动记录等。疲劳裂纹扩展试验条件如下：

（1）加载条件。试验过程包括预制疲劳裂纹和正常疲劳裂纹扩展两个阶段。两个阶段均在室温条件下进行正弦波加载，加载频率 10Hz，最大施加荷载均为 $F_{max}=4kN$。预制疲劳裂纹阶段，采用连续降力法，预制裂纹长度 1.5mm。预制裂纹结束后，正常疲劳裂纹扩展阶段包括两种加载方式，即常幅加载和逐级降载法加载。常幅疲劳加载可获取稳定扩展阶段的裂纹扩展速率曲线，逐级降载法加载可获得近门槛值区域的疲劳裂纹扩展速率及对应试验工况下的门槛值。

（2）应力比。应力比 R 设定为 0.02、0.1、0.2、0.3、0.5。疲劳荷载上峰值 F_{max} 固定，调整疲劳荷载下峰值 F_{min}，从而得到不同应力比。预制裂纹阶段和正常疲劳裂纹扩展阶段的应力比相同。

（3）试件数量。将径向和轴向 C(T)试件分别标记为 RD（radial direction，径向）和 AD（axial direction，轴向）。对两种试件施加 5 种应力比、2 种正常疲劳裂纹扩展加载方式，每一试验工况均开展 3 次重复试验，共计 60 个试件。

详细试验流程如下：

（1）核查试件尺寸。开展试验前，依次采用标号为 800、1000、1200、1500、2000 水磨砂纸在金相试样打磨抛光机上将 C(T)试件表面打磨至光滑洁净，便于观测疲劳裂纹走向。为了避免试件的几何尺寸误差，在试验开始前采用游标卡尺对试件尺寸进行核查，以保证在 MTS 测试系统中所输入的参数精确有效（图 2.4）。

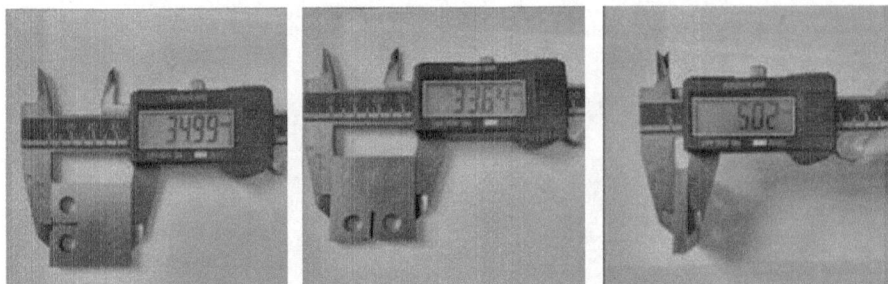

图 2.4　测定 C(T)试件尺寸

（2）确定试验荷载。根据 ASTM E647-15 标准，试件材料在疲劳裂纹扩展试验过程中应处于线弹性或小范围屈服状态[110]。若荷载过大，试件材料将不满足该要求，使裂纹尖端的塑性变形过大而产生过载迟滞效应。若施加荷载过小，试件裂纹尖端应力强度因子将小于门槛值（$\Delta K<\Delta K_{th}$），裂纹不扩展。因此，需要甄选、确定试验荷载取值，方法如下：

①试验法，经过试验尝试确定。②试算法，参照力学性能相近的材料并根据试算法确定。③测定法，测定材料断裂韧度 K_q，依据 $K_{max}<80\%K_q$ 确定荷载取值[111]。

本书结合①、②两种方法来确定试验荷载。回顾已有相关研究，疲劳裂纹稳定增长阶段的速率 da/dN 一般处于 $10^{-8}\sim10^{-5}$m/周期区间范围。参照相似材料[112]，当 da/dN 近似 10^{-8}m/周期时对应的应力强度因子 ΔK 约为 14MPa·$\text{m}^{0.5}$，应力强度计算式[110]为

$$K_{\max} = \frac{F_{\max}}{B\sqrt{W}} \frac{(2+\alpha)}{(1-\alpha)^{3/2}} (0.886 + 4.64\alpha - 13.32\alpha^2 + 14.72\alpha^3 - 5.6\alpha^4) \quad （2.1）$$

式中，$K_{\max}$ 为应力强度上峰值（MPa·$\text{m}^{0.5}$）；$F_{\max}$ 为疲劳荷载上峰值（N）；$\alpha=a/W$，a 为裂纹长度（mm），W 为试件宽度（mm）；B 为试件厚度（mm）。

试算结果为 $F_{\max} = 2.4$kN，拟定 $F_{\max} = 3$kN。经过试验操作，调整为 $F_{\max} = 4$kN。

（3）预制疲劳裂纹。本试验采用 MTS 的 Fatigue and Fracture 功能模块开展。测定疲劳裂纹长度的基本原理：采用引伸计测定 C(T)试件的切口张开位移，根据切口张开位移并运用柔度法反推裂纹长度。柔度法计算式[110]为

$$a / W = C_0 + C_1 U_x + C_2 U_x^2 + C_3 U_x^3 + C_4 U_x^4 + C_5 U_x^5 \quad （2.2）$$

式中，$C_0 \sim C_5$ 为常数；U_x 为切口张开位移的函数，如式（2.3）所示：

$$U_x = \left\{ \left[\frac{BEV_x}{F} \right]^{1/2} + 1 \right\}^{-1} \quad （2.3）$$

式中，E 为弹性模量（MPa）；F 为荷载值（N）；V_x 为切口张开位移（mm）。

预制疲劳裂纹阶段又分为核查试件切口尺寸和预制疲劳裂纹两个步骤，其试验加载装置如图 2.5 所示。

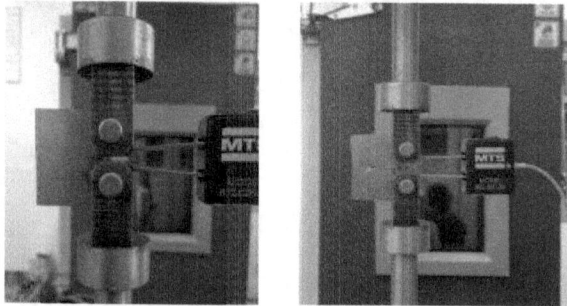

图 2.5　试验加载装置

核查试件切口尺寸。预制裂纹开始之前，运用引伸计对 C(T)试件切口 a_n 长度进行核查，核查切口尺寸时所施加的最大荷载为预制裂纹时疲劳荷载上峰值 $F_{\max}$ 的 0.7 倍。若切口测量值与实际值的偏差较大，在试验功能模块中微调材料弹性模量参数以调整切口长度测量值，直到切口测量长度与实际长度的偏差连续 3 次不超过 0.1mm，则开始预制疲劳裂纹。

预制疲劳裂纹。试验过程中，通过切口张开位移与施加荷载之间相对关系（即荷载-位移关系）来判别试件材料是否处于线弹性或小范围屈服状态，其中荷载与位移之间最小二乘拟合百分比下限和上限分别为 10% 和 90%。如图 2.6 和图 2.7 所示，核查切口尺寸和预制裂纹过程中，C(T) 试件保持线弹性工作状态，满足规范要求。

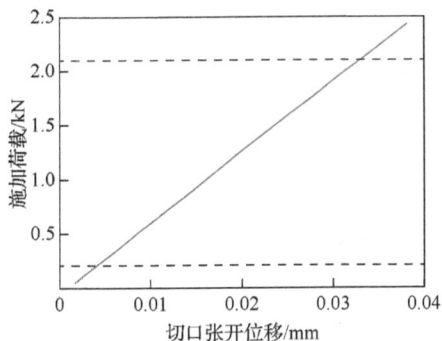

图 2.6　切口尺寸检查时荷载-切口张开位移　　　图 2.7　预制裂纹时荷载-切口张开位移关系
　　　　　关系

（4）常幅加载疲劳裂纹扩展试验。观察试验过程中的裂纹走向，若裂纹走向与试件对称面的夹角大于 10°，数据无效。疲劳裂纹扩展的走向可根据图 2.5 中装置进行。有关试验数据无效的说明可参见 ASTM E647-15 的规定[110]。如图 2.8 所示，由疲劳裂纹扩展过程中施加荷载和试件切口位移之间关系可得，试件处于线弹性状态。

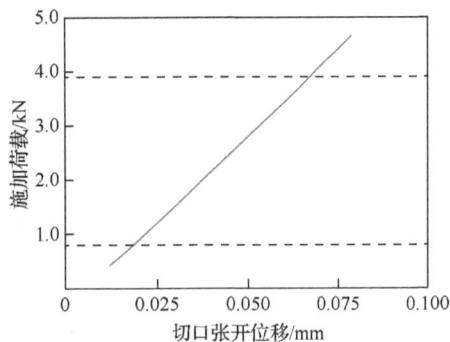

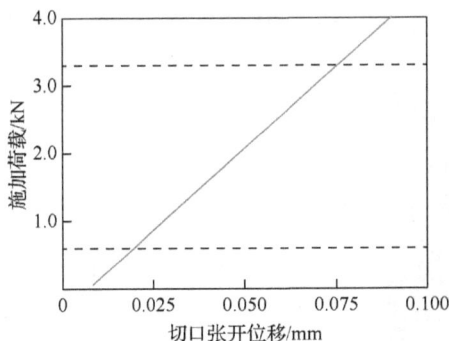

图 2.8　裂纹扩展时荷载-切口张开位移关系

（5）逐级降载法疲劳裂纹扩展试验。图 2.9 为逐级降载法的加载示意图。第一级加载的疲劳荷载上峰值 $P_{max,1} = 4kN$。每一级均为常幅加载，且每一级的疲劳荷载上峰值为前一级疲劳荷载上峰值的 95%。每一级的常幅加载过程均保持应力比一致。当每一级疲劳加载过程的疲劳裂纹增长量达到 0.25mm，则该级加载过程结束。随着逐级降载法的进行，疲劳裂纹扩展速率逐渐减小并最终呈现急剧下降趋势。当疲劳裂纹扩展速率的急剧下降阶段不少于 5 个裂纹扩展速率数据点，则逐级降载程序结束。对所述 5 个数据点进行线性回归分析，拟合直线与裂纹扩展速率 10^{-10}m/周期水平线的交点所对应的应力强度因子幅值即为门槛值。

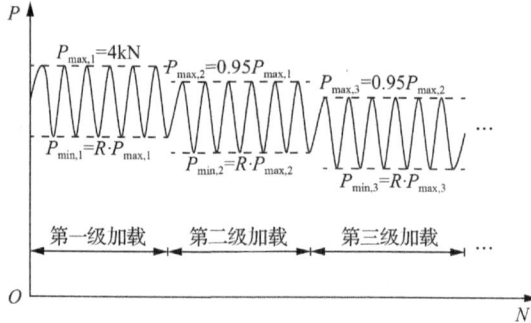

图 2.9　逐级降载法示意图

（6）核查试件断口并校正裂纹长度。试件拉断后，采用超声清洗仪并分别用酒精和丙酮清洗断口，然后，吹干试件并保存在干燥器中以供断口分析。试件断口如图 2.10 所示。如图 2.11 所示，采用金相显微镜测定断口的沿厚度方向 $\frac{1}{4}B$、$\frac{1}{2}B$、$\frac{3}{4}B$ 处裂纹最终长度并取均值。根据该均值与柔度裂纹长度的偏差，调整柔度方程［式（2.3）］中的弹性模量，修正柔度法测得的裂纹长度。有关裂纹长度修正的内容，参见 ASTM E647-15[110]。

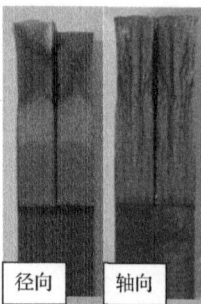

图 2.10　试件断口

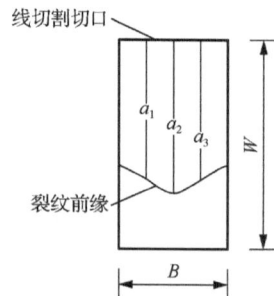

图 2.11　裂纹终值校正

（7）求解疲劳裂纹扩展速率。上述试验过程可获得裂纹长度 a 与荷载循环次数 N 的关系曲线，即 a-N 曲线。采用七点递增多项式法对 a-N 曲线开展局部拟合，从而获得疲劳裂纹扩展速率 da/dN。疲劳裂纹扩展速率可表示为关于应力强度因子幅值 ΔK 的函数。具体曲线结果以及对比情况可参见试验结果。

2.2　材料微观试验

2.2.1　制备断口样品

试验结束后，采用电火花线切割技术从常幅疲劳加载的 C(T)试件切下 15mm×5mm×2mm 的断口样品，如图 2.12 所示。断口样品包括疲劳裂纹扩展的三个阶段：预制裂纹、疲劳裂纹稳定扩展、疲劳裂纹快速扩展。将断口样品分别置于丙酮和无水乙醇中进行超声波清洗 15min，吹干后密封保存。采用 QUANTA 450 扫描电子显微镜对断口进行观察。

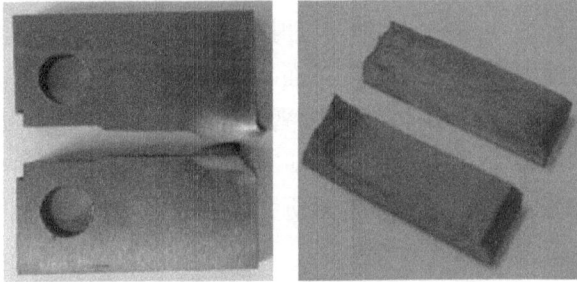

图 2.12　试件断口样品

2.2.2　制备金相样品

选取常幅疲劳加载的测试试件进行金相样品制备，制作过程包括四个步骤：取样、打磨、抛光、侵蚀。样品满足无麻点、无磨痕等要求，并且要求材料微观组织结构中夹杂颗粒、石墨等不脱落。

（1）取样。本试验研究目的有三个。第一，采用线切割技术从试件切取金属样品，运用金相显微镜观察样品，研究 HRB400 钢筋材料的微观组织结构特点。第二，运用线切割技术切取裂纹路径样品，使用金相显微镜观测疲劳裂纹扩展路径，探究钢筋材料的疲劳断裂机理。第三，沿断口的 1/2 厚度切取断口剖面样品，使用扫描电镜观察断口剖面，探究材料内部断裂情况。因此，金相样品分为三种：普通金相样品、裂纹路径样品、断口剖面样品，如图 2.13 所示。

（2）打磨。电火花线切割加工精度为±0.02mm，并且切割过程中使用冷却液降温以避免对材料产生热损伤。同时，切割所得样品的表明平整度高，样品不需要粗磨，可采用水磨砂纸在研磨机上直接细磨。依次用标号为 800、1000、1200、1500、2000 水磨砂纸对金相样品表面、裂纹路径样品表面以及断口剖面样品切面进行打磨，打磨过程中采用水流冷却材料样品，确保材料无热损伤。

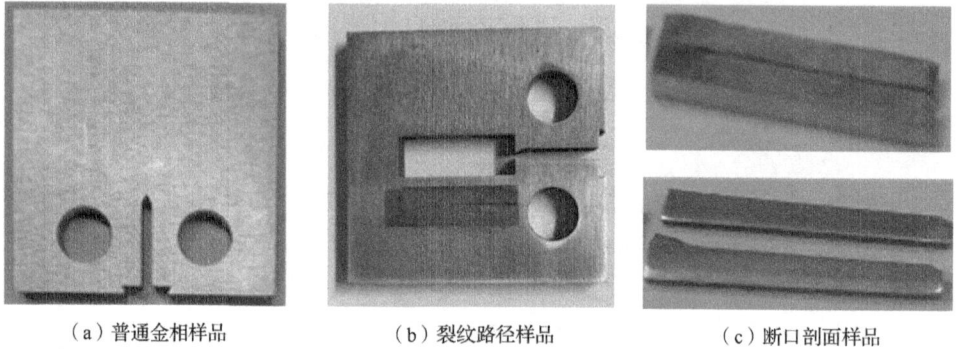

　　（a）普通金相样品　　　　　　（b）裂纹路径样品　　　　　　（c）断口剖面样品

图 2.13　金相样品的取样

　　（3）抛光和侵蚀。采用钻石抛光膏和抛光机对磨面进行抛光，消除上述打磨过程中磨面上留有的磨痕以得到光滑镜面。抛光后，将样品分别在丙酮和无水乙醇中超声波清洗 15min。运用 4%的硝酸酒精溶液对金相样品的抛光面进行侵蚀，侵蚀时间不超过 12s，再用无水乙醇立即冲洗样品。吹干样品并密封保存以备后续的金相显微镜和扫描电子显微镜观察研究。

2.2.3　选取观察点

　　为了对比不同应力比、不同裂纹扩展方向的 C(T)试件断口样品和金相样品的微观形貌，观察点位置分别对应疲劳裂纹扩展初始阶段、稳定扩展阶段、不稳定扩展阶段，如图 2.14 所示。扫描电镜可对样品放大数万倍进行观测，难以精确获取断口位置信息，且微观形貌通常具有很大的随机性，故对断口样品形貌仅作定性对比分析。对于金相样品，借助金相显微镜自带的二维测量分析软件 TM-4000C，对疲劳裂纹扩展路径进行定量比较分析。

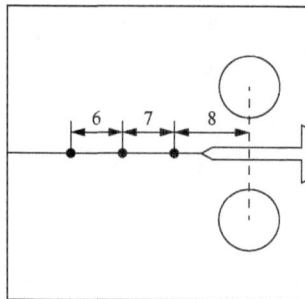

图 2.14　SEM 观察点位置示意图（单位：mm）

2.3 疲劳裂纹扩展性能退化规律

2.3.1 材料微观结构特点

采用金相显微镜对普通金相样品的各表面展开金相组织观察研究，并结合分析软件 TM-4000C 对金相图片进行测量分析。图 2.15 所示为 HRB400 钢筋材料的微观组织结构。白色晶粒为铁素体，暗色晶粒为珠光体。铁素体是碳元素与 α-Fe 的间隙固溶体。铁素体具有硬度低、塑性好等特点，在金相图谱中呈黄白色，与相邻晶粒的界限较为明显。珠光体是铁素体-渗碳体的片层状组织，强度和硬度明显高于铁素体，塑性和韧性明显低于铁素体。与铁素体相比，珠光体为钢筋材料中的硬相组织，对疲劳裂纹在材料中的扩展起到较好的阻碍作用[113-114]。

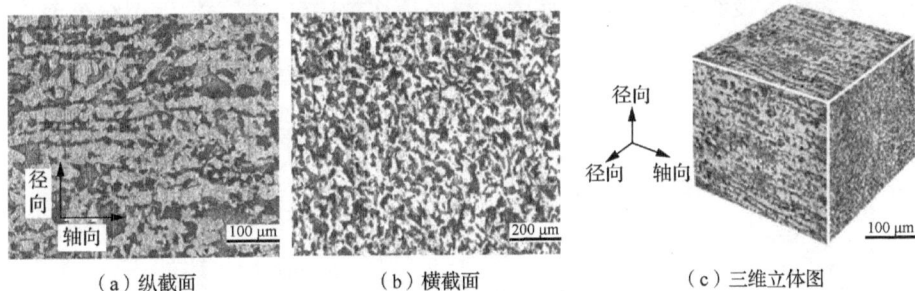

（a）纵截面　　　　　　（b）横截面　　　　　　（c）三维立体图

图 2.15　HRB400 钢筋材料的微观组织结构

如图 2.15 所示，HRB400 钢筋材料的微观组织结构具有明显的各向异性特点。在钢筋纵截面，HRB400 钢筋微观组织沿钢筋轴向呈条带状特征。其中，铁素体晶粒占钢筋晶粒总量的 58%，珠光体占晶粒总量的 42%，铁素体平均晶粒尺寸为 29.36μm。沿钢筋横截面，珠光体均匀分布于铁素体中，无明显组织结构取向规律。结合钢筋材料微观组织结构特点可知，C(T)试件与钢筋的宏观相对位置为径向与轴向，径向与轴向疲劳裂纹在微观角度则分别垂直和平行于铁素体-珠光体条带。

2.3.2 疲劳裂纹扩展速率

疲劳裂纹扩展速率可表示为应力强度因子幅值 ΔK 的函数。将疲劳裂纹扩展速率曲线（即 da/dN-ΔK 关系曲线）绘制于双对数坐标轴中，并对同一试验工况下的 3 次重复性试验的结果进行汇总对比，如图 2.16 和图 2.17 所示。

结合常幅加载和逐级降载两种加载条件，疲劳裂纹扩展速率曲线呈现出疲劳裂纹低速扩展阶段、稳定扩展阶段、不稳定扩展阶段。与常幅加载下轴向疲劳裂纹增长速率曲线相比，径向疲劳裂纹扩展速率曲线在起始阶段出现一个转折点，如图 2.16（b）所示。径向和轴向疲劳裂纹分别与铁素体-珠光体条带组织垂直和平行，该转折点的出现可归结为不同方向的疲劳裂纹存在不同的疲劳裂纹扩展机理。关于钢筋材料不同方向疲劳裂纹的扩展机理将在疲劳断口形貌和疲劳裂纹扩展路径分析部分展开详细讨论。

如图 2.16 和图 2.17 所示，相同试验工况下重复性试验的疲劳裂纹扩展速率曲线高度重合。为充分考虑试验数据点的离散性，运用 Paris 公式对各试验工况的疲劳裂纹扩展速率曲线分别按上限值、中值和下限值进行拟合，如图 2.16（a）所示。Paris 公式[115]为

$$\mathrm{d}a / \mathrm{d}N = C(\Delta K)^m \tag{2.4}$$

式中，a 为疲劳裂纹长度；N 为疲劳荷载循环次数；C、m 为疲劳裂纹扩展速率常数。

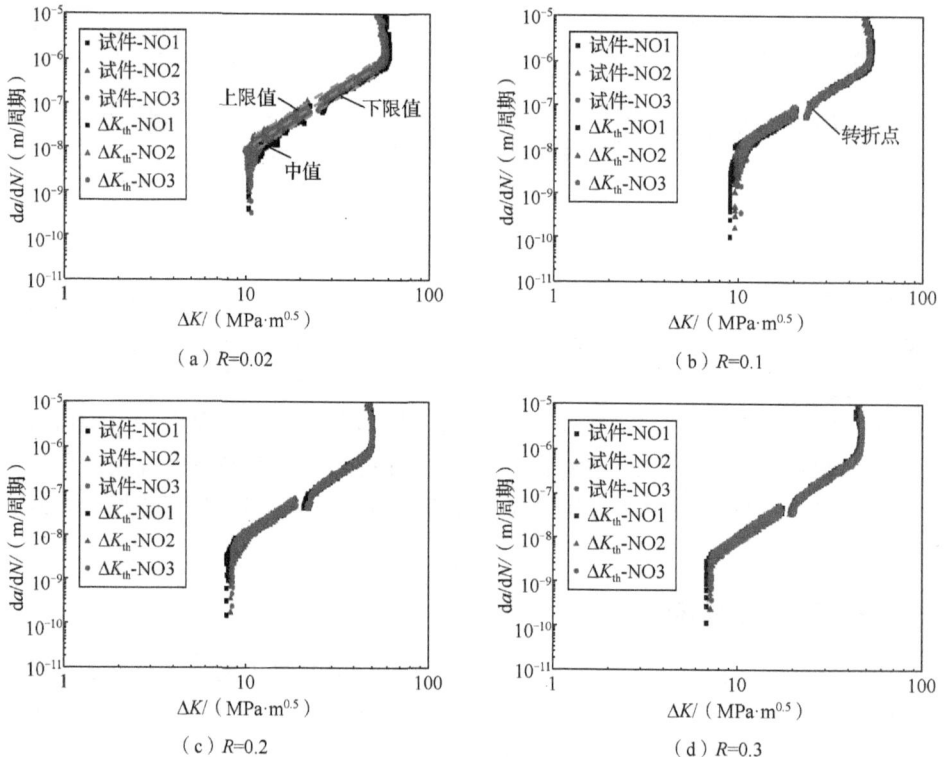

（a）R=0.02

（b）R=0.1

（c）R=0.2

（d）R=0.3

图 2.16　径向疲劳裂纹扩展速率曲线

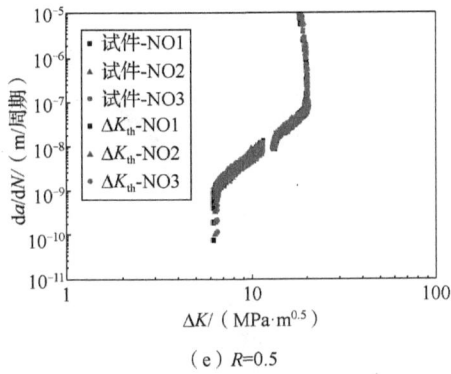

（e）R=0.5

图 2.16（续）

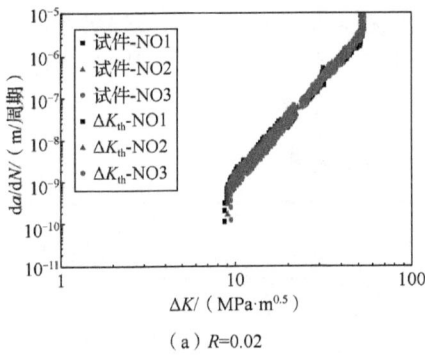

（a）R=0.02

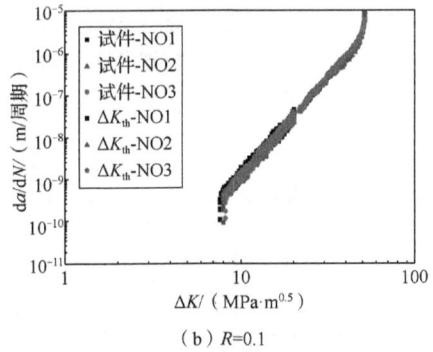

（b）R=0.1

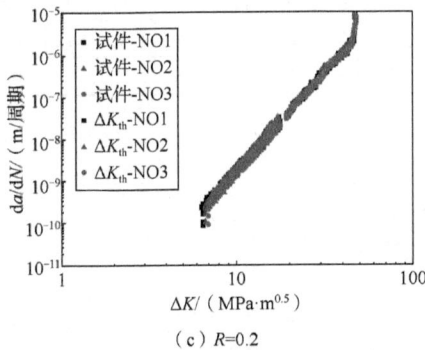

（c）R=0.2

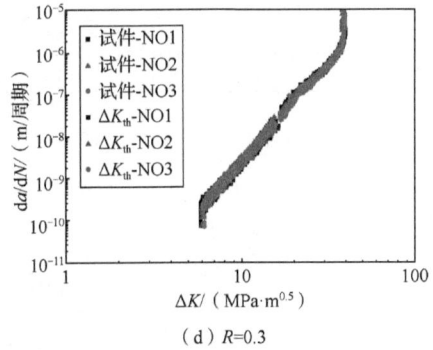

（d）R=0.3

图 2.17　轴向疲劳裂纹扩展速率曲线

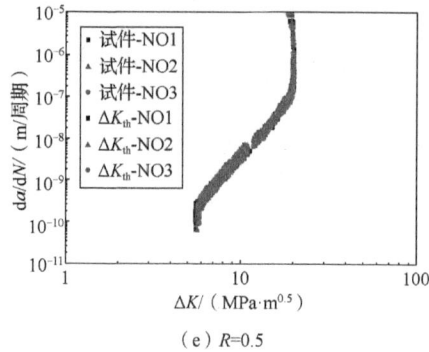

（e）$R=0.5$

图 2.17（续）

对式（2.4）两边分别取对数，得到

$$\lg \frac{\mathrm{d}a}{\mathrm{d}N} = \lg C + m \lg \Delta K \tag{2.5}$$

由式（2.5）可得，疲劳裂纹扩展速率曲线在双对数坐标下为线性关系，斜率为 m，截距为 $\lg C$，参数拟合结果如表 2.3 所示。将不同方向、不同应力比下的疲劳裂纹扩展速率曲线中值数据点进行汇总对比，如图 2.18 所示。

表 2.3　参数 m 和 $\lg C$ 拟合结果

应力比	轴向 C(T)试件				径向 C(T)试件			
	$\lg C$ 范围	$\lg C$ 中值	m 范围	m 中值	$\lg C$ 范围	$\lg C$ 中值	m 范围	m 中值
0.02	$-13.33\sim-13.39$	-13.32	$4.47\sim4.56$	4.54	$-10.59\sim-10.80$	-10.74	$2.64\sim2.71$	2.66
0.1	$-13.33\sim-13.47$	-13.33	$4.56\sim4.60$	4.55	$-10.77\sim-10.85$	-10.82	$2.75\sim2.83$	2.77
0.2	$-13.33\sim-13.51$	-13.41	$4.59\sim4.64$	4.63	$-10.82\sim-10.99$	-10.91	$2.81\sim2.91$	2.84
0.3	$-13.39\sim-13.54$	-13.46	$4.71\sim4.74$	4.72	$-10.88\sim-11.13$	-10.99	$2.88\sim2.93$	2.92
0.5	$-13.43\sim-13.91$	-13.65	$5.05\sim5.18$	5.14	$-11.96\sim-12.17$	-12.05	$3.6\sim3.71$	3.65

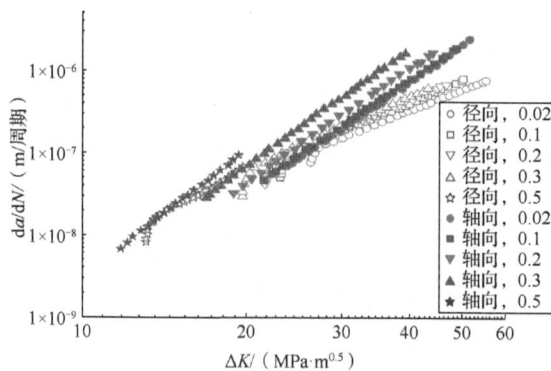

图 2.18　不同方向、不同应力比下疲劳裂纹扩展速率曲线

如图 2.18 所示，随着应力比的增大，疲劳裂纹扩展速率曲线朝 da/dN 和 ΔK 减小的方向平移，同方向的 da/dN-ΔK 曲线近似平行。由表 2.3 和图 2.18 可知，相同方向疲劳裂纹的扩展速率随应力比的增大而增大，参数 m 随应力比的增大而增大，参数 $\lg C$ 随应力比的增大而减小。从力学角度而言，当疲劳荷载增大时，疲劳裂纹尖端发生拉伸塑性变形，在卸载过程中，疲劳裂纹尖端产生反向塑性变形[107]。反向塑性变形越大，裂纹尖端残余压应力越大。下一个加载循环的拉伸过程需克服前一个加载循环所产生的反向塑性变形。在本章试验中，疲劳荷载上峰值固定，疲劳荷载下峰值随应力比增大而增大。增大应力比将减小卸载幅度，减小裂纹尖端反向塑性变形，进而降低裂纹尖端残余压应力，减小裂纹尖端塑性诱导裂纹闭合效应。因此，增大应力比将加速疲劳裂纹扩展。

如图 2.18 和表 2.3 所示，对于不同方向的疲劳裂纹，相同应力比和 ΔK 条件下的轴向裂纹增长速率大于径向裂纹增长速率。轴向疲劳裂纹扩展速率曲线斜率 m 大于同等条件下的径向疲劳裂纹扩展速率曲线斜率。由此说明，钢筋在径向方向的抵抗疲劳裂纹扩展性能要强于轴向方向。

为了明确应力比和材料取向对钢筋疲劳裂纹扩展性能的影响，选取应力比 R 为 0.02 和 0.3 以及应力强度因子幅值 ΔK 为 $30MPa\cdot m^{0.5}$、$35MPa\cdot m^{0.5}$ 和 $40MPa\cdot m^{0.5}$ 情况下的径向和轴向疲劳裂纹扩展速率进行定量对比分析，相关参数如表 2.4 所示。应力比对径向和轴向疲劳裂纹扩展速率的影响，计算如下：

$$D_{RD,R} = (FCG_{RD,0.3} - FCG_{RD,0.02}) / FCG_{RD,0.02} \tag{2.6}$$

$$D_{AD,R} = (FCG_{AD,0.3} - FCG_{AD,0.02}) / FCG_{AD,0.02} \tag{2.7}$$

式中，$D_{RD,R}$ 和 $D_{AD,R}$ 分别为增大应力比对径向和轴向裂纹扩展速率产生的增长百分比；$FCG_{RD,0.3}$ 和 $FCG_{AD,0.3}$ 分别为径向和轴向疲劳裂纹在应力比 $R=0.3$ 时的速率；$FCG_{RD,0.02}$ 和 $FCG_{AD,0.02}$ 分别为径向和轴向疲劳裂纹在应力比 $R=0.02$ 时的速率。

材料取向对不同应力比下疲劳裂纹扩展速率的影响，计算如下：

$$D_{O,0.02} = (FCG_{AD,0.02} - FCG_{RD,0.02}) / FCG_{RD,0.02} \tag{2.8}$$

$$D_{O,0.3} = (FCG_{AD,0.3} - FCG_{RD,0.3}) / FCG_{RD,0.3} \tag{2.9}$$

式中，$D_{O,0.02}$ 为应力比 $R=0.02$ 时轴向裂纹扩展速率比径向裂纹扩展速率的增长百分比；$D_{O,0.3}$ 为应力比 $R=0.3$ 时轴向裂纹扩展速率比径向裂纹扩展速率的增长百分比。

如表 2.4 所示，当应力比从 0.02 增大至 0.3 时，径向疲劳裂纹速率的增长百分比 $D_{RD,R}$ 在 $\Delta K=30MPa\cdot m^{0.5}$ 和 $\Delta K=40MPa\cdot m^{0.5}$ 条件下分别为 31.08% 和 44.92%，增长百分比随 ΔK 增长的增长速率为 44.53%；轴向疲劳裂纹速率的增长百分比 $D_{AD,R}$ 在 $\Delta K=30MPa\cdot m^{0.5}$ 和 $\Delta K=40MPa\cdot m^{0.5}$ 条件下分别为 94.68% 和 151.69%，增长百分比随 ΔK 增长的增长速率为 60.21%。由此可得，轴向疲劳裂纹扩展速率对应力比的变化更为敏感。

表 2.4　应力比和材料取向对钢筋疲劳裂纹扩展速率的影响

$\Delta K/$ (MPa·m$^{0.5}$)	裂纹扩展速率/（10^{-7}m/周期）				$D_{RD,R}$/%	$D_{AD,R}$/%	$D_{O,0.02}$/%	$D_{O,0.3}$/%
	径向		轴向					
	R=0.02	R=0.3	R=0.02	R=0.3				
30	1.48	1.94	1.88	3.66	31.08	94.68	27.02	88.65
35	2.19	3.11	3.58	8.22	42.01	129.61	63.47	164.31
40	3.25	4.71	7.08	17.82	44.92	151.69	117.85	278.34

对于材料取向的影响，当 ΔK 分别为 30MPa·m$^{0.5}$ 和 40MPa·m$^{0.5}$ 时，$D_{O,0.02}$ 分别为 27.02% 和 117.85%，增长百分比随 ΔK 增长的增长速率为 336.16%；$D_{O,0.3}$ 分别为 88.65% 和 278.34%，增长百分比随 ΔK 增长的增长速率为 213.97%。因此，材料组织结构取向在低应力比情况下对钢筋疲劳裂纹扩展性能的影响更显著。

不同材料取向、不同应力比下的疲劳裂纹扩展门槛值如图 2.19 和表 2.5 所示。由表 2.5 和图 2.19 可知，增大应力比将减小 HRB400 钢筋裂纹扩展门槛值，当应力比由 0.3 增大至 0.5 时，门槛值减小趋势变缓。径向裂纹扩展门槛值大于同等情况下的轴向裂纹扩展门槛值，说明 HRB400 钢筋材料在径向方向的疲劳性能优于轴向方向。

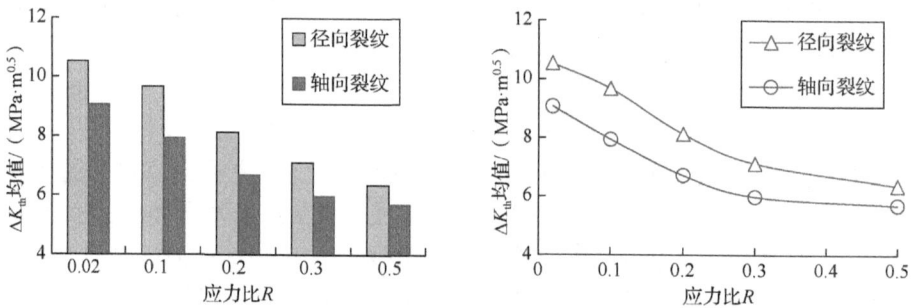

图 2.19　门槛值均值随裂纹方向、应力比的变化规律

表 2.5　应力比和材料取向对钢筋疲劳裂纹扩展门槛值的影响

应力比	轴向裂纹扩展门槛值 ΔK_{th}/（MPa·m$^{0.5}$)				径向裂纹扩展门槛值 ΔK_{th}/（MPa·m$^{0.5}$)			
	NO1	NO2	NO3	均值	NO1	NO2	NO3	均值
0.02	9.06	8.69	9.45	9.07	10.51	10.34	10.75	10.53
0.1	7.93	7.68	8.23	7.95	9.66	9.02	10.32	9.67
0.2	6.72	6.44	6.96	6.71	8.24	7.78	8.38	8.13
0.3	5.97	5.83	6.16	5.99	7.19	6.82	7.34	7.12
0.5	5.68	5.61	5.79	5.69	6.34	6.21	6.52	6.36

2.3.3　疲劳断口形貌

图 2.20 所示为径向和轴向试件的疲劳断裂情况。如图 2.20（a）和（b）所示，试件疲劳断口呈现明显的区域特征，分别为预制裂纹区、裂纹稳定扩展区、裂纹不稳定扩展区。径向试件疲劳断口的裂纹前缘呈圆弧形或三角形，而轴向试件断口的裂纹前缘不如径向试件明显。如图 2.20（c）和（d）所示，径向试件不稳定扩展区显示出材料韧性断裂特征，轴向试件不稳定扩展区相对平整，为脆性断裂。

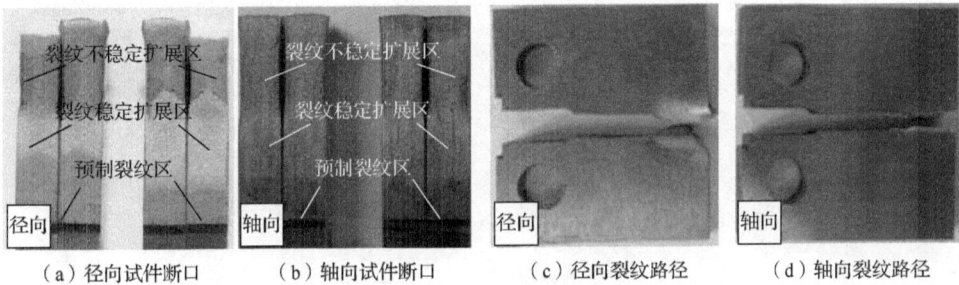

| （a）径向试件断口 | （b）轴向试件断口 | （c）径向裂纹路径 | （d）轴向裂纹路径 |

图 2.20　径向和轴向试件疲劳断裂情况

图 2.21 所示为不同裂纹方向、不同应力比、不同疲劳裂纹扩展长度的试件疲劳断口宏观形貌。其中，疲劳裂纹长度 8mm、15mm 和 21mm 分别对应图 2.14 所示的三个扫描电镜观察点：疲劳裂纹扩展初始阶段、稳定扩展阶段、不稳定扩展阶段。如图 2.21（a）～（f）所示，径向试件断口在疲劳裂纹扩展初始阶段和稳定扩展阶段为"沙滩状"形貌，不稳定扩展阶段的断口含有大量蜂窝孔洞。如图 2.21（g）～（l）所示，轴向试件断口在疲劳裂纹扩展初始阶段和稳定扩展阶段呈"河流状"形貌。对于轴向裂纹不稳定扩展阶段，应力比 $R=0.1$ 的断口含较多片层状破碎物，应力比 $R=0.5$ 的断口形貌与前两个阶段断口形貌的差异不明显。相同试验情况下，轴向试件与径向试件的断口形貌明显不同，这归结为不同方向疲劳裂纹扩展模式的差异，将在后续的微观分析中加以讨论。

如图 2.21 所示，断口表面粗糙度随裂纹增长速率增大而增大，随应力比增大而减小。由式（2.4）可知，裂纹扩展速率在稳定扩展阶段呈指数函数形式递增。裂纹扩展速率随荷载循环数的增加而逐渐增大，裂纹尖端的能量释放速率也相应加快，进而加剧疲劳裂纹尖端微观力学活性，增大断口表面粗糙度[108]。此外，增大应力比会减小裂纹表面接触面，减小断口表面粗糙度[103]。

为了揭示晶粒组织取向和应力比对钢筋裂纹扩展的影响，将应力比 $R=0.1$ 和 $R=0.5$ 的径向和轴向试件的断口微观形貌展开对比分析，观测位置为疲劳裂纹扩展初始阶段（$a=8mm$）、稳定扩展阶段（$a=15mm$）、不稳定扩展阶段（$a=21mm$）。断口图片中裂纹走向由下至上。

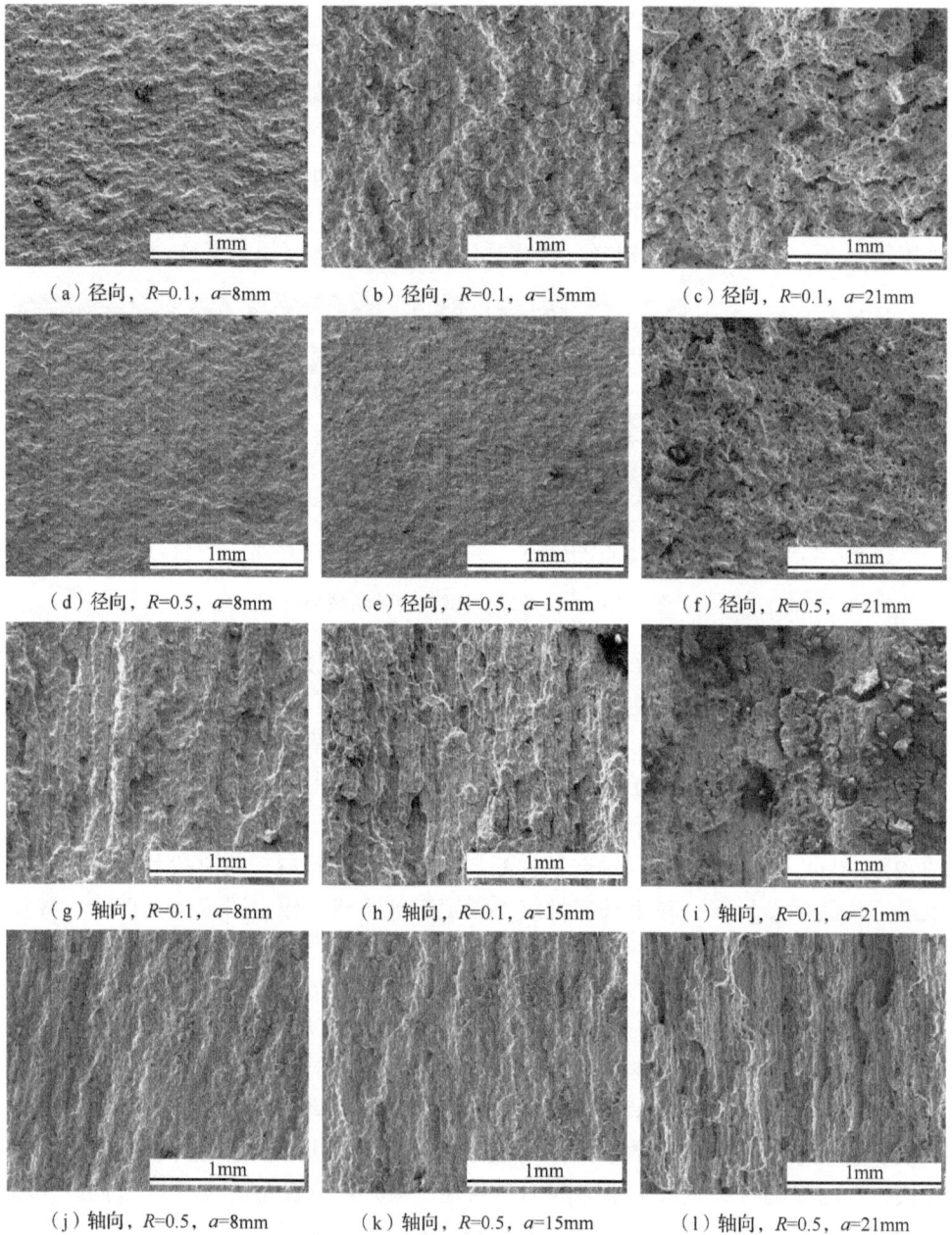

（a）径向，R=0.1，a=8mm 　　　（b）径向，R=0.1，a=15mm 　　　（c）径向，R=0.1，a=21mm

（d）径向，R=0.5，a=8mm 　　　（e）径向，R=0.5，a=15mm 　　　（f）径向，R=0.5，a=21mm

（g）轴向，R=0.1，a=8mm 　　　（h）轴向，R=0.1，a=15mm 　　　（i）轴向，R=0.1，a=21mm

（j）轴向，R=0.5，a=8mm 　　　（k）轴向，R=0.5，a=15mm 　　　（l）轴向，R=0.5，a=21mm

图 2.21　试件疲劳断口宏观形貌

　　图 2.22 为疲劳裂纹扩展初始阶段（a=8mm）的断口微观形貌。如图 2.22（a）和（b）所示，对于径向试件，应力比 R=0.1 的断口含有滑移台阶形貌，台阶形貌

沿疲劳裂纹扩展方向排列；应力比 $R=0.5$ 的断口呈现更为显著的台阶特征，并且同时存在大量破碎颗粒和少量塑性韧窝孔洞。因此，径向试件在疲劳裂纹扩展初始阶段的断口微观形貌同时存在韧性断裂和脆性断裂的特点。相比较而言，如图 2.22（c）和（d）所示，轴向试件在不同应力比下的断口微观形貌的差异不明显，应力比 $R=0.1$ 和 $R=0.5$ 的轴向试件断口均呈现明显的撕裂棱形貌，并且伴随有部分片层状破碎组织物，脆性断裂特征显著。

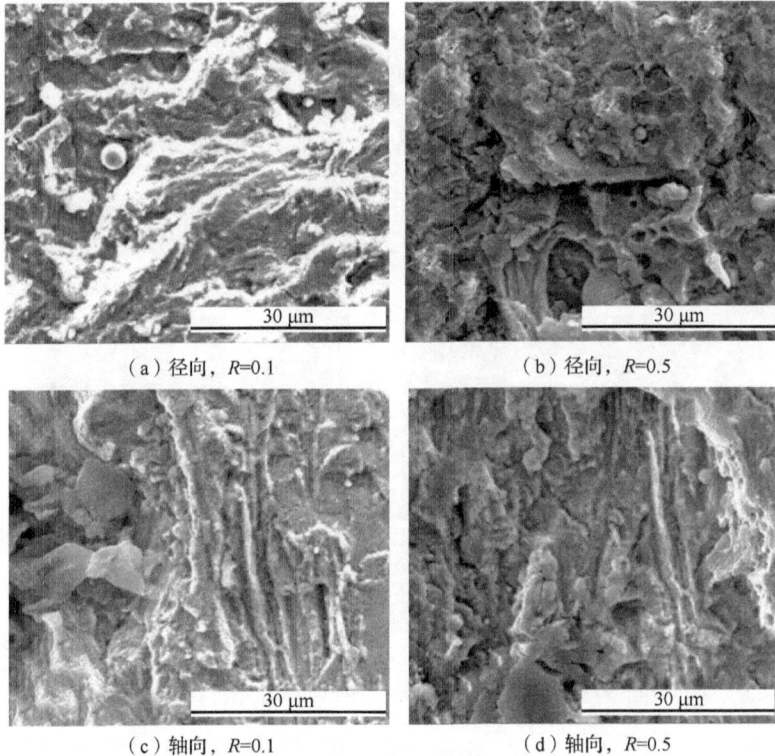

（a）径向，$R=0.1$　　　　　　　　（b）径向，$R=0.5$

（c）轴向，$R=0.1$　　　　　　　　（d）轴向，$R=0.5$

图 2.22　疲劳裂纹扩展初始阶段（$a=8mm$）的断口微观形貌

图 2.23 为疲劳裂纹稳定扩展阶段（$a=15mm$）的断口微观形貌。如图 2.23（a）和（b）所示，径向试件断口含较多的疲劳辉纹形貌，如矩形框以及左侧放大图样所示。径向试件断口中同时可见少部分的晶粒断裂面，如椭圆形标识所示。此外，径向试件断口呈现大量的二次裂纹，二次裂纹走向与裂纹扩展方向垂直。如图 2.23（c）和（d）所示，撕裂棱形貌在轴向试件的裂纹稳定扩展阶段中更为显著，同时伴随有大量残留的条带状晶粒组织，二次裂纹走向与疲劳裂纹扩展方向平行。

由图 2.23 可知，由于径向疲劳裂纹垂直于铁素体-珠光体条带组织，疲劳裂纹依次穿过条带状晶粒组织，穿晶断裂模式产生晶粒断裂面和疲劳辉纹形貌，晶界开裂则呈现二次裂纹，故径向疲劳裂纹以穿晶断裂模式为主并伴有沿晶断裂特点。轴向疲劳裂纹与条带状晶粒组织平行，条带状晶粒组织与相邻晶粒剥离，从而出现平行于宏观裂纹扩展方向的二次裂纹，故轴向疲劳裂纹的主要断裂模式为沿晶断裂。由此可知，径向和轴向疲劳裂纹的扩展模式差异，导致不同方向 C(T)试件呈现截然不同的断口形貌。

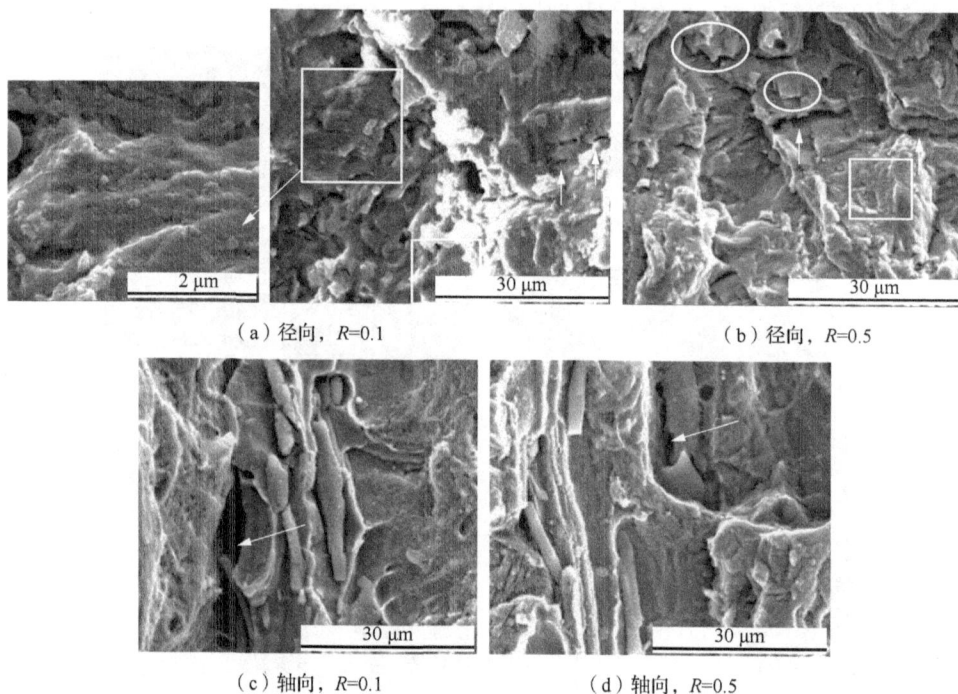

（a）径向，$R=0.1$　　　　　　　　　（b）径向，$R=0.5$

（c）轴向，$R=0.1$　　　　　　　　　（d）轴向，$R=0.5$

图 2.23　疲劳裂纹稳定扩展阶段（$a=15mm$）的断口微观形貌

对比图 2.22 和图 2.23 发现，由疲劳裂纹扩展初始阶段至稳定扩展阶段，径向裂纹扩展模式发生转变。对于径向裂纹扩展初始阶段，应力强度因子 ΔK 较小，裂纹扩展对晶粒尺寸较为敏感，循环荷载导致晶粒内部滑移面和相邻晶粒交界面同时产生损伤累积，导致微裂纹萌生，断口表面表现出滑移台阶和破碎颗粒等混合裂纹扩展模式。随着 ΔK 增大，裂纹扩展对晶粒尺寸敏感性降低，微裂纹的尺寸和数量增多，并最终汇聚成宏观裂纹，以穿晶断裂为主要模式进行扩展，断口形貌呈现晶粒断裂面和疲劳辉纹。因此，径向疲劳裂纹扩展初始阶段和稳定阶段的断裂模式转变是径向裂纹速率曲线出现转折点的主要原因。相比较而言，轴向裂纹扩展初始阶段和稳定扩展阶段的断裂模式未呈现明显差异，轴向裂纹扩展速率曲线不存在转折点。

疲劳裂纹不稳定扩展阶段（$a=21mm$）的断口微观形貌如图 2.24 所示。如图 2.24

（a）和（b）所示，疲劳韧窝是径向试件断口在疲劳裂纹不稳定扩展阶段的主要形貌。韧窝是塑性性能较好的材料中常见的疲劳断裂形貌[116]。如图 2.24（c）和（d）所示，轴向试件在本阶段的断口形貌仍呈现较多条带状晶粒组织，并伴有少量显微孔洞，脆性断裂特征显著。

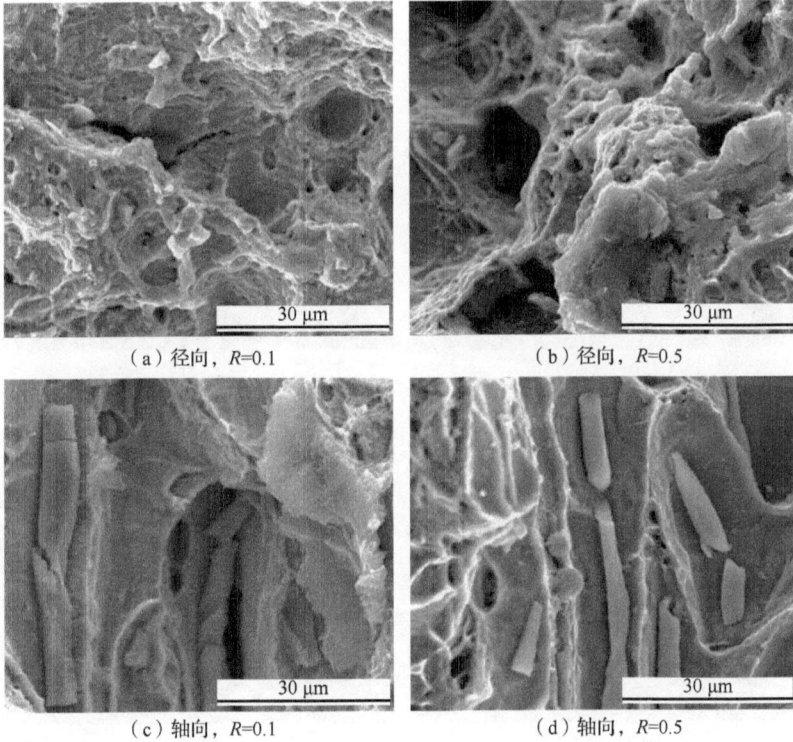

（a）径向，R=0.1

（b）径向，R=0.5

（c）轴向，R=0.1

（d）轴向，R=0.5

图 2.24 疲劳裂纹不稳定扩展阶段（a=21mm）的断口微观形貌

由以上断口微观形貌对比分析可得，良好的塑性性能有利于增强材料抵抗疲劳裂纹扩展的性能。不同方向的疲劳裂纹存在不同的材料疲劳断裂机理，改善材料的加工工艺并优化材料微观组织结构的取向，将有助于提高材料抵抗疲劳裂纹扩展的性能。然而，应力比对相同方向试件的断口微观形貌的影响不明显。

2.3.4 疲劳裂纹扩展路径

材料微观组织结构的不均匀性对材料的疲劳裂纹扩展有重要影响。图 2.25 为 HRB400 钢筋材料在不同应力比、不同方向的疲劳裂纹扩展路径。本节内容将从疲劳裂纹偏转程度、疲劳裂纹平均偏转角度、疲劳裂纹路径的曲折程度三个角度来分析讨论应力比、材料取向对钢筋疲劳裂纹扩展性能的影响。疲劳裂纹偏转程度是指疲劳裂纹路径顶点与最低点之间的平行距离。疲劳裂纹平均偏转角度是指疲劳裂纹路径顶点与最低点之间的连线与水平线之间的夹角。疲劳裂纹路径曲折程度是指疲劳裂纹路径总长度与路径弦长的比值。疲劳裂纹扩展方向为从右往左。表2.6为不同材料取向、不同应力比下的疲劳裂纹扩展路径的参数结果。

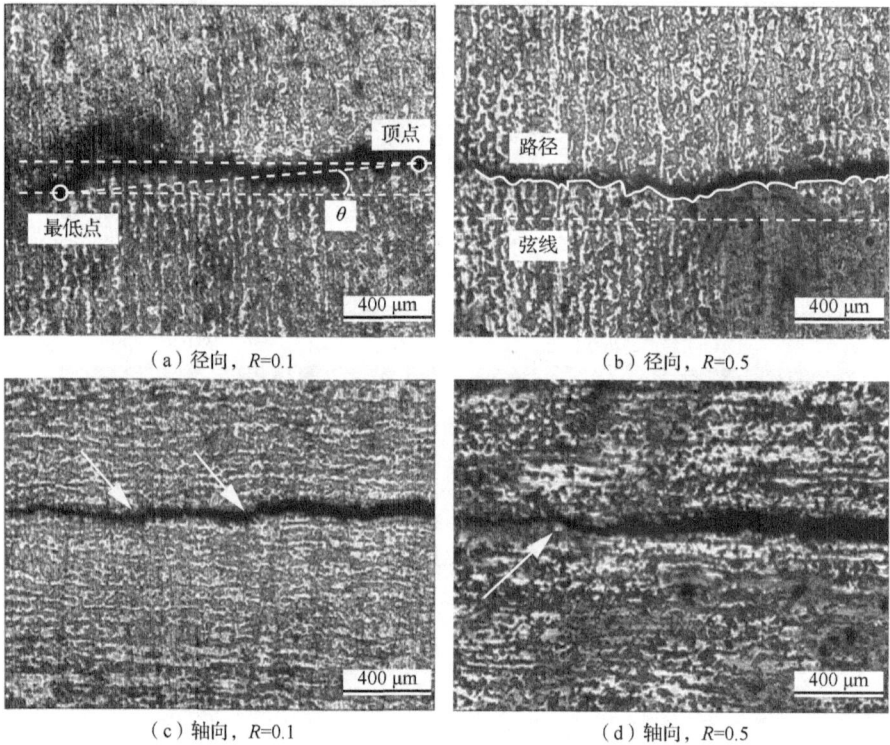

（a）径向，$R=0.1$　　　　　　　　　　　（b）径向，$R=0.5$

（c）轴向，$R=0.1$　　　　　　　　　　　（d）轴向，$R=0.5$

图 2.25　不同应力比、不同方向的疲劳裂纹扩展路径

表 2.6　不同材料取向、不同应力比下的疲劳裂纹扩展路径参数

应力比	试件类型	偏转程度/μm	平均偏转角 θ/rad	曲折程度/%
$R=0.1$	径向试件	16.44	0.122	1.107
	轴向试件	9.54	0.087	1.032
$R=0.5$	径向试件	12.79	0.096	1.058
	轴向试件	7.42	0.061	1.026

如图 2.25（a）和（b）所示，径向疲劳裂纹依次穿过条带状铁素体-珠光体晶粒组织并出现不规则偏转。径向疲劳裂纹偏转程度随应力比的增大而减小，例如，径向疲劳裂纹在应力比 $R=0.5$ 时的偏转程度为应力比 $R=0.1$ 时的 0.778 倍。如图 2.25（c）和（d）所示，轴向疲劳裂纹沿平行于条带状结构组织的方向发生

阶梯式的偏转，并且该阶梯式偏转的程度随应力比的增大而减小。由表 2.6 可知，径向疲劳裂纹路径的偏转程度大于相同情况下的轴向疲劳裂纹路径。有关疲劳裂纹平均偏转角和曲折程度同样具有上述规律，在此不再赘述。

从力学角度而言，增加疲劳裂纹偏转程度和偏转角度将减小裂纹尖端有效应力强度[117]。同时，较大的疲劳裂纹偏转程度和曲折程度将导致更大的疲劳裂纹闭合效应[118]。因此，结合疲劳裂纹扩展速率可知，增大应力比将加速裂纹扩展，径向裂纹增长速率低于同等条件下的轴向裂纹增长速率。

通过观察金相剖面样品，得到如图 2.26 所示断口内剖面的疲劳裂纹路径情况，疲劳裂纹扩展方向为由下至上。如图 2.26（a）所示，条带状铁素体-珠光体晶粒组织如虚线所示，垂直于疲劳裂纹扩展方向。图 2.26（b）中矩形框所示为轴向疲劳裂纹路径的阶梯式偏转，且虚线所示条带状晶粒组织平行于疲劳裂纹扩展方向。径向裂纹路径中的二次微裂纹垂直于疲劳裂纹扩展方向，而轴向裂纹路径中的二次微裂纹则平行于疲劳裂纹扩展方向，如图 2.26 中箭头所指。结合金相剖面样品和疲劳断口的观察结果可知，两者的观察结果具有统一性，材料微观组织内嵌的微裂纹揭示了断口表面的二次裂纹。

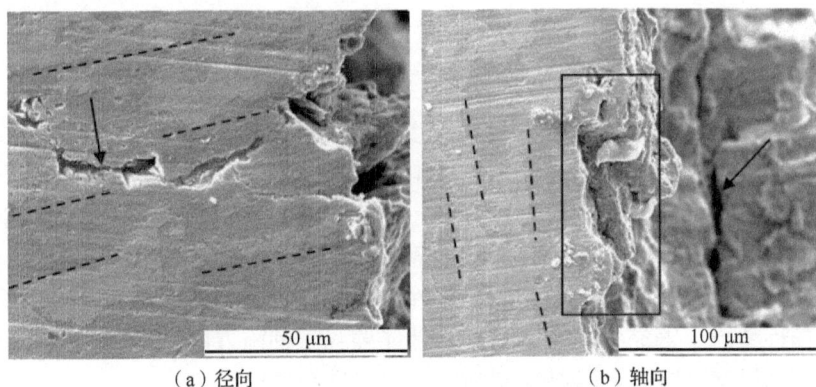

（a）径向　　　　　　　　　　　　　　　（b）轴向

图 2.26　C(T)试件断口内剖面疲劳裂纹扩展路径

图 2.27 为径向和轴向疲劳裂纹尖端的路径情况。珠光体，作为 HRB400 钢筋材料中的硬相晶粒组织，对阻碍疲劳裂纹的扩展有重要作用。如图 2.27（a）所示，径向疲劳裂纹穿过条带状晶粒组织并呈现频繁的小范围偏转，当遇到暗色珠光体晶粒时出现较大的裂纹偏转。这一试验现象在轴向疲劳裂纹路径更为明显，如图 2.27（b）所示，轴向疲劳裂纹的阶梯式偏转发生于珠光体与铁素体的交界面处。

如图 2.27 所示，由径向和轴向疲劳裂纹与晶粒组织结构的相对位置关系可知，径向和轴向疲劳裂纹分别以穿晶断裂和沿晶断裂为主要模式进行扩展。此外，径向疲劳裂纹尖端出现明显的裂纹分叉，而轴向疲劳裂纹尖端未见分叉情况。除了裂纹偏转程度和曲折程度，裂纹路径分叉同样削弱裂纹尖端驱动力，进而减小疲劳裂纹扩展速率。

（a）径向　　　　　　　　　　　　　　　（b）轴向

图 2.27　疲劳裂纹尖端的路径情况

2.4　小　　结

本章通过开展 HRB400 钢筋材料的疲劳裂纹扩展试验，测得了疲劳裂纹扩展速率和门槛值。借助金相显微镜和扫描电子显微镜等设备对不同试验工况下的试件断口、裂纹路径展开观测和对比分析，揭示了应力比和晶粒组织取向对钢筋裂纹扩展性能的影响，明确了不同试验工况下的钢筋材料疲劳断裂机理。结论如下：

（1）钢筋不同方向的疲劳裂纹扩展性能的差异归因于钢筋材料晶粒组织结构的各向异性特点。钢筋径向方向的韧性性能要强于轴向方向。钢筋径向和轴向疲劳裂纹分别以穿晶断裂和沿晶断裂为主要模式进行扩展。

（2）应力比对钢筋疲劳裂纹扩展性能有重要影响。增大应力比将减小疲劳裂纹的偏转程度和曲折程度，进而减小疲劳裂纹尖端裂纹闭合效应、提高裂纹尖端有效应力强度，从而加速疲劳裂纹扩展。

（3）轴向疲劳裂纹的参数 m 大于径向疲劳裂纹的情况，而轴向疲劳裂纹的参数 C 小于径向疲劳裂纹的情况。对于相同方向的疲劳裂纹，参数 m 随应力比增大而增大，参数 C 随应力比增大而减小。

（4）轴向疲劳裂纹对于应力比变化的敏感性要强于径向疲劳裂纹，材料取向在低应力比情况下对钢筋疲劳裂纹扩展速率的影响更大。

第 3 章　钢筋腐蚀疲劳裂纹扩展试验

HRB400 钢筋作为一种低碳钢，被广泛应用于桥梁结构中。混凝土桥梁，如铁路桥梁和高速公路桥梁等，在实际服役过程中不仅遭受服役环境的腐蚀作用，同时还要经受长期反复的车辆荷载作用。腐蚀将加速钢筋材料的疲劳损伤累积，而疲劳荷载作用也将加速环境对钢筋的腐蚀作用[119]。腐蚀和疲劳的耦合作用将显著降低混凝土桥梁的使用寿命[120]。混凝土桥梁的疲劳失效均以钢筋的脆性断裂为标志[80]，失效前并无任何明显征兆，给人民生命财产造成重大损失，同时也产生不良的社会影响。金属的腐蚀疲劳过程包含疲劳裂纹萌生、腐蚀疲劳裂纹扩展和疲劳断裂三个阶段。在实际服役过程中，蚀坑的存在很容易萌生疲劳裂纹[121]。腐蚀疲劳裂纹扩展在金属腐蚀疲劳过程中占据重要地位。因此，研究 HRB400 钢筋腐蚀疲劳裂纹扩展性能对既有混凝土桥梁的疲劳寿命预测和维修加固决策具有重要意义。

回顾以往氯离子环境下的碳钢的腐蚀疲劳裂纹扩展研究，腐蚀疲劳裂纹扩展速率可分为三种形式：真腐蚀疲劳、应力腐蚀疲劳、真腐蚀疲劳和应力腐蚀疲劳的组合。对于真腐蚀疲劳，当疲劳裂纹尖端应力强度大于腐蚀疲劳裂纹扩展门槛值 $\Delta K_{\mathrm{th,\ cf}}$ 时，腐蚀环境加速材料裂纹扩展，随着应力强度逐渐增大，腐蚀疲劳裂纹扩展速率将逐渐趋近于纯疲劳裂纹扩展速率[63]。对于应力腐蚀疲劳，当裂纹尖端应力强度小于应力腐蚀门槛值 K_{ISCC} 时，腐蚀环境对材料裂纹扩展速率的影响较小，当应力强度大于 K_{ISCC} 时，腐蚀疲劳裂纹扩展速率急剧增加直至达到一种稳定状态，然后腐蚀疲劳裂纹扩展速率将逐步接近于纯疲劳裂纹扩展速率[59]。对于真腐蚀疲劳和应力腐蚀疲劳的组合形式，当应力强度大于 $\Delta K_{\mathrm{th,\ cf}}$ 而小于 K_{ISCC} 时，材料腐蚀疲劳裂纹扩展速率稍大于纯疲劳裂纹扩展速率，当应力强度大于 K_{ISCC} 时，疲劳裂纹扩展速率形式则类似于应力腐蚀疲劳裂纹扩展速率[64]。然而，不同的材料也可能表现出不同于以上三种形式的腐蚀疲劳裂纹扩展速率模式。

本章在第 2 章研究基础上，继续开展 HRB400 钢筋材料在不同腐蚀环境下的疲劳裂纹扩展试验，研究不同环境下、不同应力比条件下的腐蚀疲劳裂纹扩展速率及门槛值。运用扫描电镜和金相显微镜对断口以及裂纹路径进行观察分析，揭示钢筋材料在不同情况下的腐蚀疲劳机理。

3.1　腐蚀疲劳裂纹扩展试验

本次钢筋腐蚀疲劳裂纹扩展试验考虑的因素为应力比和环境类型。应力比分别为 0.1、0.2、0.3、0.5、0.7。环境类型有四种：空气、纯水、3.5%氯化钠溶液、3.5%氯化钠溶液通电加速腐蚀环境。

3.1.1　试件设计

以 $\phi 40mm$ HRB400 钢筋为研究对象，参照试验标准 *Standard test method for measurement of fatigue crack growth rates*（ASTM E647-15）[110]开展腐蚀疲劳裂纹扩展试验。实际工程中，钢筋主要沿横截面发生疲劳断裂，疲劳裂纹扩展方向为沿钢筋径向方向。因此，试验仅针对径向方向疲劳裂纹扩展性能展开研究。试件形式采用单边缺口抗弯［single edge notched bending，SEN(B)］试件，试件几何尺寸和试件制备示意图分别如图 3.1 和图 3.2 所示。钢筋主要化学成分和力学性能详见第 2 章试验部分内容。

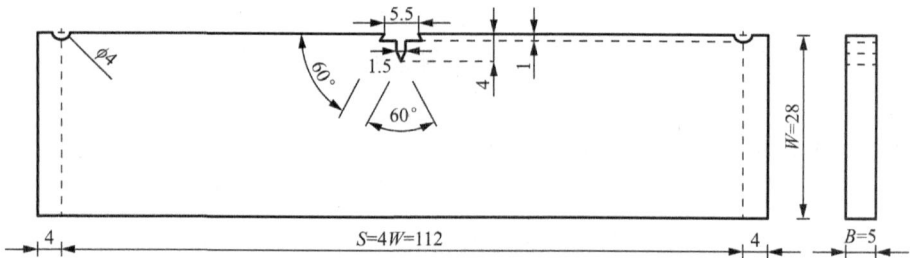

图 3.1　单边缺口抗弯试件几何尺寸（单位：mm）

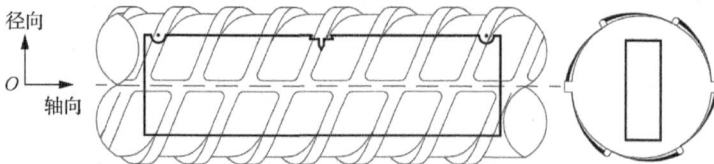

图 3.2　单边缺口抗弯试件的制备示意图

试件的设计以及试验的开展均严格依据 ASTM E647-15[110]进行。在 ASTM E647-15 中，C(T)试件、中心拉伸［middle tension，M(T)］试件和 SEN(B)试件都可用于测试材料在拉应力作用下的疲劳裂纹扩展性能。回顾以往研究人员开展的工作，单边缺口抗弯试件同样被广泛用于各种形式元器件材料在拉应力作用下的疲劳裂纹扩展研究，如金属管道[37]、火车铁轨[122]等。在疲劳裂纹扩展试验中，试件类型的选择与材料受力和微观组织取向有关，而与元器件外观形状无关。本章试验采用 SEN(B)试件并且疲劳裂纹扩展方向与实际工程中钢筋疲劳裂纹扩展方向一致。有关试件形式选择以及试验要求参见第 2 章内容和 ASTM E647-15[110]。

3.1.2　腐蚀环境设计

试验设计了四种疲劳裂纹扩展环境：空气、纯水、3.5%氯化钠溶液、3.5%氯化钠溶液通电加速腐蚀环境。其中，空气环境下的测试结果作为其余腐蚀疲劳裂纹扩展试验结果的参照基准。为探究海水以及沿海环境下的金属材料腐蚀疲劳性能，已开展大量盐溶液环境下的腐蚀疲劳试验，采用 3.5%氯化钠溶液模拟海水环境。随着现如今除冰盐的大量使用，混凝土结构周围的氯盐溶液浓度更高，混凝土内钢筋的腐蚀情况更严峻。为了简化腐蚀环境模拟过程，设计了 3.5%氯化钠溶液环境下通电加速腐蚀的情况。该加速腐蚀装置如图 3.3 所示，SEN(B)试件的切口以下部位浸没在溶液中，测试试件和不锈钢铁片分别作为阳极和阴极，直流电大小为 0.5A，电流密度为 0.01736A/cm^2。

图 3.3　氯盐溶液中的通电加速腐蚀

3.1.3　腐蚀疲劳试验过程

腐蚀疲劳裂纹扩展试验的加载流程主要分为预制裂纹阶段和正常疲劳裂纹扩展两个阶段。疲劳加载采用频率为 10Hz 的正弦波加载，疲劳荷载上峰值 $F_{max}=4kN$，将疲劳荷载上峰值 F_{max} 固定，通过调整疲劳荷载下峰值 F_{min} 得到不同应力比。SEN(B)试件的应力强度因子计算式[110]为

$$\Delta K = \frac{\Delta F}{BW^{1/2}} \left[\frac{6\alpha^{1/2}}{(1+2\alpha)(1-\alpha)^{3/2}} \right] [1.99 - \alpha(1-\alpha)(2.15 - 3.93\alpha + 2.7\alpha^2)] \quad （3.1）$$

式中，ΔF 为施加的外荷载幅值，$\Delta F = F_{max} - F_{min}$；$\alpha = a/W$，$a$ 为裂纹长度（mm），W 为试件宽度（mm）；B 为试件厚度（mm）。

有关试验参数选取、详细试验操作流程、疲劳裂纹扩展速率和门槛值的测定，可详见第 2 章试验内容。需要指出的是，在不同溶液环境下的腐蚀疲劳裂纹扩展试验开始前，将试件在溶液环境中静置三天，以利于材料与溶液充分接触。预制裂纹和正常疲劳裂纹扩展阶段均在溶液环境下进行。对于通电加速腐蚀环境，预制裂纹阶段不通电而仅在正常裂纹扩展阶段进行通电加速腐蚀。

腐蚀疲劳试验结束后，采用金相显微镜、扫描电子显微镜等设备对疲劳断口、金相样品进行观察，观测内容包括疲劳裂纹路径、疲劳断口形貌、疲劳断口元素成分等。另外，结合腐蚀疲劳试验结果，对钢筋裂纹尖端的腐蚀疲劳耦合效应分别进行定性与定量分析，探究不同情况下的腐蚀疲劳耦合效应的差异以及变化规律。

3.2　腐蚀疲劳裂纹扩展规律

3.2.1　疲劳裂纹扩展门槛值

疲劳裂纹扩展门槛值 ΔK_{th} 是表征材料抵抗疲劳裂纹扩展性能的重要参数。HRB400 钢筋在不同应力比、不同环境下的疲劳裂纹扩展门槛值如图 3.4 和表 3.1 所示。如图 3.4 所示，门槛值随应力比的增大而减小。例如，应力比从 0.1 增大至 0.7 时，空气环境下的门槛值减小 32.2%，加速腐蚀环境下的门槛值减小 42%。此外，提高环境腐蚀程度将减小材料的门槛值。例如，当试验环境由空气转变为加速腐蚀环境时，应力比 $R=0.1$ 下的门槛值减小 19.8%，应力比 $R=0.7$ 下的门槛值减小 31.4%。对于高应力比和高腐蚀环境，加速腐蚀环境下应力比 $R=0.7$ 的门槛值比空气环境下应力比 $R=0.1$ 的门槛值减小 53.5%。

由图 3.4 可知，HRB400 钢筋门槛值的减小趋势随应力比的增大而减小，随环境腐蚀程度的增加而增加。门槛值减小趋势的变化与材料的塑性变形性能密切相关。对于塑性性能较好的材料，其屈服强度与抗拉强度之比通常小于 0.9，循环塑性变形将逐渐减小晶粒层间间距，进而增加材料硬度和强化材料抵抗疲劳裂纹扩展性能，即循环强化效应[123]。由于脆性材料晶粒层间间距小、塑性变形能力差，循环荷载作用于脆性材料时，不具有循环强化效应[124]。循环强化效应随裂纹尖端塑性变形的增大而增大，随材料塑性变形能力的减小而减小[125]。HRB400 钢筋屈强比小于 0.9，塑性性能良好。因此，钢筋疲劳裂纹扩展门槛值的减小趋势随应力比的增大而减缓。提高环境腐蚀程度将减小钢筋塑性性能，导致钢筋裂纹扩展门槛值的减小趋势随环境腐蚀程度提高而加快。

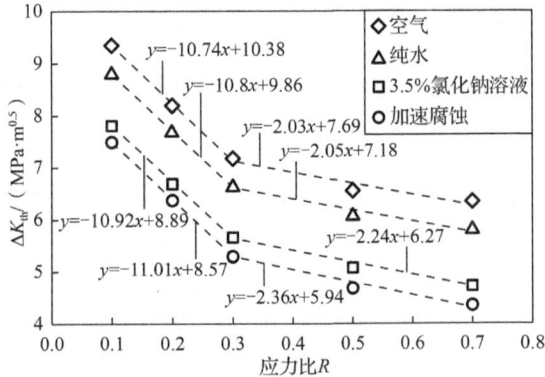

图 3.4　HRB400 钢筋疲劳裂纹扩展门槛值

表 3.1　HRB400 钢筋疲劳裂纹扩展门槛值　　　　　　（单位：MPa·m$^{0.5}$）

试验环境 E	应力比 R				
	0.1	0.2	0.3	0.5	0.7
空气	9.33	8.19	7.11	6.51	6.33
纯水	8.78	7.69	6.62	6.04	5.81
3.5%氯化钠溶液	7.81	6.69	5.63	5.07	4.73
加速腐蚀	7.48	6.35	5.28	4.67	4.34

为了深入研究应力比和腐蚀环境对 HRB400 钢筋裂纹扩展门槛值的影响，定量对比分析如下。

增大应力比导致的门槛值减小百分比为

$$DS_{E,R} = \frac{\Delta K_{th,E,R} - \Delta K_{th,E,0.1}}{\Delta K_{th,E,0.1}} \tag{3.2}$$

式中，$DS_{E,R}$ 为增大应力比引起的门槛值减小百分比。

提高环境腐蚀程度导致的门槛值减小百分比为

$$DA_{E,R} = \frac{\Delta K_{th,E,R} - \Delta K_{th,air,R}}{\Delta K_{th,air,R}} \tag{3.3}$$

式中，$DA_{E,R}$ 为提高环境腐蚀程度引起的门槛值减小百分比。

表 3.2 为增大应力比导致的门槛值减小百分比。当应力比从 0.2 增大至 0.7 时，空气环境下的门槛值减小百分比 $DS_{air,R}$ 由 12.22% 增大至 32.15%，百分比的增长速

率为 163.09%；纯水环境下的门槛值减小百分比 $DS_{water,R}$ 由 12.41% 增大至 33.83%，百分比的增长速率为 172.6%；3.5% 氯化钠溶液环境下的门槛值减小百分比 $DS_{salt,R}$ 由 14.34% 增大至 39.44%，百分比的增长速率为 175.03%；加速腐蚀环境下的门槛值减小百分比 $DS_{ac,R}$ 由 15.11% 增大至 41.89%，百分比的增长速率为 177.83%。由此可得，HRB400 钢筋门槛值对应力比变化的敏感性随着环境腐蚀程度的增加而增加。

表 3.2　应力比对 HRB400 钢筋疲劳裂纹扩展门槛值的影响

试验环境	$DS_{E,0.1}$/%	$DS_{E,0.2}$/%	$DS_{E,0.3}$/%	$DS_{E,0.5}$/%	$DS_{E,0.7}$/%
空气		12.22	23.79	30.23	32.15
纯水		12.41	24.6	31.21	33.83
3.5%氯化钠溶液		14.34	27.91	35.08	39.44
加速腐蚀		15.11	29.41	37.57	41.98

　　提高环境腐蚀程度导致的门槛值减小百分比如表 3.3 所示。当环境腐蚀程度从纯水环境依次变为加速腐蚀环境时，应力比 $R=0.1$ 下的门槛值减小百分比 $DA_{E,0.1}$ 由 5.89% 增大至 19.83%，百分比的增长速率为 236.67%；应力比 $R=0.2$ 下的门槛值减小百分比 $DA_{E,0.2}$ 由 6.11% 增大至 22.47%，百分比的增长速率为 267.76%；同样的，应力比 $R=0.3$ 和 $R=0.5$ 下的门槛值减小百分比的增长速率分别为 273.58% 和 291.41%。由以上分析可知，HRB400 钢筋门槛值对环境变化的敏感性随着应力比的增加而增加。应力比 $R=0.7$ 下的门槛值减小百分比的增长速率为 282.95%，与上述门槛值减小百分比的增长速率规律略有差异，这可能归因于材料本身性能的随机性。

表 3.3　环境腐蚀程度对 HRB400 钢筋疲劳裂纹扩展门槛值的影响

试验环境	$DA_{E,0.1}$/%	$DA_{E,0.2}$/%	$DA_{E,0.3}$/%	$DA_{E,0.5}$/%	$DA_{E,0.7}$/%
空气					
纯水	5.89	6.11	6.89	7.22	8.21
3.5%氯化钠溶液	16.29	18.32	20.82	22.12	25.28
加速腐蚀	19.83	22.47	25.74	28.26	31.44

3.2.2　腐蚀疲劳裂纹扩展速率

　　将常幅疲劳加载和逐级降载法条件下的疲劳裂纹扩展速率曲线（即 da/dN-ΔK 关系曲线）绘制于双对数坐标轴，如图 3.5 所示。横坐标轴所示箭头对应试验工况下的门槛值。疲劳裂纹扩展速率曲线可划分为低应力强度因子区（7～19MPa·m$^{0.5}$）和高应力强度因子区（大于 19MPa·m$^{0.5}$）两个部分，并且分界点如图 3.5 中实心点所示。

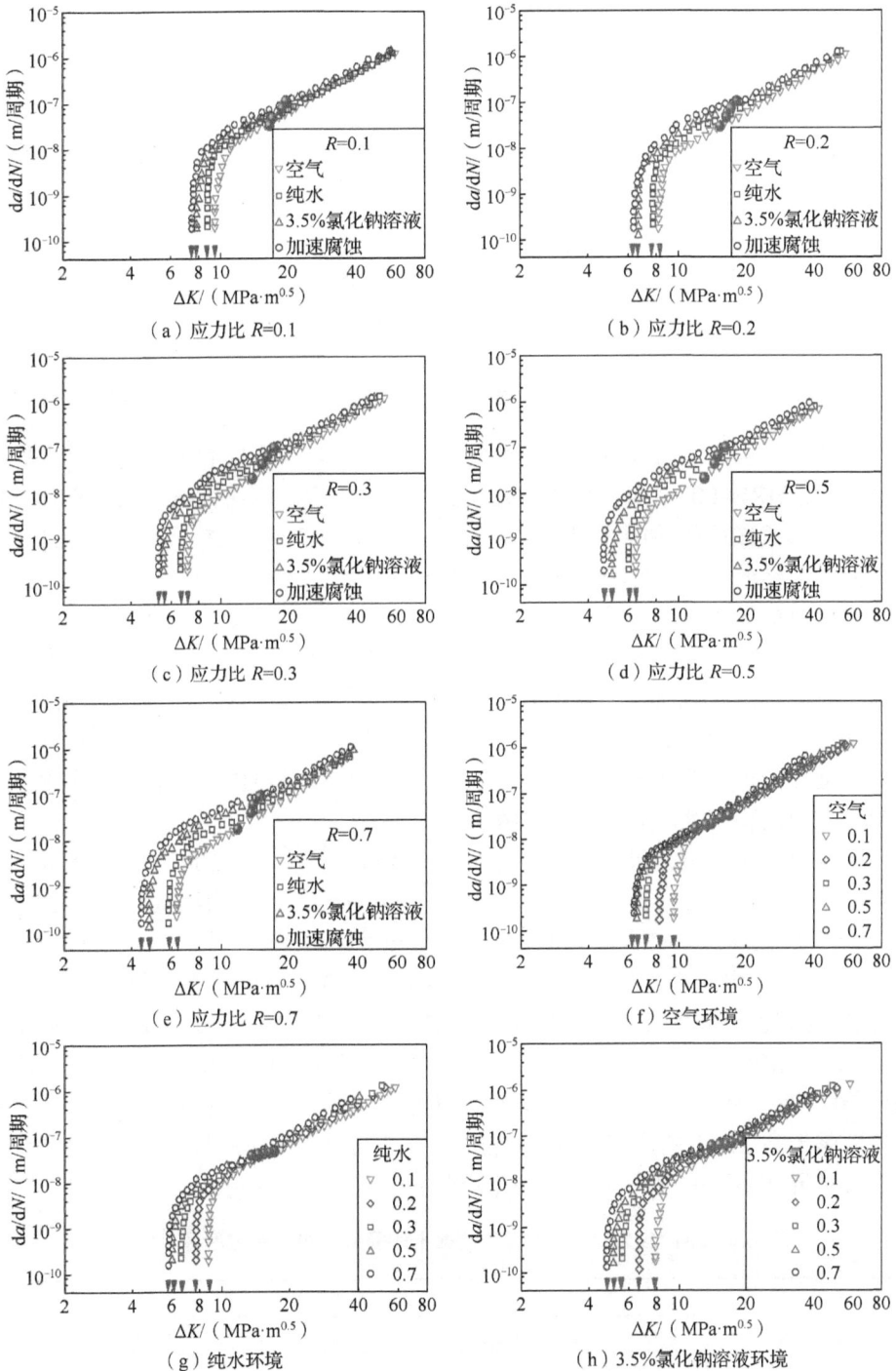

（a）应力比 R=0.1

（b）应力比 R=0.2

（c）应力比 R=0.3

（d）应力比 R=0.5

（e）应力比 R=0.7

（f）空气环境

（g）纯水环境

（h）3.5%氯化钠溶液环境

图 3.5　疲劳裂纹扩展速率曲线

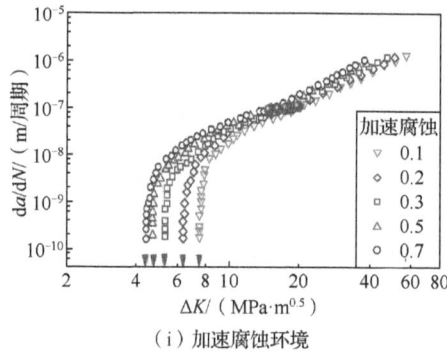

（i）加速腐蚀环境

图 3.5（续）

由图 3.5 可知，HRB400 钢筋疲劳裂纹扩展速率随应力比和环境腐蚀程度的提高而增大。HRB400 钢筋腐蚀疲劳裂纹扩展速率呈现出真腐蚀疲劳的特点。在低 ΔK 情况下，腐蚀环境加速材料裂纹扩展，并且腐蚀疲劳裂纹扩展速率随 ΔK 逐渐增大而逐渐趋近于空气环境下的裂纹扩展速率。如图 3.5（a）～（e）所示，腐蚀环境对低 ΔK 区域疲劳裂纹扩展速率的影响大于高 ΔK 区域，并且腐蚀环境对裂纹扩展速率的影响随着应力比的增加而进一步增强。如图 3.5（f）～（i）所示，应力比对低 ΔK 区域疲劳裂纹扩展速率的影响大于高 ΔK 区域，并且环境腐蚀程度的增加将进一步增强应力比对裂纹扩展速率的影响。由上述试验结果可知，与高应力强度因子下的疲劳裂纹扩展速率相比，低应力强度因子下的材料裂纹扩展速率对应力比和腐蚀环境的变化更敏感。

选取应力比 $R=0.2$ 和 $R=0.7$ 以及 $\Delta K=10MPa·m^{0.5}$ 和 $\Delta K=30MPa·m^{0.5}$ 条件下的疲劳裂纹扩展速率进行定量对比分析，如表 3.4 所示。当应力比从 0.2 增大至 0.7 时，空气环境 $\Delta K=10MPa·m^{0.5}$ 和 $\Delta K=30MPa·m^{0.5}$ 条件下的疲劳裂纹扩展速率分别由 $0.87×10^{-8}$m/周期增大至 $1.33×10^{-8}$m/周期和由 $20.56×10^{-8}$m/周期增大至 $30.98×10^{-8}$m/周期，疲劳裂纹扩展速率增长百分比分别为 52.87% 和 50.68%，而加速腐蚀环境 $\Delta K=10MPa·m^{0.5}$ 和 $\Delta K=30MPa·m^{0.5}$ 条件下的疲劳裂纹扩展速率增长百分比分别为 99.63% 和 88.06%。以上分析表明，应力比对低 ΔK 下的疲劳裂纹扩展速率的影响要强于高 ΔK 下的疲劳裂纹扩展速率，且应力比对低 ΔK 与高 ΔK 两个区域疲劳裂纹扩展速率影响的差异随着环境腐蚀程度的提高而增大。

表 3.4　不同应力比、不同 ΔK 情况下的疲劳裂纹扩展速率（单位：10^{-8}m/周期）

试验环境	疲劳裂纹扩展速率			
	$\Delta K=10MPa·m^{0.5}$		$\Delta K=30MPa·m^{0.5}$	
	$R=0.2$	$R=0.7$	$R=0.2$	$R=0.7$
空气	0.87	1.33	20.56	30.98

续表

试验环境	疲劳裂纹扩展速率			
	$\Delta K=10\text{MPa}\cdot\text{m}^{0.5}$		$\Delta K=30\text{MPa}\cdot\text{m}^{0.5}$	
	$R=0.2$	$R=0.7$	$R=0.2$	$R=0.7$
纯水	1.38	2.31	23.89	37.16
3.5%氯化钠溶液	2.05	3.83	27.58	49.41
加速腐蚀	2.72	5.43	32.25	60.65

当环境从空气转变为加速腐蚀环境时，应力比 $R=0.2$ 情况以及 $\Delta K=10\text{MPa}\cdot\text{m}^{0.5}$ 和 $\Delta K=30\text{MPa}\cdot\text{m}^{0.5}$ 条件下的疲劳裂纹扩展速率分别由 0.87×10^{-8}m/周期增大至 2.72×10^{-8}m/周期和由 20.56×10^{-8}m/周期增大至 32.25×10^{-8}m/周期，疲劳裂纹扩展速率增长百分比分别为 212.64%和 56.86%，应力比 $R=0.7$ 情况以及 $\Delta K=10\text{MPa}\cdot\text{m}^{0.5}$ 和 $\Delta K=30\text{MPa}\cdot\text{m}^{0.5}$ 条件下的疲劳裂纹扩展速率增长百分比分别为 308.27%和 95.77%。由此可得，腐蚀环境对低 ΔK 下的疲劳裂纹扩展速率的影响要强于高 ΔK 下的疲劳裂纹扩展速率，且腐蚀环境对低 ΔK 与高 ΔK 两个区域疲劳裂纹扩展速率的影响的差异随着应力比的增大而增大。

疲劳裂纹扩展速率对应力比和环境变化的敏感性归因于裂纹尖端塑性变形对各影响因素的敏感性[126]。在低应力强度条件下，裂纹尖端塑性区尺寸较小，外界荷载情况和环境条件的变化均对裂纹尖端塑性变形产生较大影响[127]。同时，低应力强度和低裂纹扩展速率均有利于腐蚀介质与钢筋材料之间的电化学反应，从而有利于加强腐蚀疲劳耦合效应，并显著加速疲劳裂纹扩展速率。因此，在低应力强度情况下，提高环境腐蚀程度和应力比将进一步增强腐蚀疲劳耦合效应，增大空气环境与腐蚀环境下的疲劳裂纹扩展速率之间的差异。随着应力强度增大，裂纹尖端塑性区尺寸增大，并对疲劳荷载和腐蚀环境的变化的敏感性降低，并且高应力强度和高裂纹扩展速率情况下腐蚀介质与钢筋材料之间的反应时间逐渐缩短，导致腐蚀疲劳耦合效应逐渐降低。因此，疲劳裂纹扩展速率在高应力强度条件下受环境和应力比的影响较小，腐蚀疲劳裂纹扩展速率逐渐趋近于空气环境下的疲劳裂纹扩展速率。

另一个值得注意的试验结果则是高 ΔK 与低 ΔK 区域的分界点的变化规律 ΔK_{tran} 为分界点所对应的应力强度因子，如表 3.5 所示。已有关于铁合金与铝合金在氯盐溶液中的腐蚀疲劳裂纹扩展试验指出，高 ΔK 与低 ΔK 区域的分界点所对应的应力强度因子，可用于表征腐蚀疲劳裂纹扩展速率模式发生变化的转变条件[128-129]。如表 3.5 所示，ΔK_{tran} 随着环境腐蚀程度的提高而增大，随着应力比的增大而减小。随着环境腐蚀程度的提高，环境腐蚀作用在腐蚀疲劳耦合效应中所占比重增大，促使疲劳裂纹扩展速率模式发生变化所需的疲劳荷载效应增大。随着应力比的增大，疲劳荷载效应则增加，疲劳裂纹扩展速率模式在低应力强度因子情况下即发生转变。

表 3.5　不同应力比、不同环境下的分界点 ΔK_{tran}

应力比 R	空气环境/($Mpa \cdot m^{0.5}$)	纯水环境/($Mpa \cdot m^{0.5}$)	3.5%氯化钠溶液环境/($Mpa \cdot m^{0.5}$)	加速腐蚀环境/($Mpa \cdot m^{0.5}$)
0.1	16.62	17.16	18.92	19.63
0.2	15.32	16.32	17.13	18.08
0.3	13.91	15.38	16.19	17.35
0.5	13.13	14.52	15.04	16.19
0.7	11.82	13.58	13.87	14.82

3.2.3　腐蚀疲劳裂纹扩展路径

为探究钢筋材料的疲劳断裂机理，借助金相显微镜对逐级降载条件下的裂纹路径进行观测，对比的试验条件包括空气、3.5%氯化钠溶液和加速腐蚀环境以及应力比 R=0.1 和 R=0.5，如图 3.6 所示。裂纹扩展方向为从右至左。采用金相显微镜自带二维测量分析软件 TM-4000C 对裂纹路径中的竖向劈裂尺寸进行测定分析，测量结果如表 3.6 所示。竖向劈裂尺寸是指钢筋裂纹路径中沿图片竖向方向（即钢筋轴向方向）发生劈裂的长度，如图 3.6（f）竖向短箭头所示。

表 3.6　不同应力比、不同环境下的裂纹路径劈裂情况

试验环境	劈裂次数		垂直方向劈裂尺寸平均值/μm	
	R=0.1	R=0.5	R=0.1	R=0.5
空气	1	2	13.2	14.3
3.5%氯化钠溶液	3	4	17.53	21.22
加速腐蚀	4	5	18.65	23.12

如图 3.6 所示，疲劳裂纹依次穿过铁素体-珠光体条带状晶粒组织，疲劳裂纹以穿晶断裂为主要模式进行扩展。与铁素体相比，珠光体是钢筋微观晶粒组织中的硬相晶粒，对疲劳裂纹扩展的阻碍作用强于铁素体晶粒[114]。因此，如图 3.6（a）和（b）所示，在空气环境下，疲劳裂纹在铁素体晶粒竖向界面时倾向于穿过铁素体晶粒，如图中斜向箭头所指，而在珠光体竖向界面时容易发生劈裂，如竖向箭头所指。如图 3.6（c）和（d）所示，在 3.5%氯化钠溶液环境下，疲劳裂纹穿过铁素体晶粒的情况仍较为明显，并且发生劈裂的现象比空气环境下显著，如竖向箭头所指。这说明钢筋疲劳裂纹仍以穿晶断裂模式为主不断扩展，但在腐蚀环境

中已发生明显的沿晶断裂模式。在加速腐蚀环境下，疲劳裂纹沿竖向发生劈裂的情况更为显著，如图 3.6（e）和（f）中竖向箭头所示。这表明钢筋疲劳裂纹扩展发生沿晶断裂的可能性随着环境腐蚀程度的提高而增加。此外，如图 3.6 和表 3.6 所示，增大应力比将增大疲劳裂纹的竖向劈裂尺寸，说明在腐蚀环境中增大应力比同样增大钢筋材料发生晶界开裂的可能性。

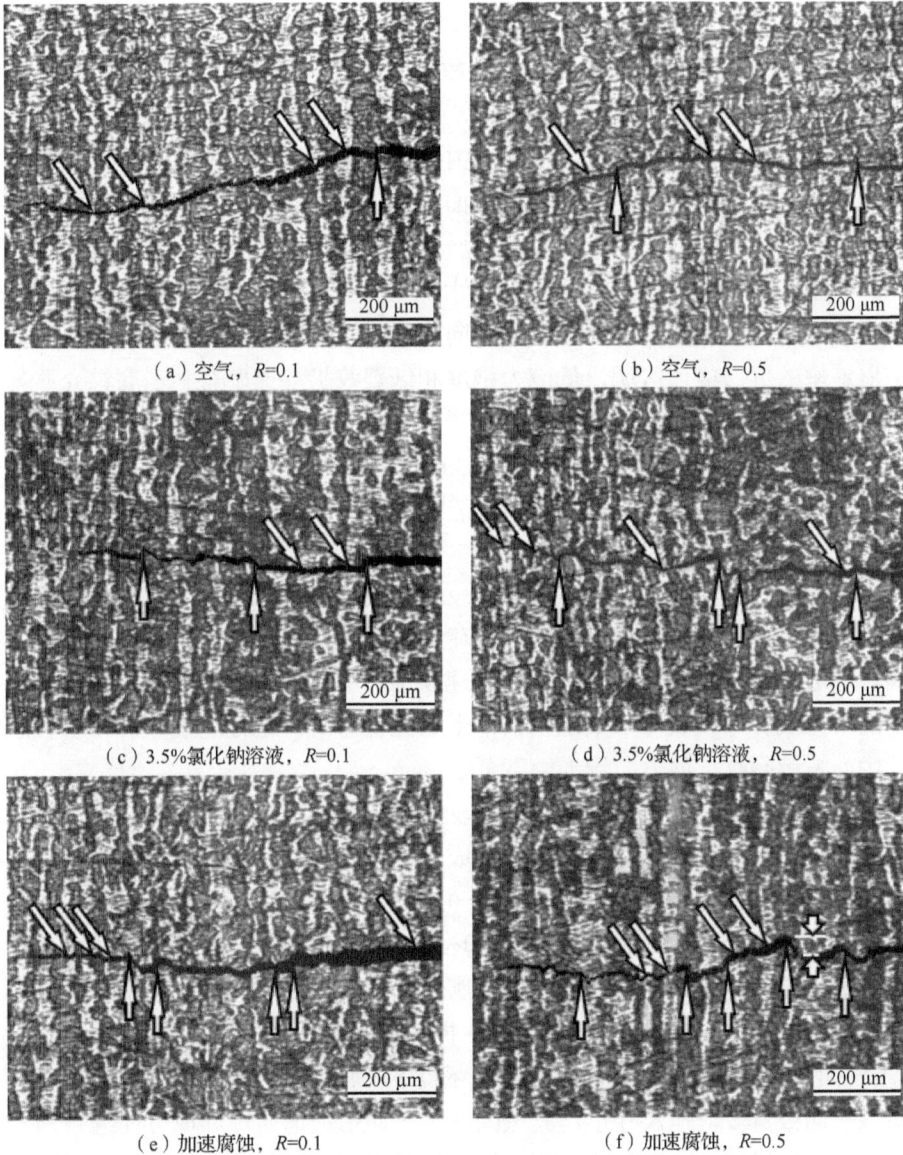

（a）空气，$R=0.1$　　　　　　　　　　　　　　（b）空气，$R=0.5$

（c）3.5%氯化钠溶液，$R=0.1$　　　　　　　　　（d）3.5%氯化钠溶液，$R=0.5$

（e）加速腐蚀，$R=0.1$　　　　　　　　　　　　（f）加速腐蚀，$R=0.5$

图 3.6　疲劳裂纹扩展路径

材料的疲劳断裂受众多因素的影响，如材料微观组织结构、外部环境、疲劳荷载等。疲劳荷载对材料的长期作用将导致材料的晶粒内部滑移面和相邻晶粒交界面之间发生滑移位错累积，进而在晶粒内部和晶粒交界面之间导致疲劳裂纹的萌生和扩展[130]。依据最小能量消耗原理，疲劳裂纹将沿着消耗能量最小的路径进行扩展，并且晶粒界面与裂纹扩展方向夹角越大越不利于疲劳裂纹扩展[131]。结合第 2 章试验内容所述，钢筋微观组织呈现条带状铁素体-珠光体组织，钢筋疲劳裂纹扩展方向垂直于条带状晶粒组织，故疲劳裂纹扩展模式以穿晶断裂为主，如图 3.6 所示。

在 3.5%氯化钠溶液和加速腐蚀环境中，环境的腐蚀作用将促进裂纹尖端塑性变形，增加晶粒内部滑移面和晶粒交界面的位错累积。同时，由于晶界面更易于腐蚀介质和气体的传输和扩散，腐蚀介质更倾向于在晶粒交界面之间进行聚集并侵蚀晶界面，进而削弱晶粒之间结合力[132]。随着晶界的位错逐渐累积以及晶粒之间结合力逐渐减弱，钢筋疲劳裂纹沿竖向晶界面发生明显的劈裂破坏。在疲劳裂纹扩展速率的近门槛值区域，低应力强度和低裂纹扩展速率有利于腐蚀介质与钢筋材料之间的充分反应，增大应力比和提高环境腐蚀程度都将进一步加剧晶界开裂、发生沿竖向晶界的劈裂破坏，如图 3.6（d）和（f）所示。晶界开裂的可能性增加将降低材料抵抗疲劳裂纹扩展的性能[133]。

3.2.4　腐蚀疲劳断口形貌

观测分析疲劳断口形貌可明确疲劳荷载、环境腐蚀等因素对材料疲劳性能的影响。选取空气、3.5%氯化钠溶液和加速腐蚀环境以及应力比 $R=0.1$ 和 $R=0.5$ 条件下的常幅疲劳加载试件，采用扫描电子显微镜对断口进行观察分析。所有断口图片中，疲劳裂纹扩展方向均为由下至上。

在疲劳裂纹稳定扩展过程中，断口表面均呈现脊状形貌，如图 3.7 中椭圆形标识。脊状形貌通常由于材料撕裂所形成，脊状形貌越大，材料抵抗疲劳断裂的能力越强[60]。如图 3.7 所示，应力比 $R=0.1$ 下的脊状形貌比应力比 $R=0.5$ 的脊状形貌明显，并且空气和 3.5%氯化钠溶液环境下的脊状形貌比加速腐蚀环境下的脊状形貌更为显著。由此可知，提高环境腐蚀程度和增大应力比将使钢筋材料更容易疲劳断裂。随着环境腐蚀程度的提高，断口表面出现腐蚀平面，如图 3.7（c）～（f）中三角形标识。与 3.5%氯化钠溶液环境下的腐蚀平面相比，加速腐蚀环境下的腐蚀平面数量多，但尺寸小，其原因在于，通电加速腐蚀环境可促进腐蚀介质与钢筋之间的反应，疲劳裂纹表面的阳极溶解机制随着环境腐蚀程度的提高而增强。有关腐蚀疲劳过程中的阳极溶解机制，将在后续的腐蚀疲劳耦合机制中展开详细讨论。另外，如图 3.7 所示，各试验环境下的疲劳断口均含有二次裂纹，说明钢筋在疲劳裂纹稳定扩展阶段中仍以穿晶断裂为主要模式进行扩展，并伴随有少量沿晶断裂模式。

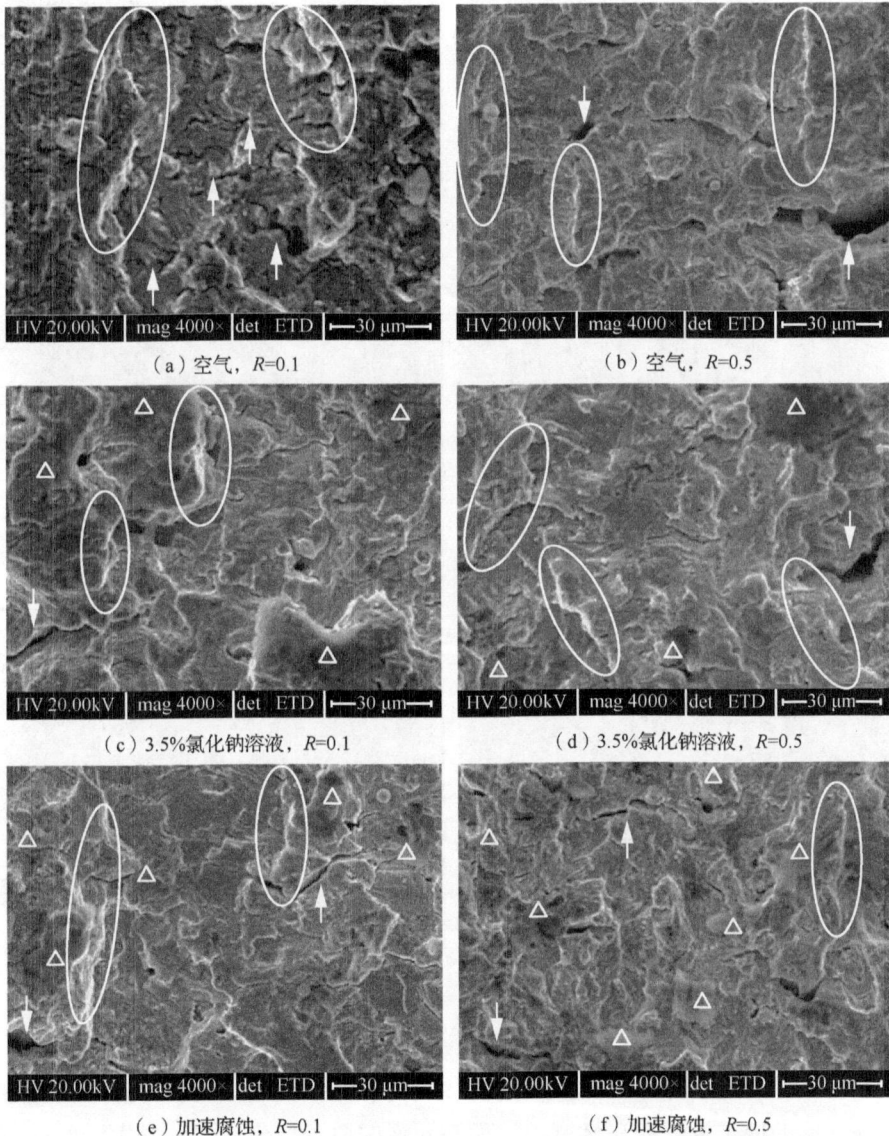

（a）空气，$R=0.1$　　　　　　　　　　　（b）空气，$R=0.5$

（c）3.5%氯化钠溶液，$R=0.1$　　　　　　（d）3.5%氯化钠溶液，$R=0.5$

（e）加速腐蚀，$R=0.1$　　　　　　　　　（f）加速腐蚀，$R=0.5$

图 3.7　疲劳裂纹稳定扩展阶段（$a=8$mm）的断口形貌

为了进一步明确腐蚀环境对钢筋疲劳裂纹扩展性能的影响，对断口进行能谱分析。图 3.8 为空气、3.5%氯化钠溶液和加速腐蚀环境以及应力比 $R=0.1$ 和 $R=0.5$

条件下常幅疲劳加载试件的断口能谱图。表 3.7 为对应情况下能谱图中主要元素成分的原子百分比。

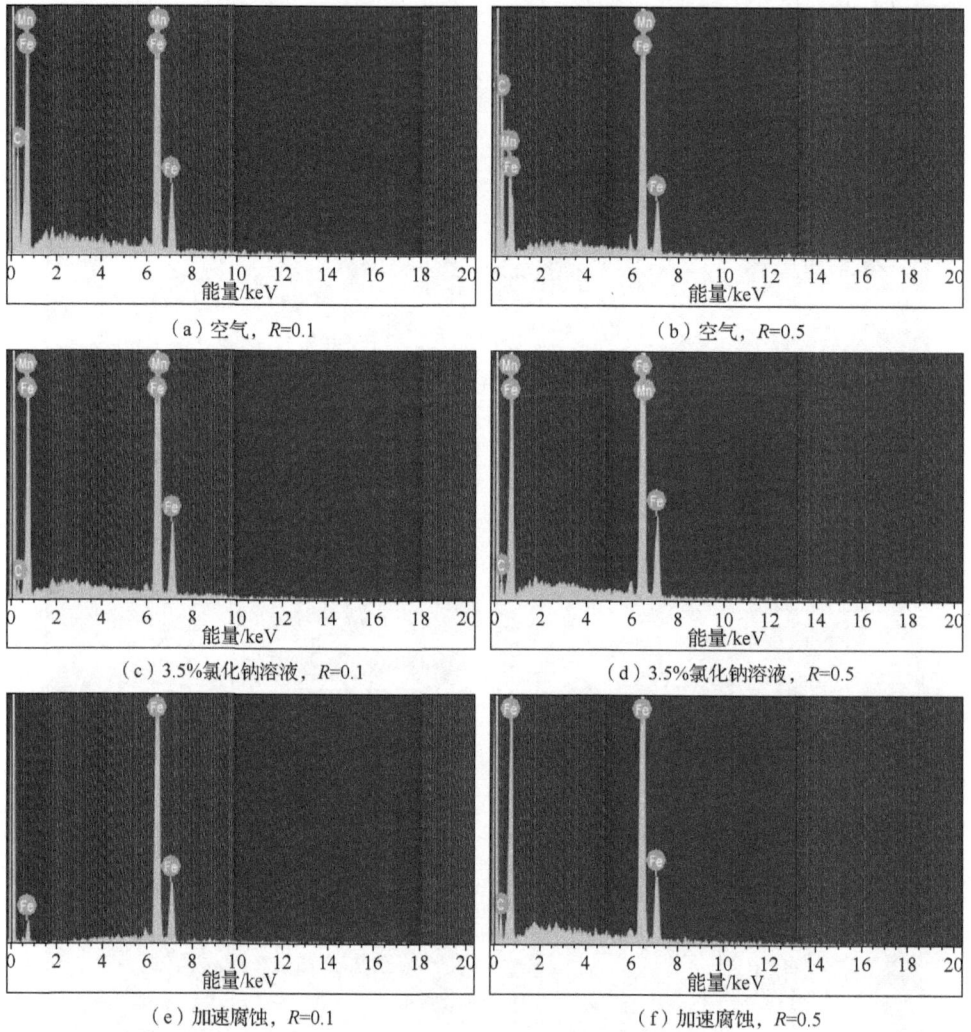

（a）空气，R=0.1　　　　　　　　　　　　　　（b）空气，R=0.5

（c）3.5%氯化钠溶液，R=0.1　　　　　　　　（d）3.5%氯化钠溶液，R=0.5

（e）加速腐蚀，R=0.1　　　　　　　　　　　　（f）加速腐蚀，R=0.5

图 3.8　疲劳裂纹稳定扩展阶段断口能谱图

由图 3.8 和表 3.7 可知，随着环境腐蚀程度的提高，断口表面的主要元素碳、硅、硫、锰的原子百分比逐渐减小，而铁元素的原子百分比逐渐增大。腐蚀环境中的腐蚀介质将侵蚀晶界面，减小晶粒之间结合力。随着铁素体和珠光体等晶粒逐渐被侵蚀溶解，由碳、硅、硫等元素构成的非金属杂质将逐渐与金属晶粒剥离，可能在疲劳加载和试件断口清洗过程中从断口表面脱落。此外，锰元素的金属活性比铁元素金属活性高，锰元素成分在腐蚀环境下比铁元素先发生反应，且反应速率比铁元素快。因此，碳、硅、硫、锰等元素的原子百分比随环境腐蚀程度的提高而减小，而铁元素的原子百分比随环境腐蚀程度的提高而增加。以上分析和讨论仅针对环境腐蚀程度对疲劳裂纹稳定扩展阶段的断口形貌以及断口表面成分的影响，相同腐蚀环境下的应力比变化对断口形貌和元素成分的影响不明显。

表 3.7　疲劳裂纹稳定扩展阶段断口表面原子百分比　　　　　　（单位：%）

元素	空气环境			3.5%氯化钠溶液环境			加速腐蚀环境		
	R=0.1	R=0.5	均值	R=0.1	R=0.5	均值	R=0.1	R=0.5	均值
C	1.17	1.33	1.25	1.05	1.25	1.15	0.37	1.01	0.69
Si	0.96	0.83	0.895	0.71	0.57	0.64	0.29	0.21	0.25
S	0.26	0.33	0.295	0.19	0.11	0.15	0.09	0.06	0.075
Mn	1.77	1.19	1.48	1.42	1.03	1.225	0.83	0.46	0.645
Fe	96.42	95.74	96.08	96.63	97.04	96.835	98.42	98.16	98.29

图 3.9 为钢筋疲劳裂纹不稳定扩展阶段的断口形貌。如图 3.9 所示，韧窝和显微孔洞为应力比 R=0.1 情况下的断口表面的主要特点，而应力比 R=0.5 情况下的断口表面所含韧窝与显微孔洞则明显减少，甚至在加速腐蚀环境及应力比 R=0.5 的疲劳断口中没有韧窝和显微孔洞。韧窝和显微孔洞的存在可说明材料较好的塑性变形性能[37]。由此可知，提高应力比将降低钢筋材料的塑性性能。

如图 3.9 所示，从 3.5%氯化钠溶液和加速腐蚀环境中应力比 R=0.1 的断口表面观察到局部片层状组织结构，并且加速腐蚀环境中的片层状结构比 3.5%氯化钠溶液环境下的片层状结构更显著，而在空气环境应力比 R=0.1 的断口则没有出现该组织结构。断口表面呈现片层状构造是脆性断裂特点之一，局部片层状组织增多则说明材料塑性性能降低且发生脆性断裂的可能性增大[134]。在应力比 R=0.5 条件下，3.5%氯化钠溶液环境下断口表面的韧窝数量明显少于空气环境下断口表面的韧窝数量，而加速腐蚀环境下的断口则具有显著的脆性断裂特征。由以上分析可知，提高环境腐蚀程度将降低钢筋材料的塑性性能。

综合以上钢筋疲劳断口分析可得，钢筋疲劳裂纹的主要扩展模式以穿晶断裂为主并伴随有沿晶断裂模式。随着环境腐蚀程度的提高，断口表面铁元素的原子百分比不断增大，而其他微量元素的原子百分比相应地减小。提高环境腐蚀程度和增大应力比将导致钢筋塑性变形性能退化，加速钢筋疲劳裂纹扩展和疲劳断裂。

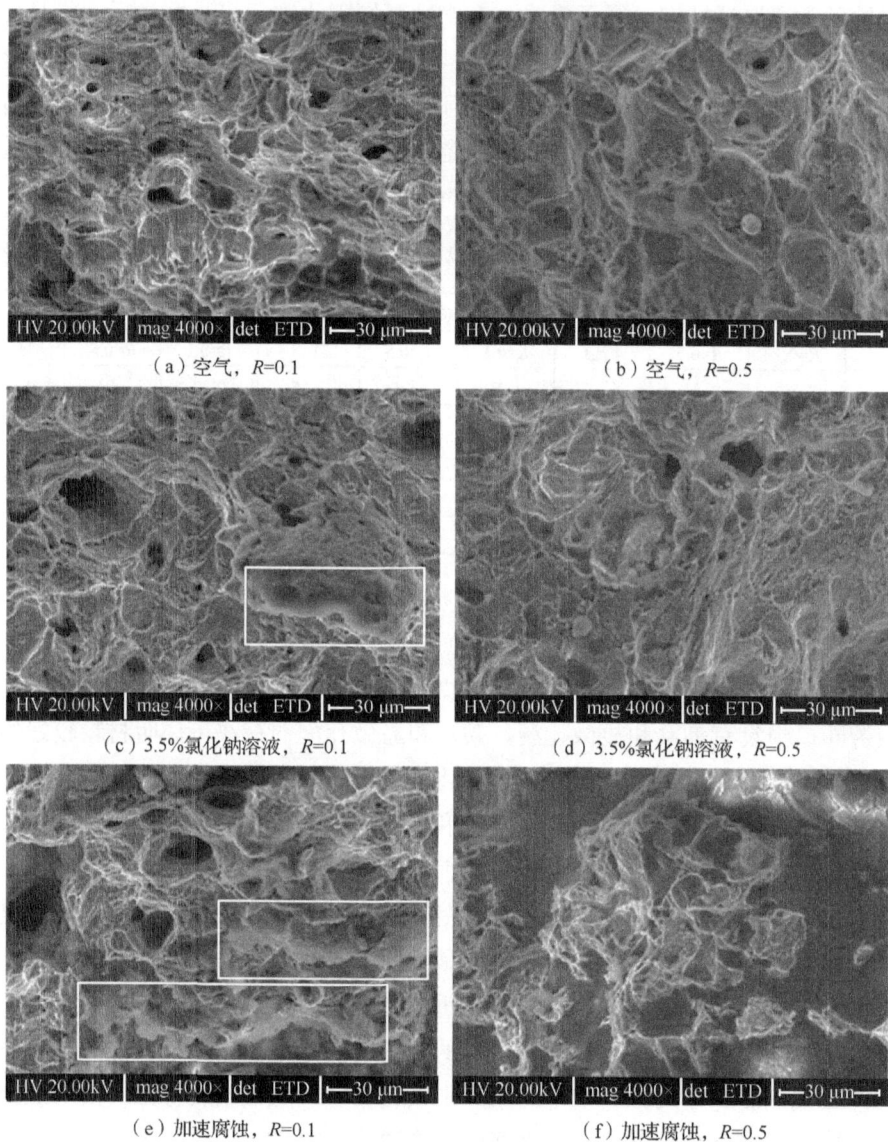

（a）空气，$R=0.1$　　　　　　　　　（b）空气，$R=0.5$

（c）3.5%氯化钠溶液，$R=0.1$　　　　（d）3.5%氯化钠溶液，$R=0.5$

（e）加速腐蚀，$R=0.1$　　　　　　　（f）加速腐蚀，$R=0.5$

图 3.9　疲劳裂纹不稳定扩展阶段（$a=18$mm）的断口形貌

3.3　腐蚀疲劳耦合作用机理

不同环境下的疲劳裂纹扩展性能的差异，归因于不同环境与疲劳荷载相互作用存在本质的不同。结合电化学反应以及水解反应过程，对纯水、氯盐溶液和通电加速腐蚀环境下的腐蚀疲劳耦合机制分析如下。

在纯水和氯盐溶液环境下，阳极溶解反应式为

$$Fe \longrightarrow Fe^{2+} + 2e^- \tag{3.4}$$

纯水环境下的 Fe^{2+} 主要水解反应式[72]如下：

$$Fe^{2+} + 2H_2O \longrightarrow Fe(OH)_2 + 2H^+ \tag{3.5}$$

$$Fe(OH)_2 \longrightarrow FeOOH + H^+ + e^- \tag{3.6}$$

$$2Fe(OH)_2 \longrightarrow Fe_2O_3 + H_2O + 2H^+ + 2e^- \tag{3.7}$$

氯盐溶液环境下的 Fe^{2+} 主要水解反应式[135]表示为

$$Fe^{2+} + 2Cl^- + 4H_2O \longrightarrow FeCl_2 \cdot 4H_2O \tag{3.8}$$

$$FeCl_2 \cdot 4H_2O \longrightarrow Fe(OH)_2 + 2Cl^- + 2H^+ + 2H_2O \tag{3.9}$$

$$Fe(OH)_2 \longrightarrow FeOOH + H^+ + e^- \tag{3.10}$$

$$2Fe(OH)_2 \longrightarrow Fe_2O_3 + H_2O + 2H^+ + 2e^- \tag{3.11}$$

在纯水和氯盐溶液环境下，疲劳裂纹表面非金属颗粒作为阴极，主要的阴极反应式为

$$O_2 + 2H_2O + 4e^- \longrightarrow 4OH^- \tag{3.12}$$

$$2H^+ + 2e^- \longrightarrow H_2 \tag{3.13}$$

在电解环境下，阳极和阴极的电解反应式为

阳极反应：

$$Fe - 2e^- + 2OH^- \longrightarrow Fe(OH)_2 \tag{3.14}$$

阴极反应：

$$2H_2O + 2e^- \longrightarrow 2OH^- + H_2 \tag{3.15}$$

在电解环境下，疲劳裂纹尖端 Fe^{2+} 的水解反应式如式（3.5）～式（3.11）所示。

在溶液环境下，循环应力将不断增大疲劳裂纹尖端的电子能量。当裂纹尖端电子能量增大至足以使电子脱离金属表面，则产生溶液环境下的金属阳离子。金属在溶液环境下受循环应力作用逐渐被溶解，即阳极溶解机制[136]。金属阳离子在溶液环境中也将逐渐发生水解反应。如式（3.5）～式（3.7）所示，纯水环境下的水解反应将产生腐蚀产物，并覆盖于疲劳裂纹表面形成钝化膜，疲劳荷载将破坏金属表面钝化膜，从而将金属暴露于外界环境下。金属表面钝化膜的反复生成和破坏，将加速裂纹尖端应力场范围内的金属与溶液介质之间的电化学反应，从而加速金属材料的溶解和疲劳裂纹扩展[67]。如式（3.8）～式（3.11）所示，在氯盐溶液环境下，氯离子在实质上并没有参与到裂纹尖端的水解反应中，而是起到了催化作用[137]。溶液中的氯离子将促进金属表面钝化膜的破坏，从而促进金属材料的溶解。对于通电加速腐蚀环境，电解作用直接导致金属材料在溶液环境中溶解。另外，增大应力比将增大疲劳裂纹尖端塑性变形，促进金属材料与溶液之间的反

应。因此，随着试验环境由纯水转变为加速腐蚀环境以及应力比的逐渐增大，疲劳裂纹尖端的阳极溶解机制逐渐增强。

溶液环境下的金属材料腐蚀疲劳过程，存在阳极溶解机制的同时，也存在裂纹尖端的氢脆开裂效应。疲劳裂纹尖端局部化学环境不同于溶液整体环境，溶液环境下的疲劳裂纹尖端酸化是裂纹尖端氢脆开裂的前提条件。当亚铁离子从疲劳裂纹尖端表面溶解进入溶液中，周围溶液环境中的氯离子将逐渐聚集到疲劳裂纹尖端以达到电荷平衡，同时，周围溶液中如式（3.12）所示的氧气还原反应所产生的氢氧根离子也将在疲劳裂纹尖端逐渐聚集，并与亚铁离子反应生成氢氧化亚铁。

需要注意的是，疲劳裂纹尖端内部的液体流动性，对疲劳裂纹尖端内部溶液环境与外部溶液环境发生介质交换是至关重要的。疲劳裂纹尖端随着疲劳加载而反复地张开与闭合，从而反复地将裂纹尖端内部的溶液介质挤出以及将外部溶液介质吸入。由于疲劳裂纹尖端仅暴露疲劳裂纹的两个侧表面，每一个循环加载过程发生的内外溶液介质交换十分有限[138]。因此，如式（3.5）～式（3.11）所示的水解反应将在疲劳裂纹尖端内部发生，进而产生氢氧化亚铁和氢离子，氢离子的逐步增加将逐渐降低疲劳裂纹尖端 pH 值。与此同时，疲劳裂纹尖端内部将发生如式（3.13）所示的氢离子还原反应，并且外部溶液中如式（3.12）所示的氧气还原反应所产生的部分氢氧根离子也扩散进入裂纹尖端以中和部分氢离子，这两个反应过程将对疲劳裂纹尖端内部 pH 值的减小起到缓冲作用[136]。

最终，疲劳裂纹尖端附近的溶液环境形成一个低 pH 值和众多离子高度聚集的环境[63]。疲劳裂纹尖端的这种逐步酸化也为裂纹尖端发生氢脆开裂提供一个环境基础，其中的氢原子便来自裂纹尖端内部的氢离子还原反应［式（3.13）］。对于通电加速腐蚀环境，阴极电解反应产生氢原子，该氢原子在溶液中逐步扩散进入疲劳裂纹尖端。因此，疲劳裂纹尖端的氢脆开裂效应可能与该氢原子在溶液中的扩散存在联系。

由以上定性分析可知，钢筋在溶液环境下的腐蚀疲劳过程同时存在阳极溶解和氢脆开裂。本章基于 Landes 和 Wei 的研究[139]，发展一种基于法拉第定律的腐蚀疲劳裂纹扩展速率叠加模型，用于定量分析阳极溶解机制对 HRB400 钢筋腐蚀疲劳裂纹扩展速率的影响。该叠加模型为

$$\frac{\mathrm{d}a}{\mathrm{d}N_{\mathrm{total}}} = \frac{\mathrm{d}a}{\mathrm{d}N_{\mathrm{air}}} + \frac{\mathrm{d}a}{\mathrm{d}N_{\mathrm{AD}}} \tag{3.16}$$

式中，$\dfrac{\mathrm{d}a}{\mathrm{d}N_{\mathrm{total}}}$ 为腐蚀疲劳裂纹扩展速率；$\dfrac{\mathrm{d}a}{\mathrm{d}N_{\mathrm{air}}}$ 为空气中的裂纹扩展速率，即钢筋在无腐蚀条件下的疲劳性能；$\dfrac{\mathrm{d}a}{\mathrm{d}N_{\mathrm{AD}}}$ 为阳极溶解机制产生的疲劳裂纹扩展速率。此外，该模型假定钢筋的腐蚀疲劳仅存在阳极溶解机制，且腐蚀速率和电流密度

在一个循环荷载周期内保持恒定不变。

基于法拉第定律，阳极溶解机制产生的裂纹扩展速率可表示为

$$\frac{\mathrm{d}a}{\mathrm{d}N_{\mathrm{AD}}} = \frac{M \cdot i_a}{Z \cdot F \cdot \rho} \tag{3.17}$$

式中，M 为亚铁离子的原子质量，取 55.845g/mol；Z 为亚铁离子电荷数，取 2；F 为法拉第常数，取 96485C/mol；ρ 为钢筋密度，取 7.9×10^6g/mol；i_a 为腐蚀电流密度（A/m²）。

根据表 3.4 所示的疲劳裂纹扩展速率结果以及上文所述的腐蚀疲劳裂纹速率模型 [式（3.16）]，得出阳极溶解机制对腐蚀疲劳裂纹扩展速率的影响，如表 3.8 所示。例如，对于应力比 $R=0.7$ 和应力强度因子 $\Delta K=10$MPa·m^{0.5} 的情况，空气和加速腐蚀环境下的裂纹扩展速率分别为 1.33×10^{-8}m/周期和 5.43×10^{-8}m/周期，根据式（3.16）可得，阳极溶解机制产生的疲劳裂纹扩展速率为$(5.43-1.33) \times 10^{-8}$m/周期。根据式（3.17）计算可知，阳极溶解机制产生的疲劳裂纹扩展速率 4.1×10^{-8}m/周期所必需的电流密度为 0.11192A/cm²，而该电流密度远大于试验电流密度（0.01736A/cm²）。因此，由以上计算结果可知，钢筋腐蚀疲劳耦合过程中同时存在阳极溶解和氢脆开裂；并且腐蚀环境对疲劳裂纹扩展速率的总加速效应采用电流密度 0.11192A/cm² 表示，阳极溶解机制对疲劳裂纹扩展速率的加速效应用电流密度 0.01736A/cm² 表示，则阳极溶解机制在应力比 $R=0.7$ 和应力强度因子 $\Delta K=10$MPa·m^{0.5} 情况下的腐蚀疲劳耦合总效应中占 15.51%。由以上分析过程和表 3.8 可知，氢脆开裂在钢筋腐蚀疲劳过程中占主导地位。

表 3.8　阳极溶解机制对腐蚀疲劳裂纹扩展速率的影响

试验环境和电流密度	裂纹扩展速率（10^{-8}m/周期）和阳极溶解在腐蚀疲劳总效应中的百分比（%）			
	$\Delta K=10$MPa·m^{0.5}		$\Delta K=30$MPa·m^{0.5}	
	$R=0.2$	$R=0.7$	$R=0.2$	$R=0.7$
空气	0.87	1.33	20.56	30.98
纯水（0.0001A/cm²）	1.38（0.72）	2.31（0.37）	23.89（0.11）	37.16（0.06）
3.5%氯化钠溶液（0.01A/cm²）	2.05（31.04）	3.83（14.65）	27.58（5.22）	49.41（1.99）
加速腐蚀（0.01736A/cm²）	2.72（34.38）	5.43（15.51）	32.25（5.44）	60.65（2.14）

另外，已有关于钢铁和合金材料的研究给出了腐蚀电流密度范围为 0.0001～0.01A/cm²，试验环境范围为纯水环境至质量百分比 3.0%的氯化钠溶液环境[140-142]。为了简化分析本章各试验环境下的腐蚀疲劳耦合情况，选取 0.0001A/cm² 为纯水环境下的腐蚀电流密度，选取 0.01A/cm² 为 3.5%氯化钠溶液环境下的腐蚀电流密度。需要指出的是，该腐蚀电流密度的选取仅用作本章试验结果对比分析，关于不同金属元素对腐蚀电流密度的影响以及 HRB400 钢筋在不同环境下的腐蚀电流

密度取值，仍需要今后更进一步的研究。

　　采用上述计算模型，不同试验环境、不同应力强度因子、不同应力比情况下阳极溶解机制在 HRB400 钢筋的腐蚀疲劳耦合效应中所占百分比如图 3.10 所示，具体计算结果如表 3.8 所示。如图 3.10 所示，阳极溶解在腐蚀疲劳耦合效应中所占百分比随着环境腐蚀程度的提高而增大。增大应力比和应力强度因子将促进钢筋与腐蚀介质之间的反应，增强阳极溶解机制，然而氢脆开裂机制在腐蚀疲劳耦合效应中所占百分比随着应力比和应力强度因子的增大而增大。由此说明，在钢筋腐蚀疲劳过程中增强疲劳作用效应时，氢脆开裂的作用效应比阳极溶解的作用效应增加得更快。其原因在于，增大应力比和应力强度因子将增大疲劳裂纹尖端塑性变形，而氢脆开裂机制将显著加剧裂纹尖端塑性变形，因而氢脆开裂机制对腐蚀疲劳过程中的疲劳作用效应更为敏感[69]。

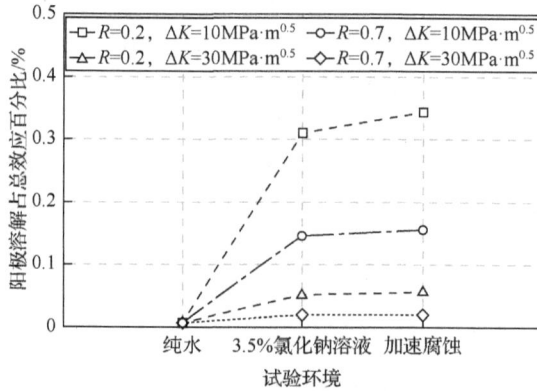

图 3.10　阳极溶解占腐蚀疲劳耦合效应的百分比

3.4　小　　结

　　本章开展了 HRB400 钢筋材料的腐蚀疲劳裂纹扩展试验，测得了不同应力比、不同试验环境下的疲劳裂纹扩展速率和门槛值。采用微观分析设备对试件的疲劳断口、疲劳裂纹路径展开观察研究，分析环境类型对钢筋裂纹扩展性能的影响，定性和定量分析了 HRB400 钢筋的腐蚀疲劳耦合机理，明确了腐蚀疲劳耦合机理随环境变化的发展规律。结论如下：

　　（1）HRB400 钢筋疲劳裂纹扩展门槛值随应力比和环境腐蚀程度的提高而减小，减小百分比最大可超过 50%。增大应力比将导致门槛值减小趋势逐渐变缓，这归因于增大应力比将增大 HRB400 钢筋疲劳裂纹扩展过程中裂纹尖端的循环强化效应。

（2）HRB400 钢筋的腐蚀疲劳裂纹扩展速率呈现真腐蚀疲劳的特征。低应力强度下的裂纹扩展速率比高应力强度下的裂纹扩展速率对应力比和环境腐蚀程度的变化更敏感。对于低应力强度和高应力比环境，3.5%氯化钠溶液通电腐蚀条件下的裂纹扩展速率是空气条件下的裂纹扩展速率的近三倍。

（3）钢筋疲劳裂纹依次穿过条带状铁素体-珠光体晶粒组织，以穿晶断裂为主要模式进行扩展。在腐蚀环境中，沿晶断裂模式主要发生于铁素体与珠光体的竖向晶界，且沿晶断裂发生的概率随着环境腐蚀程度的提高而增大。

（4）氢脆开裂在 HRB400 钢筋的腐蚀疲劳裂纹扩展过程中占主导地位。阳极溶解在腐蚀疲劳耦合效应中所占百分比随着环境腐蚀程度的提高而增大，氢脆开裂在腐蚀疲劳耦合效应中所占百分比随应力比和应力强度因子的增大而增大。

第4章 腐蚀 RC 梁疲劳后抗弯刚度退化
试验与计算方法

在服役钢筋混凝土（RC）桥梁中，钢筋腐蚀是一个世界性的难题。腐蚀主要是由氯离子侵蚀引起的，特别是在除冰盐和海洋环境条件下[143-144]。腐蚀减小钢筋横截面面积，导致混凝土保护层开裂或剥落[145]，混凝土开裂会加速钢筋腐蚀，降低混凝土与钢筋之间的粘结性能，最终影响结构刚度和承载力[146]。同时，在服役过程中，公路桥梁也面临频繁的车辆荷载[147]。随着经济的发展，RC 桥梁更容易因循环荷载的增大而产生疲劳损伤累积，再加上钢筋的腐蚀，结构的疲劳寿命显著降低。腐蚀疲劳损伤已成为老化 RC 桥梁最常见的退化机制之一[148]。因此，研究腐蚀 RC 桥梁的疲劳性能具有重要的现实意义，并且刚度是衡量 RC 桥梁服役性能的重要指标之一，有必要对腐蚀 RC 桥梁构件的疲劳抗弯刚度开展研究。

老化 RC 桥梁的疲劳破坏始于受拉钢筋的疲劳损伤，疲劳裂纹通常从钢筋表面的蚀坑位置萌生和扩展，当裂纹达到临界尺寸时钢筋发生脆性断裂[88, 149]。近年来，许多学者对材料的疲劳研究作出了重要贡献。Ma 等[150]研究了应力比和微观组织对钢筋疲劳裂纹扩展性能的影响，并且分析了腐蚀对钢筋力学性能的影响，发现钢筋疲劳寿命随着腐蚀程度的增加而显著降低。Apostolopoulos 等[25]对腐蚀钢筋进行低周疲劳试验并指出，腐蚀钢筋的承载能力和延性随腐蚀率增加而逐渐降低。Zhang 等[22]基于自然腐蚀钢筋和人工腐蚀钢筋的疲劳试验，建立了腐蚀钢筋的疲劳寿命预测数学模型。Nakamura 和 Suzumura[30]对不同缺口形状和尺寸的钢筋试样进行了系统的疲劳试验，发展了应力幅值-疲劳寿命-缺口深度的疲劳寿命曲线方程。上述疲劳寿命预测模型大多是基于实验数据的回归分析。

目前，国内外学者针对腐蚀 RC 梁的静力和疲劳抗弯刚度开展了一些研究。Dekoster 等[151]对腐蚀混凝土梁的受弯性能进行了有限元分析，研究了局部和均匀腐蚀的 RC 梁抗弯性能退化，给出了不同腐蚀率下荷载-挠度曲线。Liu 等[152]进行了氯离子渗透和持续荷载作用下 RC 梁的抗弯刚度试验，提出了持续荷载下 RC 梁抗弯刚度模型。上述研究仅考虑钢筋腐蚀的影响，未考虑疲劳作用。Sun 等[27]引入考虑腐蚀和疲劳作用的刚度修正系数，提出了疲劳荷载下腐蚀钢筋混凝土梁刚度修正计算公式。现有研究均忽略混凝土锈胀的影响，同时疲劳作用会降低混凝土的弹性模量，如何有效考虑混凝土锈胀开裂以及混凝土弹性模量退化对腐蚀 RC 梁疲劳抗弯刚度的影响，尚需进一步研究。

本章旨在系统开展腐蚀 RC 梁疲劳抗弯试验研究，综合考虑混凝土疲劳模量退化、混凝土裂缝间钢筋应变不均匀性、钢筋应变不协调以及混凝土锈胀开裂的影响，发展腐蚀 RC 梁疲劳抗弯刚度计算模型。本章框架组织如下：首先，进行 RC 梁加速腐蚀试验，分析腐蚀 RC 梁的混凝土锈胀裂缝宽度和裂缝分布规律。其次，观测腐蚀 RC 梁的荷载-挠度关系曲线、混凝土裂缝扩展、疲劳寿命和试验梁破坏模式。在此基础上，分析不同锈胀程度下的 RC 梁疲劳性能退化规律。最后，考虑锈胀和疲劳等因素的影响，提出了腐蚀 RC 梁疲劳抗弯刚度模型，结合试验结果进行模型验证。

4.1　腐蚀 RC 梁疲劳性能试验

4.1.1　试件设计

试验共有 7 根 RC 矩形梁，编号分别为 L0～L6，其中 L0 和 L1 为未腐蚀梁。RC 矩形梁截面尺寸 $b \times h$=200mm×350mm，梁长 l=4000mm，计算跨径 3600mm。试验梁纵向受拉主筋为三根 HRB400 钢筋，直径为 16mm，实测屈服强度和抗拉强度分别为 452MPa 和 610MPa。箍筋为 HRB400 钢筋，直径为 8mm，箍筋间距在纯弯段为 100mm，在剪弯段为 80mm。架立筋为 HRB400 钢筋，直径为 10mm。设计混凝土强度等级为 C40，配合比为水：水泥：砂：碎石=0.46：1：2.18：3.41，每立方米混凝土中添加 45kg 粉煤灰、57kg 矿粉及 3.3kg 的外加剂，实测立方体抗压强度平均值为 41.9MPa。为加快混凝土梁中钢筋的腐蚀，添加 5%水泥质量的工业盐。试验梁尺寸、截面配筋及挠度测点布置如图 4.1 所示。

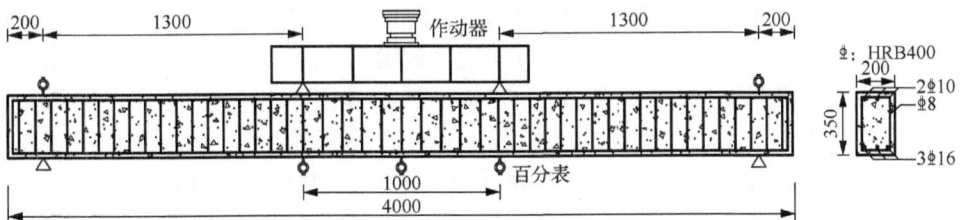

图 4.1　试验梁尺寸、截面配筋及挠度测点布置（单位：mm）

4.1.2　快速腐蚀试验

在实际服役过程中，RC 梁腐蚀是一个漫长的过程，有必要通过电化学加速腐蚀试验来获得不同腐蚀程度的试验梁。本章试验设计了半梁腐蚀装置，如图 4.2 所示，试验梁纵向受拉钢筋为阳极，溶液中的不锈钢板为阴极。为避免箍筋腐蚀，在箍筋与主筋接触位置缠绕绝缘胶带，并在箍筋上涂抹环氧树脂。试验梁的一半在 5%浓度的氯盐溶液中浸泡三天，再用直流电源在钢筋上施加直流电，电流密度为 0.3mA/cm^2。根据法拉第定律，通过调节外加电流和控制通电时间，可以得到不同腐蚀程度的试验梁。钢筋的质量损失率可由式（4.1）计算得到。

$$\Delta m = \frac{T \times I \times 55.847}{2 \times 96487} \tag{4.1}$$

式中，Δm 为质量损失率（%）；T 为通电时间（秒）；I 为电流的大小（A）。

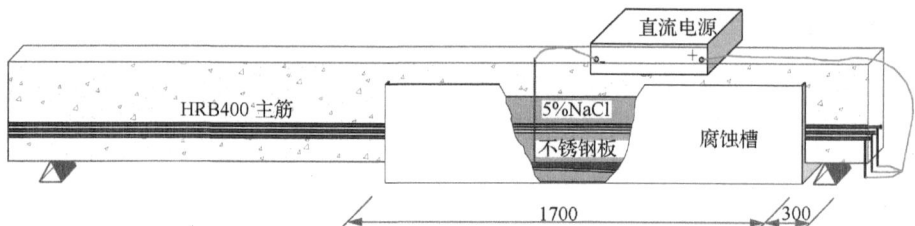

图 4.2　快速腐蚀试验装置（单位：mm）

4.1.3　加载过程

疲劳试验采用 MTS PMCS 2.0 液压伺服机进行四点弯曲加载，加载点和挠度测点布置如图 4.3 所示。加载过程分为两组：未腐蚀梁 L0 为基准试验梁，其静载极限承载力为 124kN；L1～L6 为疲劳试验梁。疲劳加载上限参照静载试验结果，疲劳荷载上限为 62kN，疲劳荷载下限为 12.4kN，应力比为 0.2。当试验梁疲劳荷载上限为 62kN 时，由于不同腐蚀 RC 梁的刚度存在差异，控制位移并不能保证目标荷载，故疲劳荷载采用力控制。

加速腐蚀试验结束后，从腐蚀槽中取出 RC 梁。首先进行预加载静载试验，对整个加载系统和数据采集设备进行检查，施加荷载范围为 0～12.4kN。预加载结束后，进行一次静力加载，分六级加载至疲劳荷载上限，卸载后按正弦常幅疲劳荷载进行疲劳加载试验，频率为 2.5Hz。在疲劳循环次数达 1 万次、2 万次、5 万次、10 万次、20 万次、30 万次、40 万次、50 万次、70 万次、100 万次、150 万次、200 万次时，停机进行静载试验，再逐级加载至疲劳荷载上限值，观测试验梁的受力及变形。采用 5 个千分表测量不同荷载级别作用下的混凝土开裂情况、跨中挠度、支座和加载点的挠度。若试验梁经受 200 万次疲劳荷载后仍未破坏，对其进行静力加载直至破坏。

疲劳加载试验结束后，将混凝土梁损坏，取出腐蚀主筋。将计算跨径内的主筋每 10cm 截取一段，按照规范《普通混凝土长期性能和耐久性能试验方法标准》（GB/T 50082—2009）要求，进行 12%盐酸清洗→清水冲洗→石灰水中和→清水冲洗→烘干→长度及质量测量。随着腐蚀的蔓延，混凝土保护层沿纵向受拉钢筋出现裂缝。腐蚀开裂的细节和腐蚀条件将在下一节介绍。测定试样破坏后的纵向受拉钢筋质量腐蚀损失。平均腐蚀率可以通过式（4.2）计算：

$$\eta = \frac{m_0 - m_c}{m_0} \tag{4.2}$$

式中，m_0 为未腐蚀钢筋质量（g）；m_c 为腐蚀钢筋质量（g）。

（a）静力加载　　　　　　　　　　　　（b）疲劳加载

图 4.3　疲劳及静力加载图

4.1.4　静力拉伸试验

试验梁破坏后，取出腐蚀钢筋（图 4.4）并开展静力拉伸试验（图 4.5），钢筋拉伸试件为钢筋断口两端每 500mm 截取一段（图 4.6）。由于试验力较大，钢筋断裂时 MTS 试验机会强制关机，为了保护试验仪器，在拉伸过程中，一部分钢筋在颈缩阶段前期便停止拉伸。

图 4.4　截取的钢筋段　　　　　　　图 4.5　静力拉伸试验装置

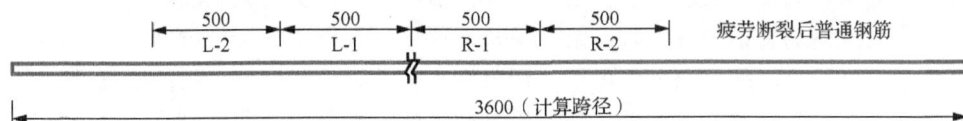

图 4.6　腐蚀钢筋截取（单位：mm）

4.2　腐蚀 RC 梁疲劳后抗弯性能退化规律

4.2.1　锈胀裂缝

钢筋腐蚀水平随通电时间的增长而提高，腐蚀产物的体积为原有体积的 2～4 倍，腐蚀物产生的膨胀力导致混凝土保护层开裂，在 RC 梁的底面产生纵向锈胀裂缝。L4～L6 试验梁通电时间较长，锈胀裂缝延伸至梁的侧面。图 4.7 为 L6 梁侧面混凝土锈胀裂缝图。随着混凝土保护层锈胀裂缝增大，显著提高钢筋腐蚀速率，进一步加剧混凝土锈胀开裂。由于盐溶液携带可溶铁锈在裂缝中流通，干燥状态时铁锈附着于裂缝开口位置以及锈胀裂缝附近的混凝土表面处。

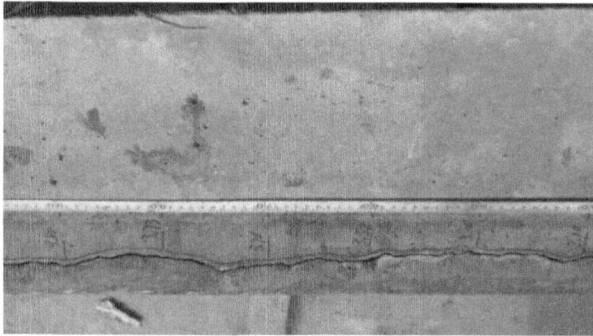

图 4.7　L6 梁侧面混凝土锈胀裂缝

试验梁受拉钢筋腐蚀水平达到设计值后，拆下腐蚀槽并将梁体冲洗晾干，以 10cm 为间距,用裂缝观测仪观测试验梁的底面和侧面锈胀裂缝宽度,图 4.8 为 L2～L6 腐蚀梁底面锈胀裂缝图，裂缝旁的数值为实测锈胀裂缝宽度。如图 4.8 所示，RC 梁的锈胀裂缝分布在腐蚀槽部分及槽段外有限范围内。破损试验梁后，按前文所述方法测得各试验梁的钢筋质量腐蚀率。表 4.1 给出了各试验梁腐蚀程度、锈胀裂缝宽度及疲劳寿命的统计结果。如表 4.1 所示，随着钢筋腐蚀率增长，锈胀裂缝宽度增加。由于骨料的离散性，混凝土强度和密实度在梁内不同位置表现出较大随机性，钢筋腐蚀率沿梁长分布不均匀，锈胀裂缝宽度沿梁长随机分布，腐蚀槽中间部位的锈胀裂缝宽度明显大于腐蚀槽两端的锈胀裂缝宽度。

当受拉钢筋腐蚀率较大时，如 L5 和 L6 梁底部及侧面锈胀裂缝宽度大于其余低腐蚀率试验梁。疲劳荷载作用下，混凝土主裂缝迅速贯穿整个梁的横截面，保护层在初始锈胀位置发生脱落，混凝土梁截面严重被削弱，截面刚度迅速降低，加速了试验梁疲劳破坏。由表 4.1 可知，试验梁疲劳寿命随腐蚀率的增长而显著降低，L5 和 L6 梁疲劳寿命分别为 L1 梁疲劳寿命的 4.4%和 1.9%。

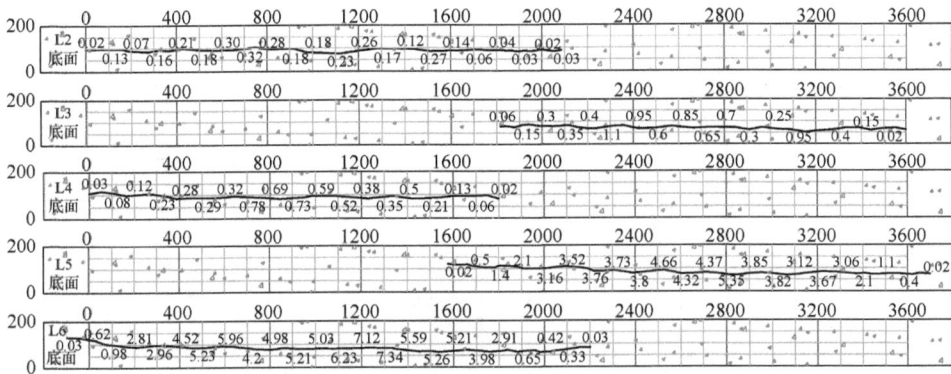

图 4.8　RC 梁混凝土锈胀裂缝宽度及分布（单位：mm）

表 4.1　腐蚀程度、锈胀裂缝宽度及疲劳寿命的统计结果

参数	L1	L2	L3	L4	L5	L6
质量腐蚀率/%	0	3.67	7.67	9.03	27.30	35.39
应力幅值/MPa	123.35	128.05	133.59	135.60	169.67	190.92
疲劳寿命/万次	118.06	77.24	43.04	41.55	5.14	2.20
底面锈胀裂缝平均宽度/mm	0	0.132	0.332	0.465	2.812	3.654
侧面锈胀裂缝平均宽度/mm	0			0.231	2.302	2.826

4.2.2　疲劳后荷载-挠度关系

为明确疲劳和腐蚀对试验梁受力性能的影响，在疲劳循环次数分别达 1 万次、2 万次、5 万次、10 万次、20 万次、30 万次、40 万次、50 万次、70 万次、100 万次时，对梁进行静力加载试验。表 4.2 为各试验梁在不同疲劳循环次数后的跨中挠度。

由表 4.2 可知，疲劳导致试验梁抗弯刚度退化，对于同一试验梁，在相同静载水平下，试验梁跨中挠度随疲劳循环次数的增加而逐渐增大。另外，与未腐蚀梁相比，在经历相同的疲劳循环后，腐蚀 RC 梁的跨中挠度随锈胀裂缝宽度增大而增大，并且各级静载下腐蚀 RC 梁的挠度增长速率明显加快。其原因在于，腐蚀减小了钢筋截面面积，从而削弱了构件承载能力。随着腐蚀的发展，锈胀裂缝不断增大，钢筋与混凝土间的粘结力下降，钢筋严重锈胀时混凝土发生剥离，粘结力完全丧失，导致试验梁刚度退化明显。L5 和 L6 梁锈胀较为严重，锈胀对其粘结力降低和刚度退化具有显著影响。L5 和 L6 梁静载试验中的初始最大挠度分别为 9.14mm 和 9.22mm，与未腐蚀梁 L0 的 5.34mm 相比，挠度分别增加了 71.2%和 72.7%。

表 4.2　各试验梁在不同疲劳循环次数后的跨中挠度

试验梁	循环次数/万次	分级荷载下跨中挠度/mm					
		10kN	20kN	30kN	40kN	50kN	60kN
L1	0	0.88	2.10	2.89	3.68	4.67	5.34
	1	0.94	2.01	2.89	3.73	4.80	5.72
	2	0.92	1.96	2.96	4.01	4.97	5.86
	5	1.16	2.12	3.19	4.25	5.05	6.06
	10	0.99	2.09	3.40	4.26	5.25	6.16
	20	0.95	2.33	3.55	4.83	5.72	6.31
	50	0.90	2.44	3.94	5.25	6.31	6.77
	100	0.88	2.10	2.89	3.68	4.67	7.45
L2	0	0.93	2.01	2.89	4.05	4.98	6.01
	1	1.06	2.08	3.01	4.11	5.01	6.31
	2	1.08	2.14	3.02	4.17	5.21	6.48
	5	1.10	2.21	3.05	4.12	5.34	6.56
	10	1.12	2.26	3.24	4.34	5.41	6.61
	20	1.12	2.35	3.26	4.31	5.57	6.65
	50	1.14	2.38	3.32	4.31	5.81	7.21
	70	1.16	2.58	3.78	4.92	6.13	7.76
L3	0	0.84	1.98	2.98	4.02	5.04	6.33
	1	0.86	2.01	3.02	4.15	5.14	6.62
	5	0.89	2.09	3.21	4.52	5.74	7.04
	10	0.96	2.21	3.45	4.63	5.86	7.10
	20	1.01	2.23	3.55	4.77	5.90	7.32
	30	1.04	2.31	3.63	4.82	5.94	7.12
	40	1.08	2.39	3.72	4.98	6.01	7.45
L4	0	0.67	1.78	2.98	3.99	5.17	6.74
	1	0.72	1.88	3.05	4.05	5.24	6.86
	5	0.79	1.91	3.12	4.45	5.78	7.10
	10	0.84	1.98	3.26	4.54	5.96	7.32
	20	0.88	2.04	3.43	4.64	6.02	7.48
	30	0.98	2.07	3.55	4.78	6.12	7.67
	40	1.01	2.12	3.87	4.95	6.22	8.15
L5	0	0.98	2.02	3.15	4.65	5.45	6.02
	1	1.04	2.14	3.34	4.82	5.66	6.12
	2	1.11	2.28	3.51	5.01	5.78	6.32
	5	1.21	2.48	3.86	5.55	6.01	6.68

续表

试验梁	循环次数/万次	分级荷载下跨中挠度/mm					
		10kN	20kN	30kN	40kN	50kN	60kN
L6	0	0.84	1.92	3.01	4.72	5.89	6.54
	1	0.88	1.98	3.21	4.89	5.95	6.68
	2	0.95	2.04	3.65	5.78	6.21	7.12

4.2.3 疲劳荷载下混凝土裂缝发展

锈胀不仅影响 RC 梁的抗弯刚度，还影响混凝土裂缝的扩展。图 4.9 给出了 L0 静载试验梁混凝土裂缝发展情况（图中竖向裂缝旁的数值为静力荷载值，单位 kN）以及疲劳试验梁经历不同疲劳周期后的混凝土裂缝发展情况，L1~L6 梁竖向裂缝旁的数值表示疲劳次数（万次）。由图 4.9 可知，钢筋腐蚀对 RC 梁混凝土裂缝的发展有显著影响。与 L0 静载梁和 L1 疲劳试验梁相比，L2~L6 锈胀 RC 梁的混凝土裂缝数量减少、平均裂缝间距增大，L2~L6 梁的裂缝数量分别比对比梁 L1 减少了 27.3%、13.6%、31.8%、59.1% 和 68.2%。L1 梁的裂缝平均间距为 11.0cm，L2~L6 梁的裂缝平均间距分别为 15.7cm、11.5cm、12.9cm、18.8cm 和 24.7cm，与 L1 梁相比，分别增长了 42.8%、4.5%、17.3%、70.9% 和 124.5%。

当主筋腐蚀程度较低时，在疲劳荷载作用下，试验梁疲劳断裂处的混凝土裂缝在前期并不明显，疲劳断裂处混凝土裂缝发展有三个阶段：在首次静载试验过程中已经出现混凝土开裂，但尚不能识别为主裂缝，在 20 万次疲劳循环内，裂缝高度和宽度持续增长；在 20 万次疲劳循环后，裂缝高度和宽度增加不明显；临近疲劳失效前，裂缝高度继续发展，裂缝宽度显著增大并成为主裂缝。L1~L4 梁破坏过程中均呈现上述三个阶段。

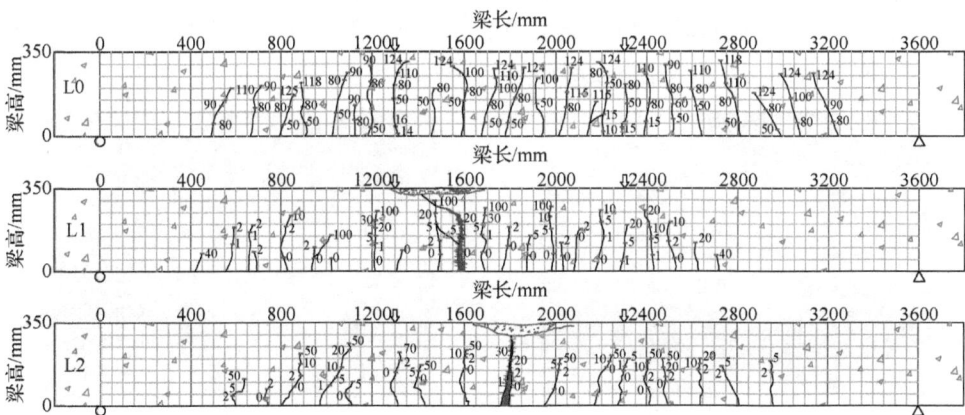

图 4.9 RC 梁混凝土裂缝发展情况

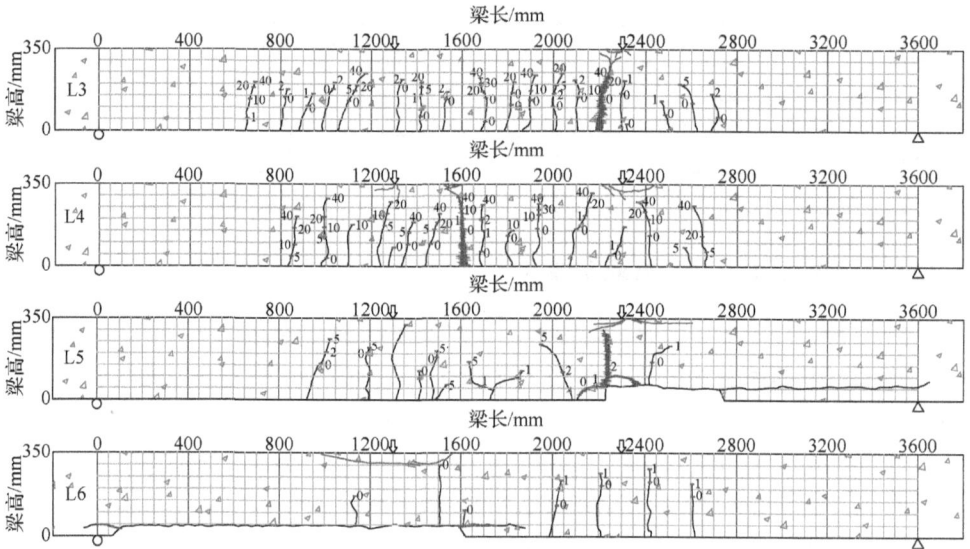

图 4.9（续）

如前所述，L5 和 L6 试验梁的裂缝间距增加和裂缝数量减少的幅度均大于 L2～L4 试验梁。L5 和 L6 梁锈胀开裂严重，在疲劳荷载作用下，混凝土保护层剥落发生在初始锈胀开裂位置。混凝土保护层剥落段的混凝土裂纹扩展不明显，钢筋疲劳断裂出现在混凝土保护层剥落与非剥落的交界位置处。

4.2.4　失效模式和疲劳寿命

试验梁破坏模式如图 4.10 所示，所有梁的疲劳破坏均由纵向受拉钢筋脆性断裂引起，图 4.11 为 L4 梁中受拉钢筋的典型疲劳脆性断裂破坏。随着受拉钢筋腐蚀程度的增加，试验梁疲劳寿命显著降低。钢筋坑蚀引起的应力集中和混凝土保护层剥落进一步加速了试验梁疲劳破坏。

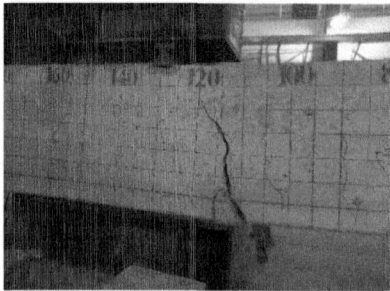

（a）L1

（b）L2

图 4.10　试验梁疲劳破坏模式

（c）L3

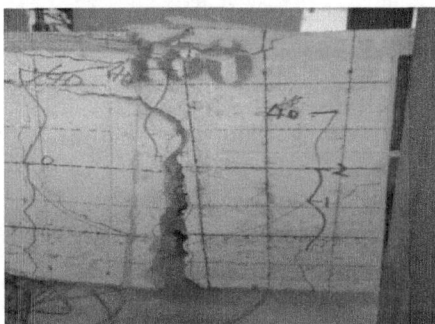

（d）L4

（e）L5

（f）L6

图 4.10（续）

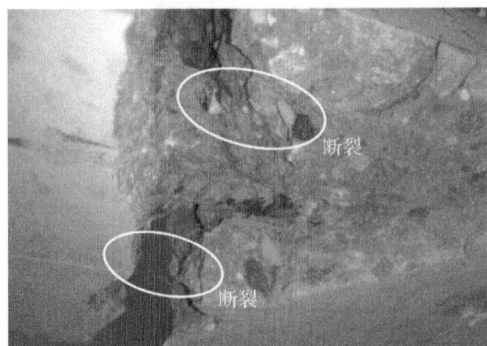

图 4.11　L4 梁中受拉钢筋典型疲劳脆性断裂破坏

　　疲劳断口分析是研究材料疲劳裂纹萌生和扩展机理最常用方法之一。图 4.12 为腐蚀钢筋的疲劳断口形貌。如图 4.12 所示，从钢筋断口可以观察到疲劳裂纹稳定扩展区域和快速扩展区域。疲劳裂纹从钢筋表面沿径向方向呈圆弧状扩展；腐蚀钢筋疲劳裂纹萌生于最大坑蚀位置，疲劳裂纹稳定扩展区长度随着腐蚀程度的增加而减小。另外，未腐蚀、轻度腐蚀和严重腐蚀钢筋的疲劳裂纹扩展长度分别为 2.32mm、1.19mm 和 0.775mm，表明腐蚀使钢筋疲劳裂纹提前进入快速扩展阶段，加速钢筋疲劳断裂。

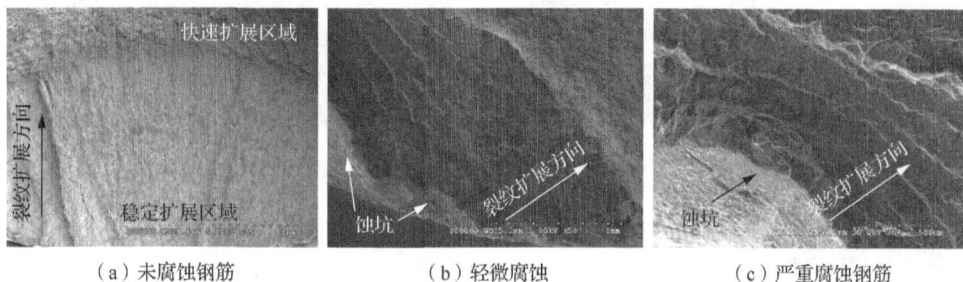

|（a）未腐蚀钢筋|（b）轻微腐蚀|（c）严重腐蚀钢筋|

图 4.12　腐蚀钢筋的疲劳断口形貌

4.2.5　疲劳后腐蚀钢筋应力-应变曲线

钢筋腐蚀率沿钢筋长度是随机分布的，距离断口越近，腐蚀率越高。图 4.13 为疲劳后腐蚀钢筋应力-应变关系曲线。钢筋拉伸试件编号规则如图 4.6 所示，其中 L-1、L-2 方向为靠近断口的左侧位置，R-1、R-2 方向为靠近断口的右侧位置。由图 4.13（c）～（e）所示，随着钢筋腐蚀率增大，腐蚀钢筋的屈服强度和抗拉强度逐渐降低。低腐蚀率钢筋试件具有明显的屈服平台，表现出良好的延性，随着钢筋腐蚀率的增大，钢筋屈服平台逐渐缩短，甚至无明显屈服现象。

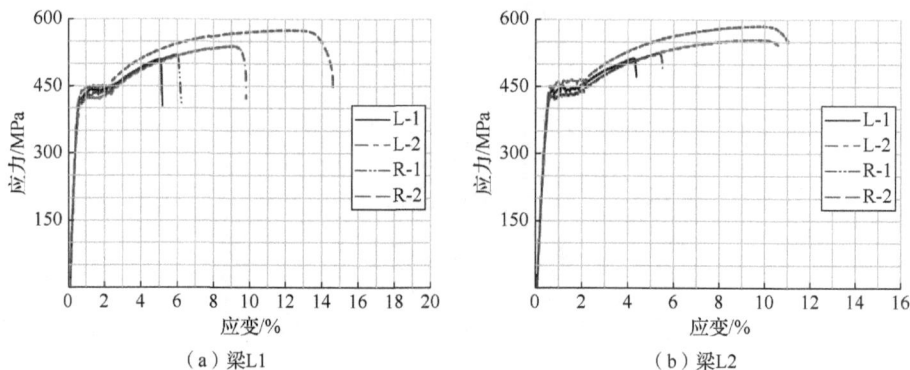

|（a）梁L1|（b）梁L2|

图 4.13　疲劳后腐蚀钢筋应力-应变关系曲线

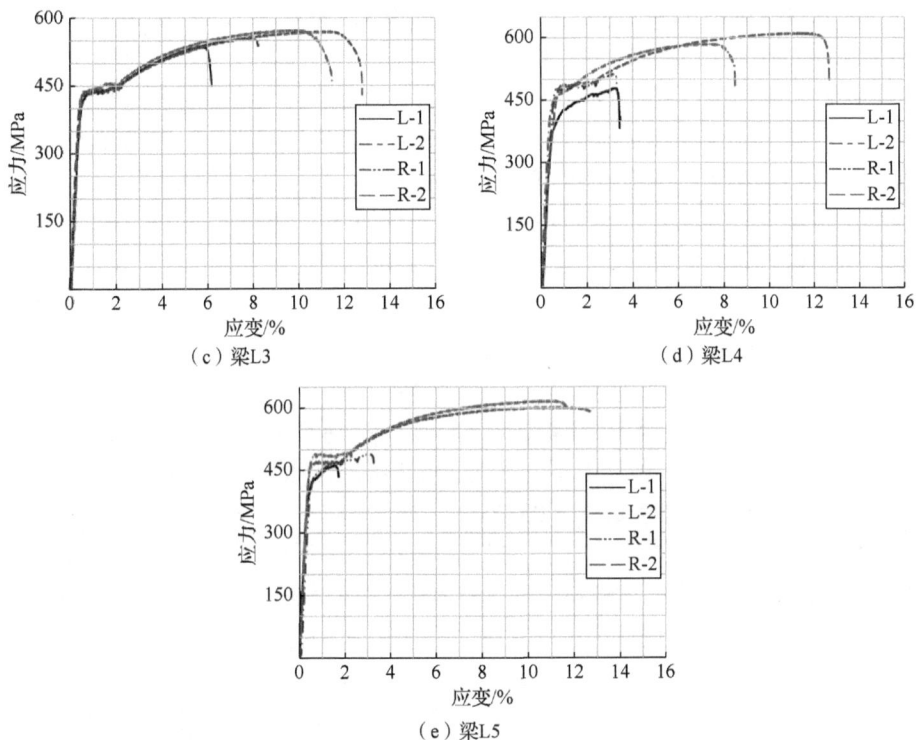

（c）梁L3

（d）梁L4

（e）梁L5

图 4.13（续）

4.3　腐蚀 RC 梁疲劳后抗弯刚度计算模型

　　腐蚀 RC 梁的抗弯刚度退化与钢筋腐蚀水平密切相关。RC 梁的跨中挠度可表示为

$$f = \mu \frac{Ml^2}{B} \tag{4.3}$$

式中，μ 为影响系数，与支承条件和荷载形式相关；l 为计算跨径（m）；f 为跨中挠度（m）；M 和 B 分别为跨中弯矩（N·m）和抗弯刚度（N·m^2）。

　　我国《混凝土结构设计规范（2015 年版）》（GB 50010—2010）中，RC 梁的短期抗弯刚度计算式为

$$B_s = \frac{E_s A_s h_0^2}{1.15\psi + 0.2 + \dfrac{6\partial_E \rho}{1 + 3.5\gamma_f'}} \tag{4.4}$$

式中，h_0 为有效高度（cm）；E_s 为钢筋的弹性模量（MPa）；A_s 为钢筋面积（cm²）；γ_f' 为受拉翼缘截面面积与腹板有效截面面积之比；ψ 为裂缝间纵向钢筋应变不均匀系数；∂_E 为钢筋与混凝土弹性模量的比值；ρ 为纵向钢筋配筋率（%）。

　　腐蚀和疲劳会加速 RC 梁抗弯刚度退化。目前我国有关的桥梁规范中并未给出腐蚀和疲劳影响下的 RC 梁抗弯刚度计算公式。根据《公路钢筋混凝土及预应力混凝土桥涵设计规范》（JTG 3362—2018），本书引入刚度修正系数 λ_N^η 对 RC 梁的短期抗弯刚度进行修正，修正后的挠度可表示为

$$f(s) = \lambda_N^\eta f \tag{4.5}$$

$$\lambda_N^\eta = \frac{a_1\eta + b_1}{a_2 N^c + b_2} \tag{4.6}$$

式中，N 为疲劳次数；η 为钢筋腐蚀率（%）；a_1、b_1、a_2、b_2 和 c 为待定系数。

　　结合上述公式，对本试验中不同疲劳循环后的试验梁跨中挠度实测值（表 4.2）进行非线性拟合，得到系数 $a_1 = 0.07082$，$b_1 = 3.85$，$a_2 = 0.2303$，$b_2 = 5.09$，$c = 0.317$。图 4.14 为疲劳后的试验梁跨中挠度计算值与试验值的对比，其中 x 轴为试验值，y 轴为计算值，并给出了预测结果的 95% 置信区间（confidence interval，CI）。由图 4.14 可知，93.5% 的试验点落在了置信区间内，计算值与试验值比值的均值为 0.94，标准差为 0.10。总体而言，计算值与试验值吻合较好，但仍有部分试验点落在了置信区间之外。RC 梁承载力在很大程度上取决于材料组成和几何尺寸的完整性。随着钢筋腐蚀程度增加，腐蚀产物膨胀导致混凝土保护层开裂、剥落，直接导致试验梁有效截面减小。通过分析发现，偏差较大的点主要来自锈胀开裂较严重的试验梁，尤其是 L5 和 L6 梁，主要原因是上述模型中未考虑锈胀的影响。锈胀削弱了梁的截面尺寸，降低梁的刚度，这在前文试验中也得到了验证。

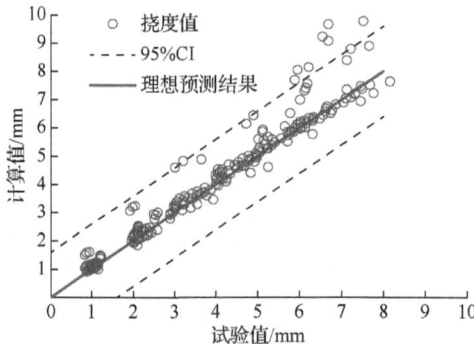

图 4.14　疲劳后试验梁跨中挠度计算值与试验值的对比

　　试验梁横截面有效高度通常用来确定受拉钢筋位置，未考虑混凝土锈胀开裂引起的截面损伤。图 4.15 为腐蚀 RC 梁横截面示意图。RC 梁中钢筋腐蚀产物体

积膨胀，对周围混凝土产生膨胀力，导致混凝土保护层锈胀开裂，诱发混凝土横截面发生损伤，影响横截面有效高度 h_0。对于钢筋腐蚀后的试验梁横截面，考虑混凝土锈胀开裂的截面有效高度 h_0' 可表示为

$$h_0' = h - c_z - d - R_i \qquad (4.7)$$

式中，h 为试验梁横截面高度（cm）；c_z 为保护层厚度（cm）；d 为钢筋直径（cm）；R_i 为锈胀裂缝宽度（cm）。

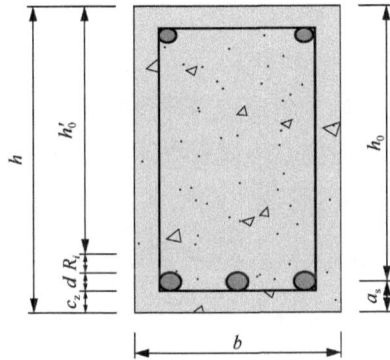

图 4.15　腐蚀 RC 梁横截面示意图

依据弹性力学理论，RC 梁保护层锈胀开裂时的锈胀力与钢筋腐蚀率的关系式[153]可表示为

$$q = \cfrac{\sqrt{(n-1)\eta + 1} - 1}{\cfrac{(1+v_c)(d/2+c)^2 + (1+v_c)d^2/2}{E_c(dc+c^2)} + \cfrac{n(1-v_r)^2\sqrt{(n-1)\eta+1}}{E_r\{[(1+v_r)n-2]+2/\eta\}}} \qquad (4.8)$$

式中，q 为锈胀力（kN）；η 为钢筋腐蚀率(%)；E_c 和 v_c 分别为混凝土的弹性模量（MPa）和泊松比；E_r 和 v_r 分别为腐蚀物的弹性模量（MPa）和泊松比，$E_r = 100\text{MPa}$[28]，$v_r = 0.2$[29]；n 为钢筋腐蚀后的体积膨胀率，本模型取 $n=2.2$。锈胀力[30]可表示为

$$q = \frac{f_t}{d}\left(\frac{c^2 - R_i^2}{c^2 + R_i^2}R_i + \frac{R_i - d}{2}\right) \qquad (4.9)$$

式中，f_t 为混凝土抗拉强度（MPa）。

联立式（4.8）和式（4.9）可计算得到 R_i。本书引入锈胀 RC 梁截面有效高度折减系数 γ，有

$$\gamma = \frac{h_0'}{h_0} = \frac{h - c - d - R_i}{h - \alpha_s} \qquad (4.10)$$

混凝土弹性模量退化是衡量结构刚度退化的重要指标之一。疲劳不仅降低钢筋的强度、延性和寿命，对混凝土的弹性模量也会产生影响。在疲劳作用的初期阶段，随着疲劳循环次数的增加，混凝土疲劳模量呈稳定下降趋势。当疲劳循环次数接近混凝土疲劳寿命时，混凝土疲劳模量突然下降。混凝土弹性模量与疲劳循环次数的关系[154]可表示为

$$E_N = (1 - 0.33N / N_f)E_c^0 \qquad (4.11)$$

式中，E_c^0 为混凝土初始弹性模量（MPa）；E_N 为疲劳 N 次后混凝土弹性模量（MPa）；N_f 为疲劳寿命。

在上述分析的基础上，综合考虑疲劳导致的混凝土弹性模量退化、裂缝间钢筋应变不均匀系数 ψ、钢筋应变不协调系数 m 及锈胀梁有效高度折减系数 γ，腐蚀 RC 梁抗弯刚度计算公式可表示为

$$B = \frac{\gamma E_N A_s h_0^2}{1.15m\psi\gamma + 0.2 + \dfrac{6\partial_E \rho}{1 + 3.5\gamma_f'}} \qquad (4.12)$$

式中，$m = 0.915 + 0.112\eta$。

采用修正方法，进一步对试验中的挠度实测值进行拟合，计算出系数 $a_1 = 0.2724$，$b_1 = 6.536$，$a_2 = -0.136$，$b_2 = 8.991$，$c = 0.4021$，得到疲劳后腐蚀 RC 梁跨中挠度计算公式为

$$f_s = \left(\frac{0.2724N^{0.4021} + 6.536}{-0.1036\eta + 8.911} \right) \cdot \frac{\alpha M l^2}{\dfrac{\gamma E_N A_s h_0^2}{1.15m\psi\gamma + 0.2 + \dfrac{6\partial_E \rho}{1 + 3.5\gamma_f'}}} \qquad (4.13)$$

图 4.16（a）为采用上述分析方法得到的计算值与试验值的比较，由图可知，96.3%的试验点落在了置信区间内，计算值与试验值比值的均值为 0.98，标准差为 0.07。考虑混凝土锈胀和混凝土弹性模量退化影响后，计算值与试验值更为接近，离散性更小。此外，还收集了其他文献腐蚀 RC 梁的疲劳试验结果，进一步验证所提出的方法。Sun 等[27]开展了 12 根加速腐蚀的 RC 梁的疲劳试验研究；试验梁为四点弯曲疲劳加载；梁长为 1800mm，计算跨径为 1500mm，加载点之间的纯弯曲段长度为 500mm；上、下限疲劳荷载分别为 70kN、30kN，应力幅值为 126.8MPa，加载频率为 4Hz。关于试验设计的详细情况请参见文献[27]。试验结果如图 4.16（b）所示，90.5%的试验点落在置信区间内，计算值与试验值比值的均值为 1.24，标准差为 0.07，计算值与试验值吻合较好，进一步验证了本刚度计

算模型的适用性。

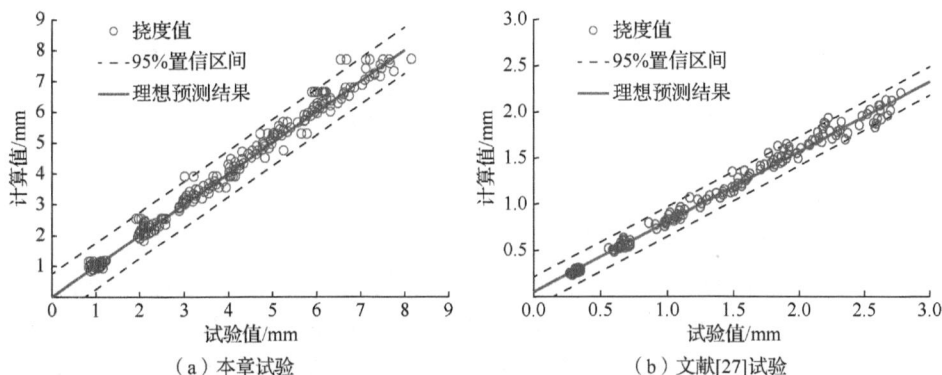

图 4.16　不同文献中计算值与实测值比较

4.4　小　　　结

本章开展了腐蚀 RC 梁疲劳抗弯性能的试验研究，提出了腐蚀 RC 梁疲劳抗弯刚度的理论计算模型。主要结论如下：

（1）与未腐蚀梁相比，疲劳荷载作用下的腐蚀 RC 梁的混凝土裂缝数量减少，平均裂缝间距增大，跨中挠度随疲劳循环次数的增加而增大。混凝土疲劳裂缝发展表现为 3 个阶段：①疲劳加载初期，混凝土裂缝出现并不断增多，但不能识别为主要裂缝；②经过一定的疲劳循环次数后，混凝土裂缝增长趋于缓慢；③随着疲劳循环次数增加，纯弯段的混凝土裂缝宽度显著增大，发展成为主要裂缝。

（2）受拉钢筋腐蚀显著降低 RC 梁的疲劳寿命。所有 RC 梁均发生了受拉钢筋脆性断裂的疲劳失效模式。钢筋疲劳断口分析表明，腐蚀钢筋疲劳断裂发生在最大坑蚀位置。有混凝土剥落的 RC 梁，其疲劳寿命约为未腐蚀梁的 90%，钢筋疲劳断裂发生在混凝土保护层剥落与未剥落的交界位置。在桥梁的日常检查中，应重视混凝土锈胀裂缝问题。

（3）在相同的疲劳循环次数下，RC 梁的抗弯刚度对腐蚀开裂程度较为敏感。本章发展了一种腐蚀 RC 梁疲劳抗弯刚度理论模型，该模型综合考虑了混凝土疲劳模量退化、混凝土裂缝间钢筋应变不均匀性、钢筋应变不协调以及混凝土锈胀开裂的影响，本章试验研究及已有相关文献的试验结果验证了该模型的有效性和计算精度。

第5章　考虑空间效应的腐蚀钢筋疲劳后本构关系模型

钢筋腐蚀是混凝土结构耐久性能退化的主要原因之一[155-157]。钢筋腐蚀产物诱发的体积膨胀导致混凝土保护层开裂，加快了钢筋腐蚀速率。腐蚀引起的钢筋截面面积损失增大了钢筋的应力幅值，加速了钢筋疲劳损伤积累，显著降低钢筋疲劳寿命[80]。已有研究表明，钢筋疲劳断裂是老化混凝土结构的主要失效模式之一[158-161]。早期的容许应力法忽略了应力幅值的影响，而目前正逐步向充分利用材料强度的设计理念转变。此外，混凝土桥梁的应力幅值随着交通量的增加而增大，在腐蚀和疲劳共同作用下，钢筋疲劳失效的可能性逐渐增大。对后张预应力混凝土（prestressed concrete，PC）桥梁的一些检测和调查表明，灌浆管道因压浆不足而产生的空隙、水分和氯化物是引起预应力筋腐蚀的主要原因[162-164]。疲劳荷载作用下，相比于 RC 桥梁，PC 梁中预应力筋腐蚀后，其破坏模式由普通钢筋的疲劳断裂转变为预应力筋先疲劳断裂，进而诱发普通钢筋疲劳失效。PC 梁中普通钢筋的疲劳应力幅值较 RC 梁存在不同。因此，研究腐蚀 PC 梁中普通钢筋疲劳后的力学行为具有重要的现实意义。

在过去的几十年里，学者们已经开展了一些试验研究来评估腐蚀对钢筋力学性能的影响[165-167]。随着腐蚀程度的增加，钢筋的延伸率和剩余承载力逐渐降低[168-171]。在试验数据的基础上，Guo 等[172]提出了耐候钢的力学性能与腐蚀率之间的关系。Zhu 和 François[173]根据大量钢筋腐蚀后的拉伸试验数据，得到了腐蚀钢筋的应力-应变关系曲线，但未给出定量的理论模型。针对腐蚀钢筋应力计算公式不明确的问题，Zhu 等[174]构建了腐蚀形态对钢筋残余延性影响的模型。Sun 等[175]提出了钢筋名义（屈服或极限）强度与腐蚀引起的质量损失之间的关系表达式。Ou 等[176]发展了一系列公式来量化腐蚀后的钢筋在有无屈服平台时的应力分布情况。上述研究主要集中于腐蚀钢筋的静力拉伸性能，没有考虑疲劳的影响。

疲劳降低了混凝土结构的服役性能，改变了钢筋的力学状态。与未发生疲劳的钢筋相比，钢筋疲劳损伤后的延性和强度会发生不同程度的变化，其应力-应变关系曲线也会发生相应的改变[177-178]。有学者对承受纯疲劳荷载作用后的钢筋进行轴向拉伸试验，得到了钢筋的破坏模式和应力-寿命（S-N）曲线[179-180]，结果表明，钢筋疲劳后对腐蚀作用更敏感，随着腐蚀程度的增加，钢筋的疲劳寿命急剧下降[181-184]。此外，腐蚀和疲劳的耦合作用也可能改变钢筋的本构关系，因此，需要一个物理模型来阐明钢筋在腐蚀疲劳耦合作用下的力学性能。Kashani 等[185-186]提出了一个理论模型来描述腐蚀钢筋在低周高幅疲劳荷载下力学性能的退化规律，并采用有限元模型分析了腐蚀和疲劳对钢筋应力-应变参数的影响。Fernandez 等[187]获得了腐蚀钢筋疲劳后的应力-应变（σ-ε）曲线。然而，很少有研究量化腐蚀和疲劳对钢筋本构关系模型的影响。Lee 和 Cho[188]提出了一个计算腐蚀钢筋名义屈服点和名义弹性模量的模型。基于双线型的弹塑性本构模型，Li 等[189]提出了腐蚀钢筋的广义等效应力-应变方程。Sun 等[27]研究了腐蚀疲劳后 RC 梁中普通钢筋的应力-应变曲线特性，建立了普通钢筋腐蚀疲劳后的定量本构关系模型。对于承受循环荷载的老化混凝土结构，疲劳破坏往往始于钢筋断裂。然而，与 RC 梁对比，腐蚀 PC 梁中不同位置普通钢筋力学性能的退化规律可能不同，关于空间位置影响下的腐蚀 PC 梁中普通钢筋的疲劳性能尚不明确。

鉴于上述简要讨论，本研究的主要目的是提出一个考虑空间位置效应的 PC 梁中普通钢筋疲劳后的本构关系模型。本文的框架组织如下：首先，在实验室内进行后张 PC 梁的电化学腐蚀试验和荷载试验，取出疲劳破坏后的 PC 梁中不同位置处普通钢筋进行静力拉伸试验。其次，研究 PC 梁的破坏模式、普通钢筋的应力-应变关系曲线以及抗拉强度变化。最后，提出在不同程度预应力筋腐蚀后 PC 梁中普通钢筋的本构关系模型，将已有文献中的试验结果与该理论模型计算值进行对比验证。

5.1　试　验　介　绍

5.1.1　试件设计

设计了 7 根后张 PC 梁，试验梁的截面尺寸为 200mm×350mm，梁长 4000mm，计算跨径 3600mm。试验梁的编号为 NRU-S1、NRU-S2，以及 PT-F1 至 PT-F5。其中梁 NRU-S1 和 NRU-S2 分别进行静力和疲劳加载试验，以获得极限承载力和疲劳寿命，另外 5 根试验梁在预应力筋发生不同程度腐蚀后再进行疲劳试验。预应力筋采用公称直径为 15.2mm 的 7 股钢绞线且在梁内呈直线型布置。钢绞线的屈服强度和极限强度分别为 1185MPa 和 1911MPa。普通受拉钢筋采用直径为 16mm 的 HRB400 级带肋钢筋，受压钢筋采用直径为 10mm 的 HRB400 级钢筋。箍筋采用直径为 8mm 的 HRB400 级带肋钢筋，箍筋间距在剪弯段和纯弯段分别设置为 80mm 和 100mm。试验梁尺寸设计和测点布置如图 5.1 所示。表 5.1 列出了预应力钢绞线和普通钢筋的力学性能。混凝土由水、水泥、砂和砾石组成，其比例为 0.46：1：2.18：3.41。每立方米混凝土外掺 45kg 粉煤灰、57kg 矿粉和 9.3kg

高效减水剂，实测混凝土立方体抗压强度平均值为 44.5MPa。

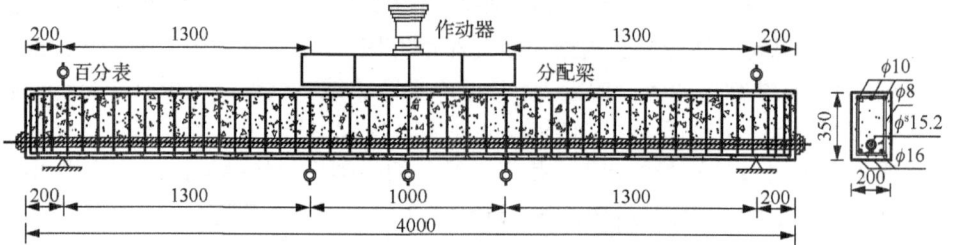

图 5.1　试验梁尺寸设计和测点布置（单位：mm）

表 5.1　预应力筋和普通钢筋的力学性能

配筋材料	直径/mm	屈服强度/MPa	极限强度/MPa	伸长率/%	弹性模量/GPa
钢绞线	15.2	1185.0	1911.0	4.2	199
HRB400 钢筋	16.0	489.0	618.0	14.6	210
	10.0	486.7	614.6	14.9	210
	8.0	487.7	620.0	15.0	210

5.1.2　加速腐蚀试验和加载过程

对预应力钢绞线进行电化学腐蚀试验以获取腐蚀 PC 试件，试验梁中的纵向普通钢筋未被腐蚀。将试验梁的一半浸入质量百分数 5% 的 NaCl 溶液中，将钢绞线连接到直流电源的阳极，施加在钢绞线上的直流电流密度为 2mA/cm^2，浸没在 NaCl 溶液中的不锈钢板用作阴极。根据法拉第定理，通过控制外加电流密度和通电时间，以获得不同腐蚀程度的 PC 梁。图 5.2 为 PC 梁的加速腐蚀装置图。

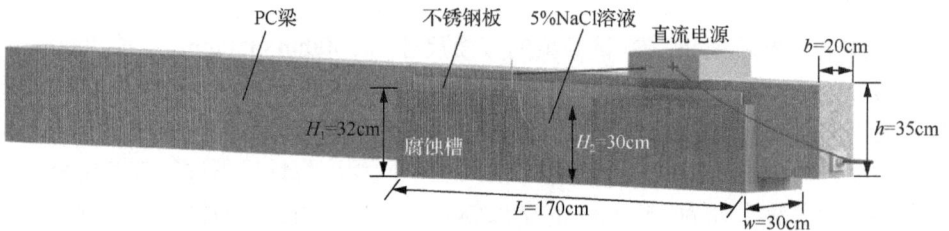

图 5.2　PC 梁的加速腐蚀装置

在 MTS PMCS 2.0 液压伺服系统上进行四点弯曲加载试验，由千分表测量试验梁的竖向挠度（如图 5.1 所示）。对试验梁 NRU-S1 进行静力加载，以获得极限承载力（235.0kN）。其余的试验梁承受疲劳荷载，疲劳荷载的上限值和下限值分别为 94.0kN 和 18.8kN。对于 PT-F1 至 PT-F5 试验梁，首先进行静力加载试验，静力加载试验分为预加载试验和分级加载试验。预加载试验分 5 级加载至 10kN，分两级卸载至 0kN，每级持荷时间为 5min。分级加载试验分为三个阶段。第一阶段从初始状态加载至 PC 梁出现裂缝，该阶段每级荷载为 2kN，持荷 2min。第二阶段从出现裂缝加载至钢筋的弹性极限阶段，每级荷载为 5kN，持荷 2min。需要注意的是，PC 梁腐蚀后的剩余承载力是未知的，因此，经典的荷载控制疲劳试验可能会导致梁出现非弹性行为，这不是本章疲劳试验的目的。第三阶段是从钢筋屈服加载至试验梁破坏阶段，该阶段用位移控制，每级位移增长值为 0.2mm，持荷时间为 2min。

当静力加载试验结束后，以正弦波形式进行常幅疲劳加载试验，荷载频率为 2.5Hz。当疲劳循环次数到达 1 万次、2 万次、5 万次、10 万次、20 万次、70 万次、100 万次、150 万次和 200 万次时，停机进行静力荷载试验，即进行分级加载试验，直到荷载达到疲劳荷载上限值。此时，静力加载以每级 10kN 的方式进行，直到达到疲劳试验荷载上限，然后以每级 15kN 的方式卸载至 0kN。记录每级荷载下试验梁的挠度、钢筋应变、混凝土应变以及混凝土裂缝宽度等。图 5.3 为整个加载装置图。

图 5.3　加载装置

5.1.3　破坏形式

所有腐蚀梁均发生了以预应力筋先疲劳断裂而后导致普通钢筋断裂失效的脆性破坏，破坏位置均位于试验梁的纯弯段，不可闭合的混凝土主裂缝在此区域形成并发展。图 5.4 为试验梁的典型破坏模式，未腐蚀梁 NRU-S2 在 200 万次疲劳循环后未发生疲劳破坏。试验梁的疲劳寿命列于表 5.2 中。由表 5.2 可知，腐蚀显著降低试验梁的疲劳寿命，严重腐蚀试验梁的疲劳寿命有更明显的降低。由于材料成分、腐蚀和疲劳损伤过程存在很大的不确定性，特别是老化混凝土结构中蚀坑形貌的随机性导致受力钢筋疲劳裂纹扩展速率的不同，因此，试验梁的疲劳寿命存在一定的随机性。在以后工作中，概率分析方法是研究腐蚀疲劳损伤的有效途径。

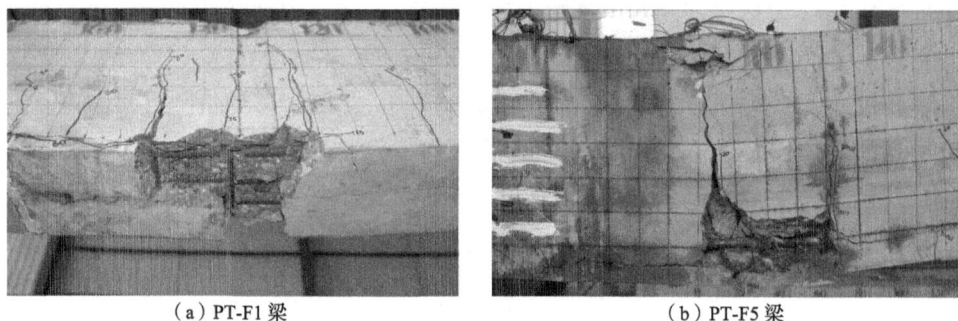

（a）PT-F1 梁 （b）PT-F5 梁

图 5.4 破坏的 PC 试验梁

表 5.2 PC 梁疲劳试验结果

编号	预应力筋腐蚀率	疲劳寿命/万次	普通钢筋断裂根数	预应力筋	
				断丝数量	断口影响范围/cm
NRU-S2	0	200			
PT-F1	6.10%	81.5	2	5	5
PT-F2	6.82%	108.7	3	6	12
PT-F3	7.30%	21.3	3	6	10
PT-F4	8.20%	60.0	3	7	23
PT-F5	10.80%	40.2	3	5	26

　　试验梁疲劳破坏后，破损试验梁，取出 PC 梁中的普通钢筋和预应力筋，观察普通钢筋和预应力筋断裂情况。图 5.5 为 PT-F1 梁中普通钢筋和预应力筋的典型断裂破坏形式。如图 5.5 所示，试验梁中的预应力筋和纵向受拉钢筋均发生脆性断裂。腐蚀梁的破坏是由预应力筋断裂引起的，预应力筋断裂导致了试验梁内力重分布，使得普通钢筋承受更大的内力，加速普通钢筋的疲劳断裂。钢绞线由钢丝捻制而成，疲劳断裂后的腐蚀钢绞线不再成捻，失去握裹力，呈现松散状态。预应力筋松散状态的长度被定义为断裂延伸范围，用来表征腐蚀和疲劳对预应力筋的影响。表 5.2 还列出了断裂钢筋和钢丝的数量，以及预应力筋的断裂延伸范围。由表 5.2 可以看出，几乎所有的钢筋都发生损伤破坏，预应力筋的断丝数量在 5～7 根之间。腐蚀程度越大的试验梁，其预应力筋断裂延伸范围越大。例如，PT-F5 梁（10.80%腐蚀率）中预应力钢绞线的疲劳断裂影响范围是 PT-F1 梁（6.10%

腐蚀率）的 5.2 倍。

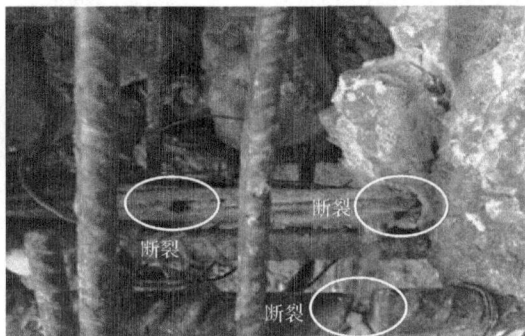

图 5.5　PT-F1 梁疲劳破坏后的预应力筋和普通钢筋

5.2　疲劳后钢筋本构关系

5.2.1　钢筋应力-应变曲线

在本节中，对从试验梁中取出的纵向受拉钢筋进行静力拉伸试验。图 5.6 为钢筋样本和试验设备。从普通钢筋断口位置向两端以每隔 50cm 截取一段试件来测试其静力性能，断裂位置视为分界点，图 5.7 为钢筋试件的截取和命名示意图。如图 5.7 所示，"L"表示分界点左侧的钢筋节段，"R"表示分界点右侧的钢筋节段。采用计算机控制的液压万能试验机并依据《金属材料　拉伸试验　第 1 部分：室温试验方法》（GB/T 228.1—2021）进行钢筋静力拉伸试验，获得钢筋应力-应变曲线。

图 5.8 为 HRB400 钢筋的应力-应变关系曲线。图 5.8（a）是未进行疲劳的原状钢筋试件结果，其力学性能的基本参数也描绘在应力-应变曲线中。如图 5.8（b）～（f）所示，疲劳后钢筋的力学性能从断裂点开始在不同位置处都有不同程度的降低。钢筋的屈服平台、极限伸长率、屈服强度和极限强度有明显的退化。从图 5.8（b）～（f）可知，钢筋应力-应变曲线在弹性阶段具有相同的斜率，这表明疲劳对钢筋的弹性模量影响不明显。钢筋的屈服应力从围绕某一值上下往复波动变为增加的趋势。在疲劳应力幅值的作用下，钢筋的屈服平台缩短（即钢筋趋于硬化），在断口位置附近的一些钢筋试件，其屈服平台甚至消失，如 PT-F3 梁中的 R-1 段试件和 PT-F5 梁中的 R-1 段试件。

图 5.6　试件和试验装置

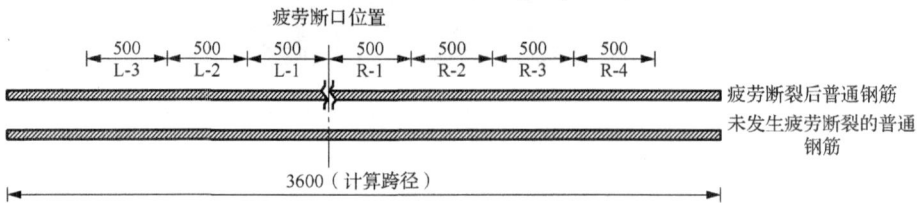

图 5.7　钢筋试件的截取和命名示意图

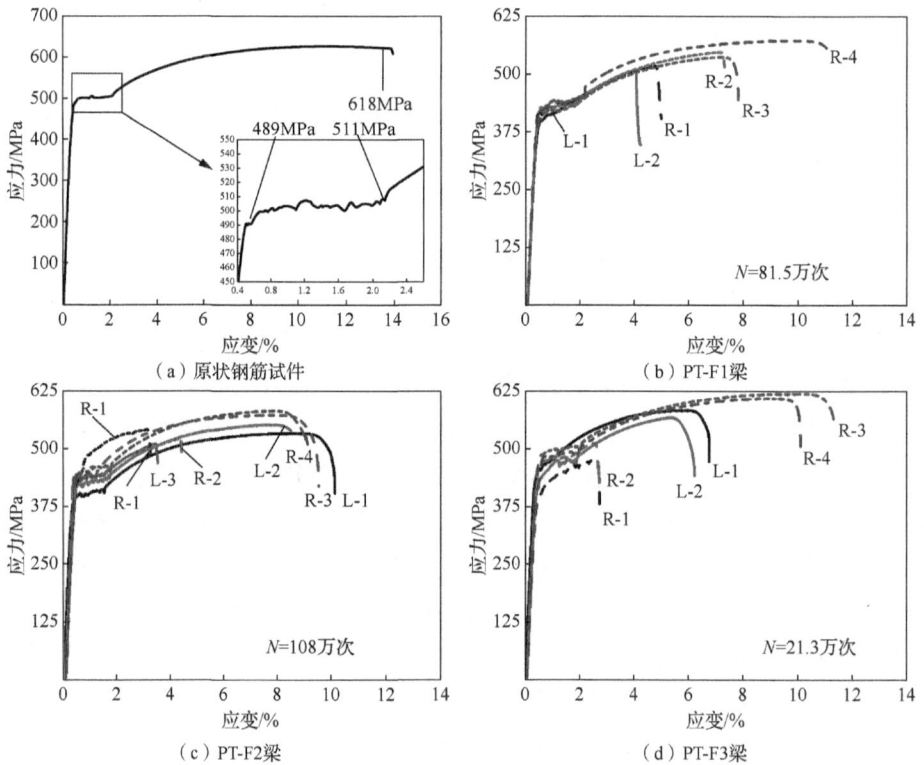

图 5.8　HRB400 钢筋的应力-应变关系曲线

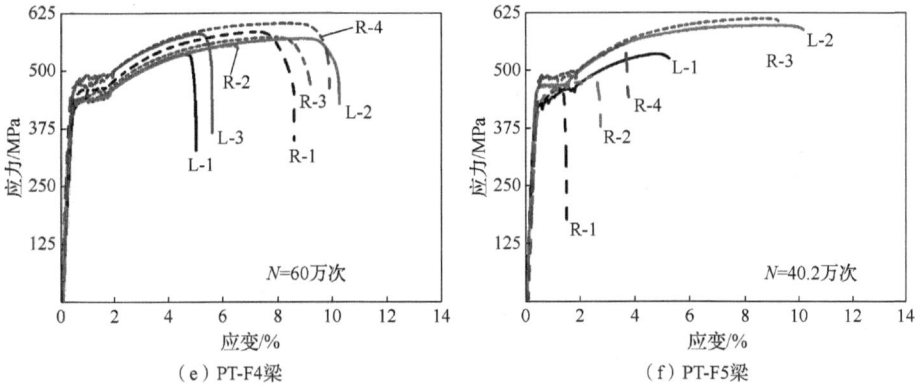

（e）PT-F4梁　　　　　　　　　　（f）PT-F5梁

图 5.8（续）

　　图 5.9 为钢筋拉伸试件的屈服强度和极限强度沿断口两侧的分布图，图中的垂直线代表钢筋断口位置，水平矩形实线和三角形实线分别代表原状钢筋试件的屈服强度和极限强度，虚线和点画线分别代表钢筋拉伸试件屈服强度和极限强度的趋势拟合线。对于没有明显屈服平台的钢筋试件，斜直线上升段的端点为弹性极限，将其视为名义屈服强度。如图 5.9 所示，疲劳后钢筋试件的屈服强度（或名义屈服强度）和极限强度低于原状钢筋试件。试件 PT-F1~PT-F5 的平均屈服强度分别为原状钢筋试件的 86.2%、86.8%、95.3%、91.4%和 92.7%。与此同时，试件 PT-F1~PT-F5 的平均极限强度分别为原状钢筋试件的 85.0%、88.6%、91.3%、91.4%和 92.7%。结果表明，疲劳对试验梁中普通钢筋的力学性能有显著影响，且该影响与试件距断口位置的距离有关。靠近断口附近的钢筋试件，其屈服强度和极限强度小于远离断口处的钢筋试件。例如，梁 PT-F5 中 L-1 试件段的屈服强度为 420MPa，而梁 PT-F5 中 R-4 试件段的屈服强度为 485MPa；梁 PT-F5 中 R-1 试件段的极限强度为 463MPa，仅为梁 PT-F5 中 R-4 试件段的 75.0%。

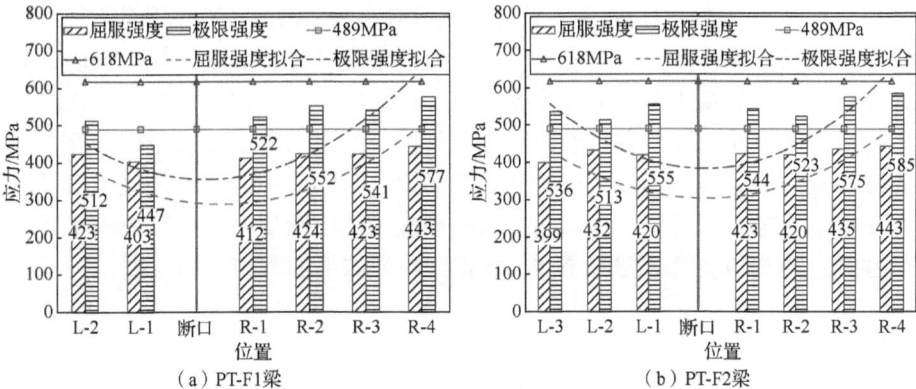

（a）PT-F1梁　　　　　　　　　　（b）PT-F2梁

图 5.9　钢筋拉伸试件屈服强度和极限强度沿断口分布规律

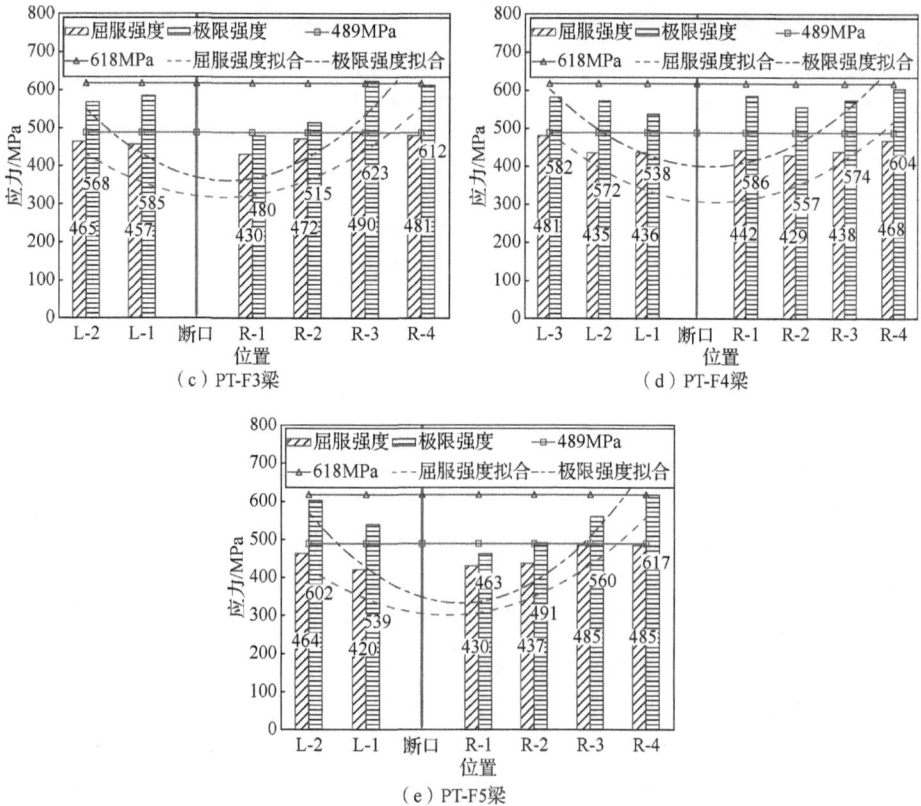

（c）PT-F3梁

（d）PT-F4梁

（e）PT-F5梁

图 5.9（续）

5.2.2 本构关系模型及验证

疲劳会降低钢筋的力学性能，并改变其本构关系。Li 等[189]基于双线型弹塑性本构模型推导了钢筋应力-应变关系的广义等效方程，然而，该方程忽略了钢筋拉伸阶段的特征点和疲劳影响效应。Sun 等[27]基于腐蚀疲劳后 RC 梁中钢筋的静力拉伸试验，提出了双线型本构关系模型。Lee 和 Cho[188]提出了钢筋的三阶段本构关系模型，即弹性阶段、屈服阶段和强化阶段，然而未考虑屈服平台的消失。根据本章试验结果可得，钢筋本构关系在距离疲劳断口的不同位置处表现出显著差异。在本章研究中，提出两种本构关系模型来表征距断口不同距离处的普通钢筋力学性能。图 5.10 为距断裂位置 50cm 范围内外的钢筋本构关系模型。

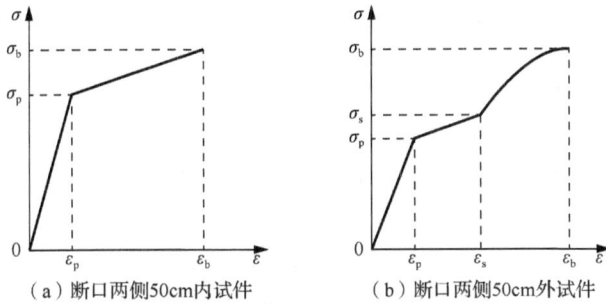

（a）断口两侧50cm内试件　　　　　（b）断口两侧50cm外试件

图 5.10　疲劳后普通钢筋的本构关系模型

对于距离断口位置 50cm 范围内的钢筋试件，疲劳后钢筋的应力（σ）可表示为

$$\sigma = \begin{cases} \dfrac{\sigma_p}{\varepsilon_p} \cdot \varepsilon, & 0 \leqslant \varepsilon \leqslant \varepsilon_p \\[3mm] \dfrac{\sigma_b - \sigma_p}{\varepsilon_b - \varepsilon_p} \cdot (\varepsilon - \varepsilon_p) + \sigma_p, & \varepsilon_p < \varepsilon \leqslant \varepsilon_b \end{cases} \tag{5.1}$$

式中，ε 是钢筋拉伸应变；σ_p 和 σ_b 分别是钢筋疲劳后弹性阶段和屈服阶段、塑性阶段和颈缩阶段的转折点应力（MPa）；ε_p 和 ε_b 分别是与 σ_p 和 σ_b 相对应的应变值。

对于距离断口位置 50cm 范围外的钢筋试件，疲劳后钢筋的应力（σ）可由下式确定：

$$\sigma = \begin{cases} \dfrac{\sigma_p}{\varepsilon_p} \cdot \varepsilon, & 0 \leqslant \varepsilon \leqslant \varepsilon_p \\[3mm] \dfrac{\sigma_s - \sigma_p}{\varepsilon_s - \varepsilon_p} \cdot (\varepsilon - \varepsilon_p) + \sigma_p, & \varepsilon_p < \varepsilon \leqslant \varepsilon_s \\[3mm] \sigma_b - (\sigma_b - \sigma_s) \cdot \left(\dfrac{\varepsilon_b - \varepsilon}{\varepsilon_b - \varepsilon_s} \right)^3, & \varepsilon_s < \varepsilon \leqslant \varepsilon_b \end{cases} \tag{5.2}$$

式中，σ_s 是屈服阶段和塑性阶段之间的转折点应力（MPa）；ε_s 是与 σ_s 对应的应变值。

研究发现，实际应力水平对钢筋的疲劳性能有明显的影响。通常，钢筋的疲劳寿命可以基于材料的疲劳寿命（S-N）曲线来预测。在研究疲劳对钢筋应力-应变关系的影响时，需要确定不同条件下钢筋的 S-N 曲线。Soltani 等[190]提出了一个在 100 万次疲劳循环以上的 HRB400 钢筋 S-N 经验公式，其可表示为

$$S^m \times N = k \tag{5.3}$$

式中，S 是应力幅值（MPa）；N 为疲劳循环次数；m 和 k 是经验参数，其与疲劳循环次数 N 相关。当 $N<100$ 万次时，$m=5$，$k=4.08\times10^{17}$MPa；当 100 万次 $<N<10$ 亿次，$m=9$，$k=7.71\times10^{26}$MPa。

根据本章静力拉伸试验所测得的钢筋应力-应变曲线中 184 个转折点的实测值，参数 σ_p、ε_p、σ_s、ε_s、σ_b 和 ε_b 的定量表达式可由式（5.4）～式（5.9）确定：

$$\sigma_p = \sigma_{p0} \cdot (1 + a_1 \cdot \lg S) \cdot (1 + b_1 \cdot \lg N) \tag{5.4}$$

$$\varepsilon_p = \varepsilon_{p0} \cdot (1 + a_2 \cdot \lg S) \cdot (1 + b_2 \cdot \lg N) \tag{5.5}$$

式中，σ_{p0} 是原状钢筋试件弹性阶段和屈服阶段之间转折点的应力（MPa）；ε_{p0} 是对应的应变；a_1、a_2、b_1 和 b_2 是常数。

$$\sigma_s = \sigma_{s0} \cdot (1 + a_3 \cdot \lg S) \cdot (1 + b_3 \cdot \lg N) \tag{5.6}$$

$$\varepsilon_s = \varepsilon_{s0} \cdot (1 + a_4 \cdot \lg S) \cdot (1 + b_4 \cdot \lg N) \tag{5.7}$$

式中，σ_{s0} 是原状钢筋试件屈服阶段和塑性阶段之间转折点的应力（MPa）；ε_{s0} 是对应的应变；a_3、a_4、b_3 和 b_4 是常数。

$$\sigma_b = \sigma_{b0} \cdot (1 + a_5 \cdot \lg S) \cdot (1 + b_5 \cdot \lg N) \tag{5.8}$$

$$\varepsilon_b = \varepsilon_{b0} \cdot (1 + a_6 \cdot \lg S) \cdot (1 + b_6 \cdot \lg N) \tag{5.9}$$

式中，σ_{b0} 是原状钢筋试件塑性阶段和颈缩阶段之间转折点的应力（MPa）；ε_{b0} 是对应的应变；a_5、a_6、b_5 和 b_6 是常数。

结合本章静力拉伸试验结果，采用拟合法获得了实测应力-应变曲线中的特征点。表 5.3 列出了上述本构模型中的常数取值。

表 5.3　常数 $a_1 \sim a_6$ 和 $b_1 \sim b_6$ 的拟合结果

常数	位置					
	L-1	R-1	L-2	R-2	R-3	R-4
a_1	0.1735	0.0174	0.2045	0.2435	0.3730	0.2245
b_1	−0.0666	−0.0280	−0.0679	−0.0759	−0.0886	−0.0665
a_2	−0.2530	−0.1579	−0.2074	0.4122	0.2534	0.8835
b_2	0.1522	0.0295	0.1049	−0.0964	−0.0887	−0.1217
a_3			0.2240	0.1343	0.3406	0.1975
b_3			−0.0763	−0.0596	−0.0892	−0.0672
a_4			0.7205	−0.2912	−0.2184	0.1892
b_4			−0.1491	0.0023	−0.0260	−0.1283
a_5	0.2627	−0.2516	0.2461	−0.1479	0.2104	0.1364
b_5	−0.0819	0.1896	−0.0766	0.0552	−0.0663	−0.0468
a_6	0.5066	−0.2557	0.1894	−0.0392	−0.0103	0.0216
b_6	−0.1587	−0.0556	−0.1312	−0.1249	−0.0582	−0.0537

　　根据提出的距断裂位置不同距离处钢筋疲劳后的本构关系模型，将不同的常数代入式（5.1）～式（5.9）中，得出了一系列在距断口位置不同距离处普通钢筋疲劳后的本构关系曲线。图 5.11 给出了距断口位置不同距离处普通钢筋疲劳后的理论计算值与试验实测值的比较。由图 5.11 所示，PC 梁中普通钢筋在实际应力幅值下，对于疲劳断口位置附近的钢筋试件（L-1 和 R-1），其屈服强度、极限强度和极限拉伸应变分别比原状钢筋试件降低了 13.7%、15.0%、79.9% 和 12.7%、17.9% 和 73.3%。与原状钢筋试件相比，L-2 和 R-2 试件的屈服强度、极限强度和极限拉伸应变分别降低了 11.4%、12.0%、62.6% 和 11.2%、16.7% 和 64.0%。对于远离疲劳断口位置的试件（R-3 和 R-4），其在疲劳后的屈服强度、极限强度和极限拉伸应变分别比原状钢筋试件降低了 11.3%、9.11%、35.0% 和 7.6%、3.4%、27.2%。结果表明，在疲劳作用下，试验梁中普通钢筋的力学性能变化显著，这种变化与钢筋试件距疲劳断口位置的距离有关。

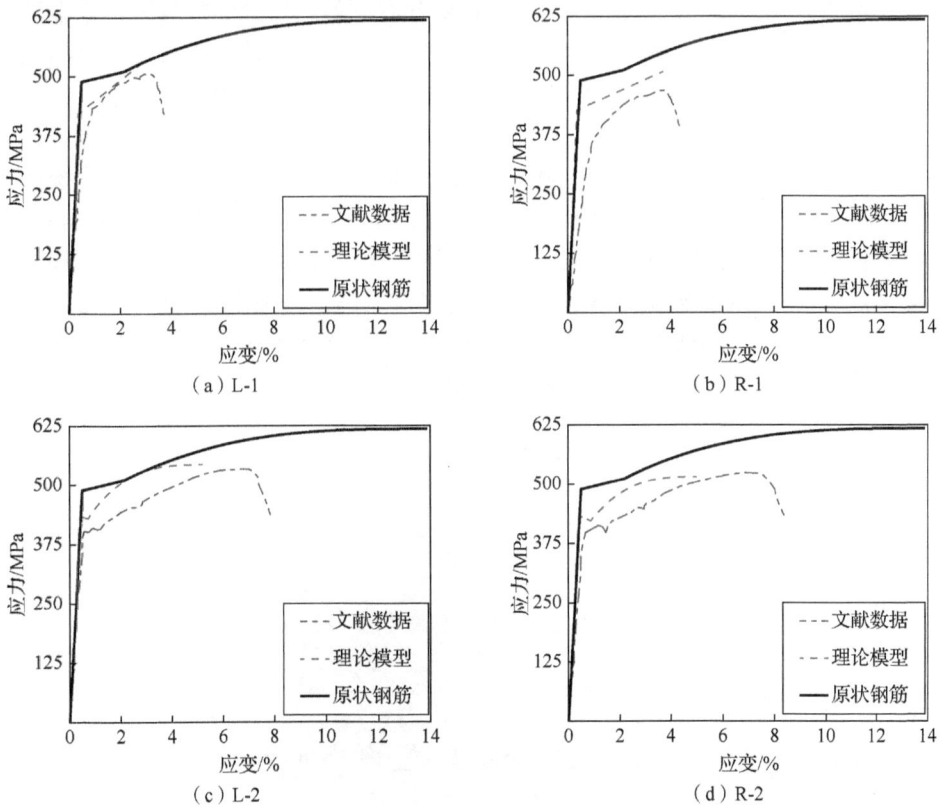

图 5.11　理论计算值与试验实测值的比较

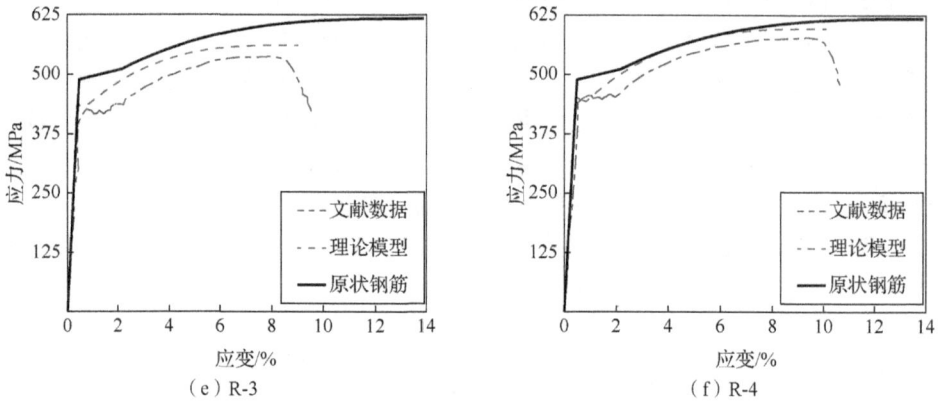

（e）R-3 （f）R-4

图 5.11（续）

在本研究中,选取了 Caprili 和 Salvatore 开展试验所得到的数据来验证本章理论本构模型[191]。Caprili 和 Salvatore 给出了钢筋在不同条件下的大量试验测试结果,具体试验结果细节请见参考文献[191]。图 5.11 给出了理论计算结果与文献试验结果之间的比较。如图 5.11 所示,理论计算结果与文献中试验结果吻合较好。图 5.12 给出了本章提出的理论本构模型计算值与试验实测值之间误差的统计结果。从图 5.12 中可以看出,在弹性阶段、屈服阶段和塑性硬化阶段应力计算的 80 个数据点中, 有 77 个数据点落在 0~10%的误差范围内;在上述应变计算的 80 个数据点中, 有 63 个数据点落在 0~20%的误差范围内。图 5.12 中参数 σ_p、σ_b、σ_s 和 ε_p、ε_s、ε_b 分别代表弹性阶段、屈服阶段和塑性硬化阶段的应力和应变。上述所有的对比分析均证明了该模型的有效性。

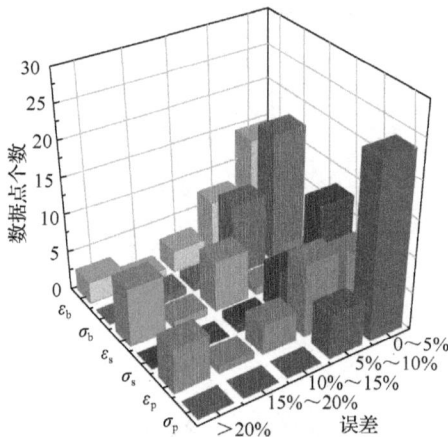

图 5.12 理论本构模型的误差分布

5.3　小　　结

从腐蚀疲劳断裂后的后张 PC 梁中截取普通钢筋并对其进行静力拉伸试验，提出了一种定量描述 PC 梁中普通钢筋疲劳后的本构关系模型。该模型可以考虑疲劳应力幅值、疲劳循环次数和钢筋疲劳断口位置的影响。通过理论计算值与试验结果的对比分析验证了该模型的有效性。根据试验结果和理论分析模型，可以得出以下几点结论：

（1）腐蚀后张 PC 梁的疲劳破坏模式不同于一般的预应力混凝土梁，普通 PC 梁的破坏模式一般是普通钢筋在疲劳荷载下发生断裂破坏。后张 PC 梁腐蚀疲劳破坏源自预应力钢绞线的脆性断裂，预应力钢绞线断裂失效后导致试验梁内力重分布，普通钢筋疲劳应力水平增大，加速了普通钢筋疲劳断裂。腐蚀 PC 梁疲劳破坏位置位于混凝土主裂缝起始和扩展的纯弯段。

（2）疲劳显著改变钢筋的力学性能。预应力钢绞线的断裂延伸范围随钢绞线腐蚀程度的增加而增大。随着钢绞线腐蚀程度提高，受拉钢筋的屈服强度和极限强度明显降低，屈服平台缩短甚至消失，这种影响与钢筋试件距断口的位置有关。靠近断口附近的钢筋屈服强度和极限强度小于远离断口处的钢筋。疲劳后的普通钢筋呈现一定程度的硬化。

（3）本章所提出的本构模型考虑了空间位置效应，模型理论计算值与试验结果吻合较好，可用于分析疲劳引起的不确定性效应。

本章重点研究了常幅疲劳荷载对钢筋本构关系的影响，在变幅疲劳荷载下钢筋的疲劳性能有待进一步研究。在本章试验中，PC 梁中的纵向普通钢筋未被腐蚀，腐蚀疲劳耦合作用对普通钢筋力学性能的影响更复杂，需要进一步研究。在实际环境中，腐蚀和疲劳损伤过程存在较大的不确定性，概率分析方法是未来工作中量化模型参数不确定性的一种可行方法。此外，本模型未考虑坑蚀影响且由于试验样本数量有限，在将此模型推广到其他类型的钢筋时应谨慎考虑。

第6章　腐蚀RC梁疲劳寿命高效分析方法

混凝土中钢筋腐蚀是导致RC桥梁性能退化的最主要因素之一[192]。腐蚀会导致钢筋截面面积减小、屈服强度降低和粘结性能退化[143, 193, 194]。同时，随着桥梁服役时间的增长，在车辆反复荷载作用下，服役桥梁的疲劳损伤问题逐渐显现[12]。腐蚀和疲劳影响下桥梁维护和修复正日益成为关系结构长期耐久性的关键问题之一[195]。以往一些研究表明，纯疲劳（未腐蚀情况下）对RC桥梁结构的整体性能无显著影响[196]。近年来的研究表明，钢筋腐蚀会加速其疲劳损伤的累积过程[10, 87]，进而显著降低结构的使用寿命[30, 88]。工程中这种复合损伤较为常见，如除冰盐过量使用或在沿海等环境下防护不当，易引起材料腐蚀进而加剧桥梁疲劳损伤。另外，腐蚀和疲劳作用导致的结构失效往往是瞬间的，失效前无任何征兆，极易造成工程事故，产生巨大的经济损失和不良的社会影响。

腐蚀分为均匀腐蚀和局部腐蚀两种类型。均匀腐蚀会减少钢筋净截面面积，导致其名义应力增大，增长的应力又将进一步加速疲劳损伤过程。坑蚀是工程实际中最为常见的一种局部腐蚀形态，裸露在环境中的钢筋与埋置于混凝土中的钢筋具有不同的坑蚀特点。Apostolopoulos等[95]研究了氯盐环境下蚀坑发展、蚀坑深度、腐蚀截面面积及蚀坑对钢筋力学性能的影响。疲劳裂纹通常在这些蚀坑处产生并逐渐发展[197]，当裂纹发展到临界长度即会使钢筋发生断裂。服役RC桥梁的腐蚀疲劳已成为一种重要的失效模式[198]。

以往的研究中，一些研究学者分别在腐蚀[199-200]和疲劳[201-202]单方面的影响研究方面作出了重要贡献，提出了一些计算方法和模型。Apostolopoulos等[25-26]开展了钢筋的低周疲劳试验来评估腐蚀损伤累积的影响，结果表明腐蚀影响下的钢筋强度、延性和疲劳失效周期数均逐渐下降。Zhang等[22]和Li等[181]的高周疲劳试验结果同样表明钢筋/钢绞线的疲劳寿命随腐蚀程度的增长显著降低。另有一些试验研究了不同疲劳荷载作用下腐蚀RC梁的力学性能，发现腐蚀率的增长导致构件发生脆性破坏[10, 87]。然而，大多研究主要集中在宏观层次上的试验评估，发展基于力学机理的物理模型及RC结构腐蚀疲劳方面的研究鲜有报道。

Zanuy等[203]采用统计分析方法研究了RC桥面板横断面方向的疲劳损伤行为，统计分析方法需要收集大量的试验数据来量化影响参数。Carpinteri等[148]基于断裂力学原理发展了一个疲劳荷载下RC梁的理论评估模型，但其没有考虑钢筋腐蚀的影响。Bastidas-Arteaga等[88]提出了腐蚀RC结构的腐蚀疲劳寿命预测模型，该模型将蚀坑增长并逐步转变为疲劳裂纹作为主要分析机理。然而，在实际结构中，蚀坑带来的影响用缺口（或凹槽）来描述更为合理，主要是因为蚀坑的几何形状通常不同于尖裂纹；这些缺口会与疲劳产生的裂纹相互作用。另外，局部腐蚀和均匀腐蚀会导致钢筋净截面减小、钢筋应力增大，最终降低结构的使用寿命。目前的腐蚀疲劳分析中很少有研究涉及不同的腐蚀形态。

本章主要目的是发展一个新的基于机理分析的老化 RC 梁腐蚀疲劳寿命预测方法。首先，介绍已发展的基于等效初始裂纹尺寸（equivalent initial flaw size，EIFS）的疲劳寿命分析方法，通过快速腐蚀试验建立腐蚀深度和腐蚀率的关系表达式。针对蚀坑根部的裂纹，采用发展的渐进插值分析法来评估应力强度因子（stress intensity factor，SIF）。然后，基于腐蚀钢筋观测分析结果，提出了不同腐蚀水平下的应力集中因子（stress concentration factor，SCF）模型。结合参数分析方法，研究混凝土疲劳性能退化对 RC 梁疲劳寿命的影响。最后，通过理论预测和试验对比验证本章模型的有效性，并采用反一次二阶法进行了概率分析。

6.1　总体分析框架

本节将介绍所提出的 RC 梁疲劳寿命预测分析框架，该框架能进行不同疲劳荷载作用下任意均匀腐蚀和局部腐蚀组合下的寿命预测分析。钢筋混凝土梁的腐蚀疲劳主要由三个阶段组成：①初始阶段，即纯疲劳；②平稳的腐蚀疲劳损伤累积过程；③不平稳的裂纹增长及钢筋断裂。图 6.1 为 RC 梁腐蚀疲劳劣化过程的示意图。

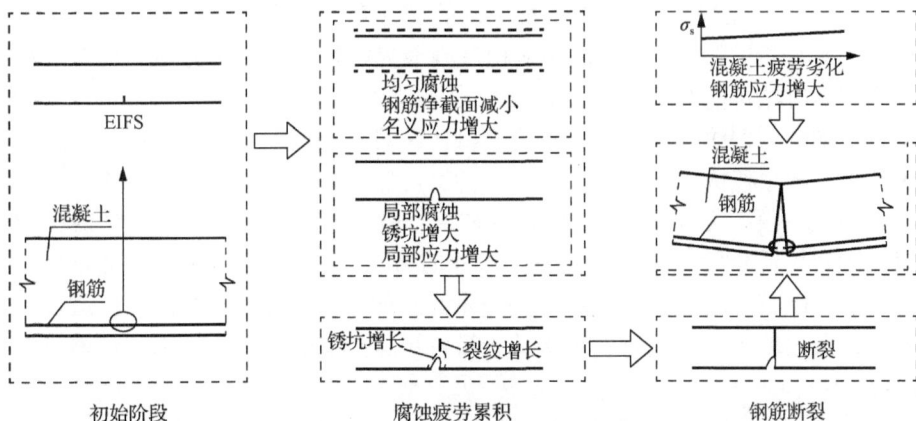

图 6.1　RC 梁腐蚀疲劳劣化过程

在初始阶段，主要采用等效初始缺陷理论确定钢筋裂纹的初始尺寸。在第二个阶段中，主要包含以下机理：均匀腐蚀减少钢筋净截面面积，使得钢筋名义应力增大；局部腐蚀增大钢筋局部应力，加速疲劳损伤累积；除此之外，疲劳荷载将会劣化混凝土的疲劳性能，导致梁截面上发生应力重分布，由此增长的钢筋应力同样会加速梁的疲劳失效，所有这些机理都应被合理地考虑。在第三个阶段中，钢筋断裂导致 RC 梁疲劳失效。整个过程可以通过裂纹发展机理来模拟，钢筋的疲劳寿命可通过对裂纹扩展模型从等效初始裂纹到临界裂纹长度进行积分得到。

6.2 疲劳裂纹增长分析方法

疲劳裂纹的萌生是一个非常复杂的过程。疲劳初始裂纹和疲劳裂纹扩展规律是进行剩余寿命预测的两个必要条件。由于材料质量、施工水平的差异、结构表面不平滑，结构内部可能存在很细小的缺陷，疲劳裂纹往往由结构表面和内部的缺陷诱发。这些表面和内部缺陷并非真正的裂纹，不能直接用来进行寿命预测，但准确地探究这些表面和内部缺陷部位对于寿命预测、制定维修方案至关重要[204]。早在 20 世纪 30 年代，研究人员就已经开始探索桥梁的无损检测方法[205]。随着现代无损探测技术的发展，现可以发现桥梁早期形成的裂纹[206]，但受结构尺寸的限制，很难对整个桥梁结构进行监测。与初始裂纹探测相比，疲劳裂纹扩展是一个相对直接的过程。过去几十年里，国内外学者开展了不同环境下的材料疲劳试验，得到了相应条件下的疲劳裂纹扩展规律[207-208]。

目前，疲劳寿命预测方法主要有两种：第一种是基于材料的疲劳寿命曲线（如 S-N 曲线或 ε-N 曲线）和损伤累积规则；第二种是基于断裂力学和裂纹增长分析。基于应力-寿命方法和线性损伤累积规则的疲劳寿命预测方法已广泛应用于老化桥梁的疲劳分析[209-210]。线性损伤累积规则最大的优点是使用方便，但在随机荷载作用下该方法可能会导致较大的误差[211]，同时也不能提供关于疲劳可靠度的有用信息，如疲劳裂纹长度和结构刚度衰减等信息。因此，尽管线性损伤累积方法理论简单，使用便捷，但不能作为衡量桥梁可靠性和制定维修方案的单一标准。

本章采用第二种方法对 RC 桥梁构件进行疲劳寿命评估。寿命评估的关键是确定初始裂纹尺寸[212]。等效初始缺陷尺寸的概念已经发展了很多年，通常采用外推法来计算 EIFS，这里提到的 EIFS 并不是真正的裂纹尺寸，它是为了促进疲劳寿命预测而采用的一种等效长裂纹增长分析，可避免短裂纹增长模拟，详情可参见文献[213]。

Liu 和 Mahadevan[213]基于 Kitagawa-Takahashi(K-T)图表法发展了一种新的 EIFS 计算方法并应用于疲劳寿命预测，其中 EIFS 由式（6.1）确定：

$$a_i = \frac{1}{\pi}\left(\frac{\Delta K_{th}}{\Delta \sigma_f Y}\right)^2 \tag{6.1}$$

式中，a_i 为等效初始裂纹长度（m）；ΔK_{th} 为应力强度因子门槛值（MPa·m$^{0.5}$），裂纹扩展速率为 10^{-10}m/周期所对应的应力强度因子幅值；$\Delta \sigma_f$ 为疲劳极限（MPa）；Y 为几何修正因子，主要取决于裂纹形态。

通常，材料裂纹扩展速率可以表示为

$$\mathrm{d}a / \mathrm{d}N = C(\Delta K - \Delta K_{th})^m \tag{6.2}$$

式中，C 和 m 是拟合参数，参数 C 同样取决于材料种类和应力比 R，即 $C = f(R) = AB^R$。因此，式（6.2）可以改写为

$$\mathrm{d}N = \frac{1}{C(\Delta K - \Delta K_{th})^m}\mathrm{d}a \tag{6.3}$$

疲劳寿命 N 可以通过对上式进行积分获得，即

$$N = \int_0^N \mathrm{d}N = \int_{a_i}^{a_c} \frac{1}{C(\Delta K - \Delta K_{th})^m}\mathrm{d}a \tag{6.4}$$

式中，a_c 为失效时对应的裂纹临界长度（m），可由材料的断裂韧性和作用荷载获得。

钢筋（实心圆柱）在轴向拉力作用下，假定裂纹沿截面横向发展，如图 6.2 所示。几何修正因子可以表示为[214]

$$Y = G(0.752 + 1.286\beta + 0.37\xi^3) \tag{6.5}$$

式中，$G = 0.92\left(\frac{2}{\pi}\right)\sec\beta\left(\frac{\tan\beta}{\beta}\right)^{0.5}$；$\xi = 1 - \sin\beta$；$\beta = \frac{\pi a}{2D}$；$a$ 为裂纹深度（m）；D 为初始钢筋直径（m）。

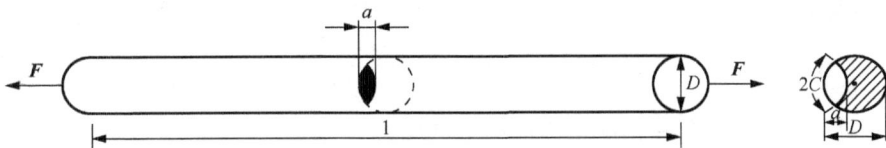

图 6.2　钢筋的表面裂纹

对于钢筋的疲劳裂纹发展，采用三维裂纹分析会使计算结果更为精确，但分析较为复杂。为了简化计算，本章采用二维分析来阐述整个过程，三维分析将在日后的研究中进行。

以上分析仅考虑了材料的弹性状态，主要适用于高周疲劳分析，即在高周疲劳分析中假定材料是弹性的。然而，对于低周疲劳来说，材料会发生塑性变形，仅考虑材料弹性状态是不足的。这里通过采用一个塑性修正因子来反映材料的塑

性变形[213]，即

$$\rho = a\left(\sec\frac{\pi\sigma_{max}(1-R)}{4\sigma_0} - 1\right) \tag{6.6}$$

式中，ρ 为弹性区域尺寸（m）；σ_0 为材料的静力拉伸最大强度（MPa）。

因此，考虑塑性修正的应力强度因子幅值可以表示为

$$\Delta K = Y'\Delta\sigma\sqrt{\pi a'} \tag{6.7}$$

式中，σ 为名义远端应力（MPa），$\Delta\sigma = \sigma_{max} - \sigma_{min}$；$Y'$ 为修正后的几何修正因子；a' 为考虑塑性修正的裂纹长度（m），可以表示为

$$a' = a + \rho \tag{6.8}$$

6.3　构件腐蚀疲劳寿命计算模型

6.3.1　均匀腐蚀和局部腐蚀

如前文所述，腐蚀在自然环境中为电化学过程，通常可分为均匀腐蚀和局部腐蚀。腐蚀速率与环境和材料属性有关。实际工程中，钢筋腐蚀发生需要数年时间。因此，研究腐蚀过程通常是开展实验室的快速腐蚀试验，多以质量损失来表征腐蚀率大小[22]。测量得到的质量腐蚀率可表示为

$$\rho_m = \frac{m_0 - m_c}{m_0} \times 100\% \tag{6.9}$$

式中，ρ_m 为质量腐蚀率（%）；m_0 和 m_c 分别为未腐蚀钢筋和腐蚀钢筋的质量（g）。一般说来，质量腐蚀率表征的是钢筋截面的均匀减小。由此看来，一旦获得了钢筋的质量腐蚀率，腐蚀钢筋剩余截面面积 A_{re} 可由式（6.10）获得。

$$A_{re} = \frac{\pi D^2}{4} \cdot (1-\rho_m) = \frac{\pi(D-2d_{av})^2}{4} \tag{6.10}$$

式中，d_{av} 为钢筋直径均匀减小的深度（m）。

将钢筋表面的蚀坑视为缺口，并随腐蚀时间的增长而增长。以往有研究采用幂函数来描述腐蚀深度的发展[215]。还有研究指出氯离子渗透进入混凝土可以用扩散过程来表示，并提出了用局部腐蚀因子的概念来描述腐蚀深度的发展[199]。这里采用局部腐蚀因子来模拟钢筋的腐蚀深度，局部腐蚀因子 γ 定义为局部腐蚀深度与均匀腐蚀导致的直径减小的比值，即

$$\gamma = \frac{d}{d_{av}} \tag{6.11}$$

式中，d 为蚀坑深度（m）。

通过开展快速腐蚀试验来研究质量腐蚀率和局部腐蚀深度的关系。由于在前几章中对快速腐蚀试验已有过详细介绍，这里不再赘述。试验装置如图 6.3 所示。试验中 RC 梁的主筋直径为 22mm。试验结束后取出钢筋对最大蚀坑深度进行测量，称重得到其质量腐蚀率。

图 6.3　快速腐蚀装置

腐蚀钢筋的平均质量腐蚀率可由式（6.9）计算得到，测得的质量腐蚀率结果和最大腐蚀深度如表 6.1 所示。将试验结果代入式（6.10）中，即得到 d_{av}。由式（6.11）求得不同的局部腐蚀因子，得其均值为 4.59，采用该值计算得到的腐蚀深度与试验值进行比较，并给出了 95% 置信区间，如图 6.4 所示。由图 6.4 可知，86% 的点落在置信区间内，预测值与试验值较为接近。局部腐蚀因子值是通过快速腐蚀试验得到的，由于腐蚀环境的不同和材料的变异性等，该值可能存在不确定性。现有研究对该值的取值大小也未达成一致。本章根据试验所得的局部腐蚀因子均值将被用于后续的计算过程中，关于局部腐蚀因子的不确定性仍需日后进一步研究。

表 6.1　快速腐蚀试验及计算结果

质量腐蚀率/%	等效均匀腐蚀深度/mm	实测蚀坑深度/mm	质量腐蚀率/%	等效均匀腐蚀深度/mm	实测蚀坑深度/mm
8.50	0.478	2.22	10.03	0.564	2.25
7.34	0.411	1.57	9.30	0.524	3.54
12.10	0.687	2.45	8.40	0.472	2.51
12.10	0.687	2.80	14.00	0.799	1.85
16.59	0.954	3.63	10.70	0.605	2.79
14.09	0.804	3.42	12.51	0.710	2.58
6.72	0.376	1.21	8.35	0.469	2.66
5.96	0.333	1.32	6.50	0.364	1.52

质量腐蚀率/%	等效均匀腐蚀深度/mm	实测蚀坑深度/mm	质量腐蚀率/%	等效均匀腐蚀深度/mm	实测蚀坑深度/mm
8.02	0.449	2.83	9.10	0.512	1.66
8.04	0.449	2.44	11.50	0.652	2.27
13.06	0.743	4.62	12.04	0.675	2.74
10.77	0.609	1.82	9.88	0.558	2.86
4.00	0.222	1.22	10.06	0.564	3.49
4.00	0.222	0.72	10.80	0.611	2.92
8.04	0.449	2.86	10.89	0.616	3.23
8.06	0.449	3.18	9.62	0.542	3.07
14.50	0.829	4.10	11.10	0.628	2.72
14.50	0.829	2.41	7.20	0.403	1.87

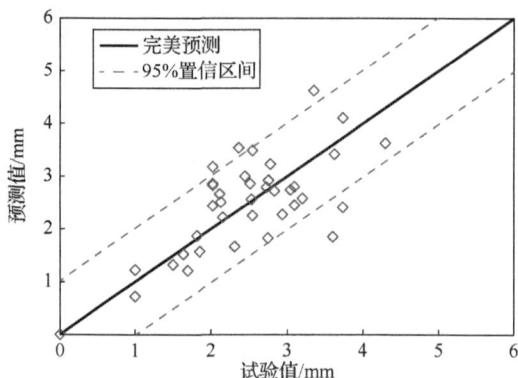

图 6.4　腐蚀深度比较

6.3.2　腐蚀影响下钢筋疲劳裂纹发展

腐蚀钢筋表面的蚀坑会导致应力集中，尤其是蚀坑较尖锐时影响更大，最终导致钢筋的疲劳强度降低[216]。以往的研究中，研究学者提出了一些方法来计算应力集中因子。Cerit 等[31]研究了半椭圆形蚀坑应力集中因子，分析了不同钢筋直径和不同蚀坑深度对钢筋疲劳性能的影响。Nakamura 和 Suzumura[30]假定圆形、三角形、三角形并伴有缺口三种蚀坑形状，采用实测的应变值和有限元分析，评估了不同情况下的 SCF。另一些研究的计算结果表明理论 SCF 值分布在 1.9～2.92 之间[217]。由此可见，现有大多研究要么假定蚀坑为一种确定形态，要么在整个分析过程中假定 SCF 为定值。在实际观测中发现，蚀坑所表现出的形状并不规则（不光滑、不均匀），这表明已有对 SCF 的一些简化假设可能无效。

腐蚀是一个非常复杂的过程，腐蚀几何形状和尺寸都是变化的，这会导致不同的 SCF。图 6.5 给出了腐蚀率在 3%到 20%范围内观测到的蚀坑情形。由图 6.5 可知，初始蚀坑较尖，随着腐蚀的增长，蚀坑分别沿纵向和横向发展，蚀坑发展如图 6.6 所示。从力学观点来看，深、陡蚀坑的 SCF 较大，而浅、长蚀坑的 SCF 较小。

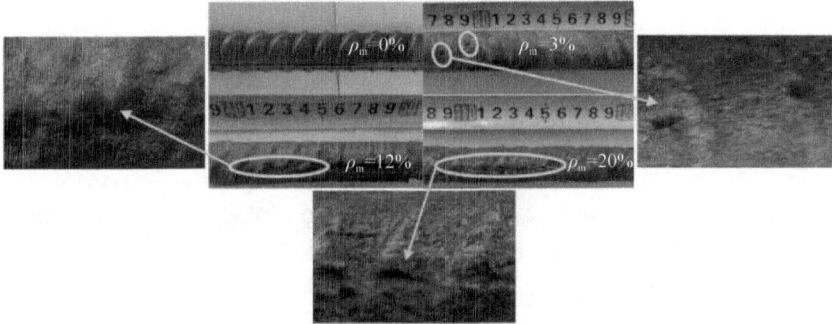

图 6.5　腐蚀钢筋形态

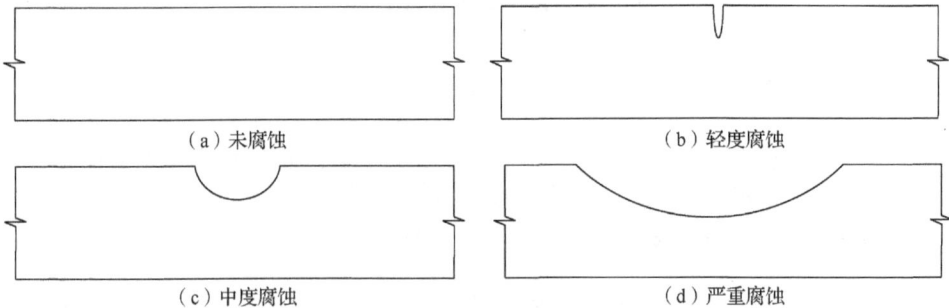

（a）未腐蚀　　　　　　　　　　　　　　　（b）轻度腐蚀

（c）中度腐蚀　　　　　　　　　　　　　　（d）严重腐蚀

图 6.6　蚀坑发展示意图

结合观测结果，可以发现随蚀坑的发展，腐蚀疲劳过程中的 SCF 先增大后减小。因此，很难得到 SCF 的解析解，尤其是在钢筋严重腐蚀情况下。转而寻求的方法是结合相似结构、无损检测得到的结果或结合试验数据进行校准。在本章的 6.3.4 节将结合已有的腐蚀钢筋疲劳性能试验，提出所发展的 SCF 计算模型。

当得到了蚀坑深度和 SCF 模型之后，通过进行裂纹增长分析可以预测腐蚀钢筋的疲劳寿命，如图 6.7 所示。在预测模型中，需要建立蚀坑根部应力强度因子的表达式。Liu 和 Mahadevan[218]提出了 SIF 计算的渐进解，蚀坑根部 SIF 的表达式为

$$K = Y\sigma\sqrt{\pi\left(a + d\left\{1 - \exp\left[-\frac{a}{d}(K_t^2 - 1)\right]\right\}\right)} \qquad (6.12)$$

式中，K_t 为应力集中因子。

图 6.7　蚀坑深度增长和疲劳裂纹增长示意图

　　结合上述分析模型，即可考虑腐蚀的影响，预测腐蚀钢筋的疲劳寿命，下面将该模型拓展到 RC 梁的寿命预测当中，详情如下。

6.3.3　腐蚀 RC 梁内钢筋应力

　　已有一些研究结果表明，疲劳荷载会降低混凝土的疲劳模量（应力幅值与应变幅值的比值）[154]。Zanuy 等[219]指出受压区混凝土性能劣化将导致应力重分布，疲劳荷载下混凝土劣化会加速钢筋的疲劳损伤。对于 RC 矩形梁，钢筋应力 σ_s 可通过式（6.13）计算得到：

$$\sigma_s = \alpha_{Es} \cdot \frac{M_a \cdot (h_0 - x)}{I_{cr}} \tag{6.13}$$

式中，M_a 为作用的弯矩大小（N·mm）；$\alpha_{Es} = \dfrac{E_s}{g(N) \cdot E_c}$ 是钢筋弹性模量与混凝土弹性模量的比值，其中 $g(N)$ 是关于疲劳周期数的函数，它反映了混凝土疲劳劣化的影响；h_0 为截面有效高度；I_{cr} 为截面开裂惯性矩（mm^4）。

　　对于开裂的 RC 梁，截面开裂惯性矩 I_{cr} 可以表示为

$$I_{cr} = \frac{1}{3} bx^3 + \alpha_{Es} A_s (h_0 - x)^2 \tag{6.14}$$

受压区高度为 x，则有

$$x = \frac{\alpha_{Es} \cdot A_s}{b} \left(\sqrt{1 + \frac{2b \cdot h_0}{\alpha_{Es} \cdot A_s}} - 1 \right) \tag{6.15}$$

式中，A_s 为受拉钢筋截面面积（mm^2）。

　　对于 RC 桥梁构件，已有试验研究表明，构件的疲劳失效是由钢筋断裂造成的[220]，即使是超筋 RC 梁，同样会由于钢筋的疲劳断裂造成构件失效[79]。在本章后面的小节中，笔者讨论了疲劳荷载作用下混凝土弹性模量劣化对钢筋疲劳寿命的影响，结果表明，混凝土劣化导致的应力重分布对钢筋的疲劳寿命影响不大。为简化计算，本章忽略了疲劳荷载下混凝土劣化的影响，即 $g(N)=1$。

6.3.4　实例分析

　　本章收集了部分试验结果用于分析，试验的基本情况如下。Lü 和 Zheng[112]开展了应力比 $R=0.1$ 下的疲劳裂纹扩展试验，试件为标准拉伸试件，宽为 50mm，

厚为 10mm，试验的加载频率为 15Hz。Zheng[221]开展了应力比 R=0.3 下的疲劳试验，试件尺寸为 10mm×25mm×120mm，ΔK 和 da/dN 的均值可由每级荷载得到，具体过程可参见文献[112]和文献[221]。

图 6.8 给出了上述试验的观测结果，图 6.8（a）和图 6.8（b）分别为应力比 R=0.1 和 R=0.3 下的裂纹增长情况。参数 C、m 和临界应力强度因子 ΔK_{th} 可通过拟合得到，拟合的参数将用于疲劳裂纹扩展速率预测当中。钢筋基本参数和疲劳参数如表 6.2 所示。

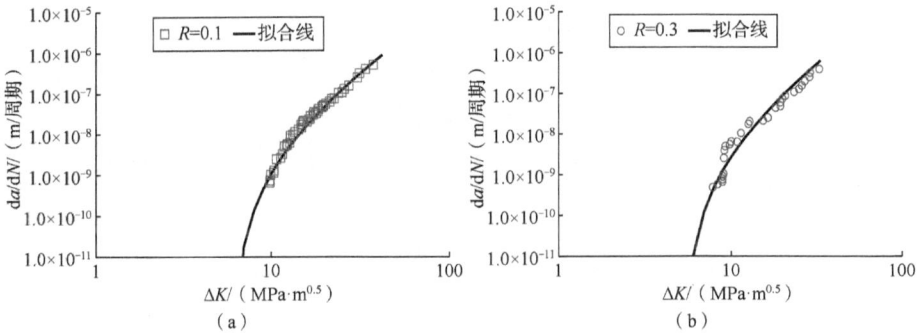

图 6.8　不同应力比下的 da/dN-ΔK 曲线

表 6.2　材料参数表

R	σ_{y}/MPa	σ_{u}/MPa	C	m	ΔK_{th}/（MPa·m$^{0.5}$）
0.1	375	546	1.349×10^{-11}	3.096	5.932
0.3	389	550	2.144×10^{-11}	3.096	5.258

Zhang 等[22]开展了 6 个 RC 板的快速腐蚀试验研究，每个板由 7 根变形钢筋组成，初始直径为 12mm。腐蚀完成后将钢筋取出，进行疲劳试验，应力比 R=0.1。实测得到腐蚀前钢筋屈服强度平均值、极限强度平均值分别为 409MPa 和 607MPa。这些钢筋的疲劳试验结果如表 6.3 所示。

表 6.3　腐蚀钢筋疲劳试验结果

$\rho_m=0$		$\rho_m=4\%$		$\rho_m=5\%$		$\rho_m=10\%$		$\rho_m=12\%$		$\rho_m=14\%$		$\rho_m=16\%$		$\rho_m=20\%$		$\rho_m=28\%$	
S	N	S	N	S	N	S	N	S	N	S	N	S	N	S	N	S	N
350	10.8	280	34.8	350	5.5	350	4.3	330	6.3	300	15.8	350	4.2	340	4.4	330	4.3
330	21.2	260	58.6	330	8	320	12.6	300	17.1	280	26.6	310	17.3	320	7.8	300	10.6
310	31.2	240	79.6	300	19.8	310	13.2	290	15.7			290	15.2	290	15.8	260	46.3
300	52.9					280	28.5	260	42			260	54.3				
280	91																

注：表中 S 表示应力幅值（MPa）；N 表示疲劳寿命（10^4）。

图 6.9 给出了未腐蚀钢筋和腐蚀钢筋在不同腐蚀率下的 S-N 曲线。本研究采用试错法来进行参数的校准，选择未腐蚀钢筋的试验结果来校准钢筋材料的疲劳极限，进行校准的主要目的是得到不同腐蚀率下的应力集中因子，仅通过一个试验点便可校准得到所需的疲劳极限值。校准所选用的数据点在图 6.9 中进行了标注。从图 6.9 中可以看出，在相同应力幅值下，钢筋混凝土梁的疲劳寿命随腐蚀率的增长逐渐减小。从图 6.9 (d) 中还可以看出，当腐蚀率很大时，钢筋的 S-N 曲线已较为接近。

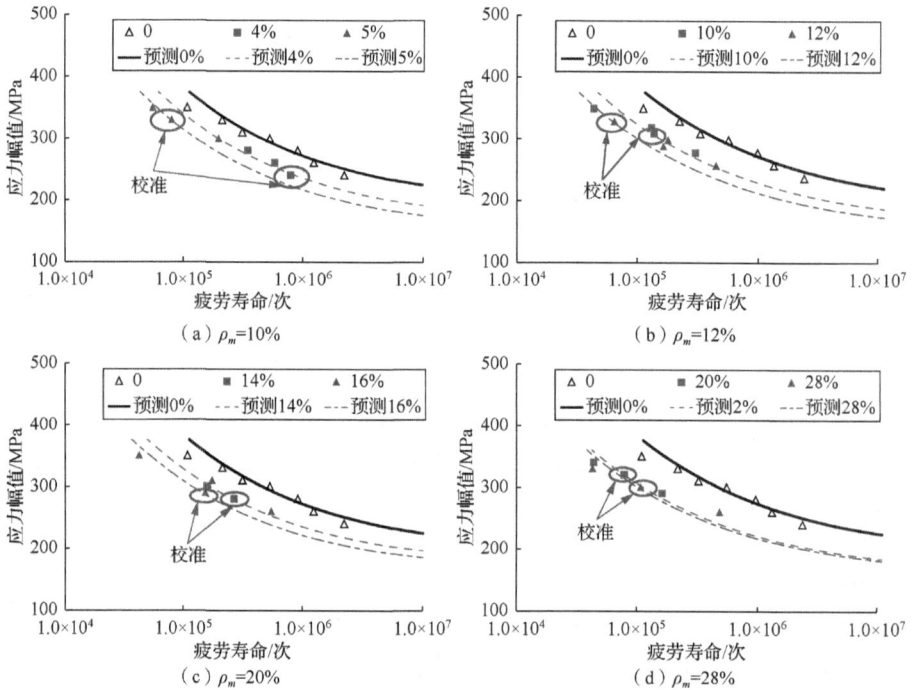

图 6.9　钢筋疲劳参数校准与预测

得到钢筋的疲劳极限之后，可通过进一步校准得到不同腐蚀水平下的 SCF。图 6.10 给出了整个校准过程完成后 SCF 的散点图和回归曲线。由图 6.10 可知，在初始阶段，应力集中因子随腐蚀率增长近似呈线性增长；当腐蚀率接近 5% 时，应力集中因子随腐蚀率的增长而逐渐减小。这与上述试验中观测到的现象是相吻合的。基于校准结果，可回归得到 SCF 的函数表达式，即

$$K_t = \begin{cases} 22 \cdot \rho_m + 1, & \rho_m \leqslant 0.05 \\ 2.675 \cdot e^{-23.91\rho_m} + 1.291, & \rho_m > 0.05 \end{cases} \tag{6.16}$$

综合以上方法便可预测任意腐蚀水平下的钢筋疲劳寿命，下面将该方法拓展到腐蚀 RC 梁的寿命评估当中。

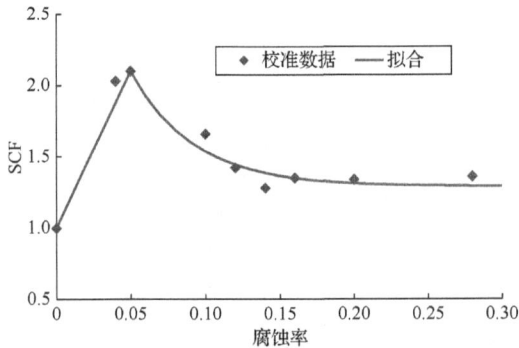

图 6.10　不同腐蚀率下的 SCF

1. 腐蚀钢筋疲劳寿命预测

本章收集了部分已有的 RC 梁疲劳试验结果用于验证本章提出的寿命预测方法。Yi 等[10]开展了 9 根 RC 梁（包括 1 根对比梁和 8 根腐蚀梁）的疲劳性能试验。混凝土强度等级按 C30 设计，保护层厚度为 25mm；混凝土梁尺寸为 150mm× 300mm×3600mm，计算跨径为 3400mm；主筋为 2 根直径为 20mm 的 HRB335 级钢筋，实测屈服强度和极限抗拉强度分别为 390MPa 和 578MPa；箍筋为直径 8mm 的 HPB235 级钢筋，箍筋间距为 150mm。为防止箍筋发生腐蚀，在箍筋可能与盐溶液接触的表面涂上防锈漆。疲劳荷载的上限值和下限值分别为 33kN 和 7kN，应力比为 0.21。

王海超等[222]开展了 3 根混凝土梁的疲劳试验，梁尺寸为 120mm×200mm× 1700mm，计算跨径为 1500mm。混凝土设计等级 C30，钢筋采用 HRB335 级，实测屈服强度和极限抗拉强度分别为 400MPa 和 595MPa。疲劳荷载的上限值和下限值分别为 36.5kN 和 7kN，应力比为 0.19。

上述试验的结果如表 6.4 所示。由表 6.4 可知，随着腐蚀率的增长，钢筋混凝土梁的疲劳寿命显著降低，如腐蚀率为 3.25%梁的疲劳寿命是腐蚀率为 11.60%梁的疲劳寿命的 7.03 倍。

表 6.4　混凝土梁的疲劳试验结果

应力比	疲劳极限/MPa	应力幅值/MPa	腐蚀率/%	疲劳寿命/10^4	参考文献
R=0.21	146.1	162.5	3.25	62.6	[10]
		162.9	3.50	70.7	
		164.0	4.20	49.7	
		166.1	5.50	33.4	
		167.4	6.35	32.6	

应力比	疲劳极限/MPa	应力幅值/MPa	腐蚀率/%	疲劳寿命/10^4	参考文献
R=0.21	146.1	170.3	8.04	62.0	[10]
		174.0	10.17	32.4	
		176.6	11.60	8.9	
R=0.19	157.8	239.5	0	60.3	[222]
		245.6	2.73	46.5	
		247.8	3.65	47.7	

2. 混凝土劣化对构件疲劳寿命的影响

本章主要是通过参数分析来研究疲劳荷载导致的混凝土劣化对 RC 梁疲劳寿命的影响。图 6.11 为疲劳荷载下混凝土疲劳模量的衰减过程，考虑到不同强度等级混凝土性能的差异，图中坐标均进行了归一化处理，其中 N 为疲劳周期数，N_f 为失效时对应的周期数，详情可参见文献[154]。由图 6.11 可知，混凝土的疲劳模量劣化过程为先稳步下降（接近线性），当疲劳周期接近破坏周期时，下降速率急剧增大，直至失效。

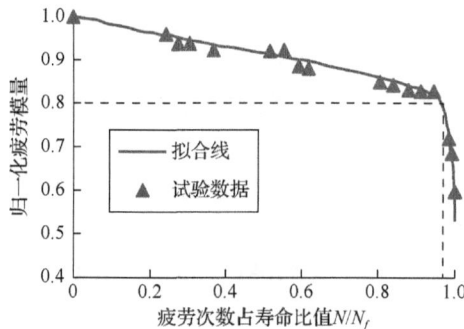

图 6.11　疲劳模量退化过程

这里仅以腐蚀率分别为 4.20% 和 11.60% 的腐蚀梁为例来阐述混凝土劣化对 RC 梁疲劳寿命的影响[10]。图 6.12（a）为考虑混凝土不同疲劳模量退化率对钢筋应力的影响。由图 6.12（a）可知，随混凝土疲劳模量退化率的增长，钢筋应力进行了重分布，钢筋应力有少许增大。以腐蚀率 11.60% 的梁为例，当混凝土疲劳模量退化率为 0.20 时，钢筋应力从初始的 176.6MPa 增大到 178.8MPa（增长率为 1.25%）。

图 6.12（b）为考虑混凝土不同疲劳模量退化率对梁疲劳寿命的影响。由图 6.12（b）可以看出，随混凝土疲劳模量退化率的增长，梁的寿命略有减小，这与先前预期一致。当疲劳模量的退化率分别为 0.05、0.10、0.15 和 0.20 时，11.60%

腐蚀梁的疲劳寿命减少率分别为 1.6%、3.6%、5.5% 和 7.6%。在计算过程中，一旦混凝土疲劳模量退化率确定后，在寿命预测过程中这个值被假定为常数，如上文提到的 7.6% 的下降率是在混凝土疲劳模量退化率为 0.2 的情况下计算得到的。由于 0.2 的疲劳模量退化率仅在 N/N_f=0.96 的情况时发生，因此，该预测结果是非常保守的。从图中还可以看出，下降曲线近似呈线性，考虑与不考虑混凝土疲劳模量退化率的 RC 梁的平均预测寿命差异约为 3.8%，小于 5%。同理，对于腐蚀率为 4.2% 的腐蚀梁，该差异为 4.4%，考虑与不考虑疲劳模量退化率对梁疲劳寿命的影响同样在 5% 以内。

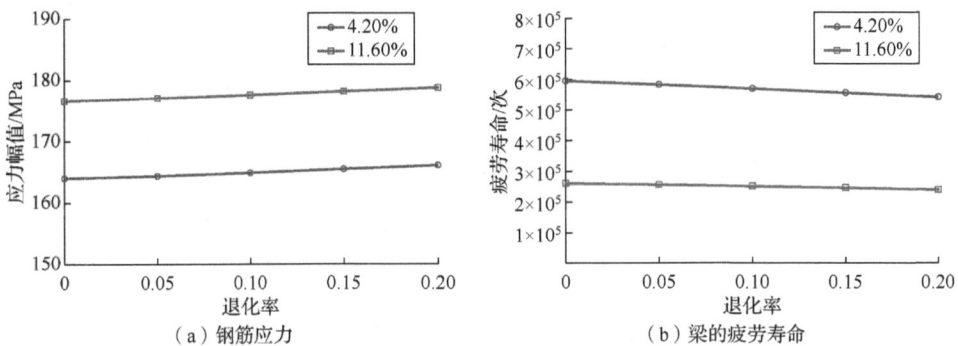

图 6.12　混凝土疲劳模量退化的影响

　　由以上讨论可以得出，不考虑疲劳荷载导致的混凝土性能退化对 RC 梁的最终寿命预测无显著影响。需注意的是，混凝土的疲劳劣化是一个非常复杂的过程。由于混凝土劣化会导致 RC 梁应力重分布，即使是在常幅疲劳荷载作用下，实际中钢筋的疲劳加载仍为变幅加载。因此，目前尚难以精确量化混凝土劣化对腐蚀梁疲劳寿命的影响。钢筋与混凝土的耦合损伤累积和刚度退化等使得应力和损伤分析变得更为复杂。为简化计算，本研究忽略了疲劳荷载对混凝土劣化的影响。在后面的验证过程中，发现本研究的简化计算可以得到满意的预测结果。

3. 腐蚀 RC 梁疲劳寿命预测

　　在 RC 梁疲劳寿命预测之前，首先要通过校准得到钢筋的疲劳极限。与上述校准过程类似，同一批梁仅采用一个点作为校准点，校准后得到的值将用于其他梁的寿命预测。RC 梁疲劳寿命试验值与预测值的对比如图 6.13 所示。

　　在图 6.13 中，横轴为混凝土梁疲劳寿命试验值，纵轴为用本研究提出的方法得到的疲劳寿命预测值，横轴和纵轴均为对数坐标，实线为完美预测结果，两条虚线为预测结果的 95% 置信区间。由图 6.13 可知，预测值和试验值较一致，验证了本章模型的可行性。如前文讨论可知，疲劳荷载导致的混凝土劣化确实会加速钢筋的疲劳损伤，对于腐蚀 RC 梁来说，本章研究发现忽略混凝土疲劳性能劣化对梁寿命预测结果影响不大。然而，对于 RC 板或 RC 柱，混凝土劣化的影响可能不同。因此，本结论用于其他构件时应慎重。

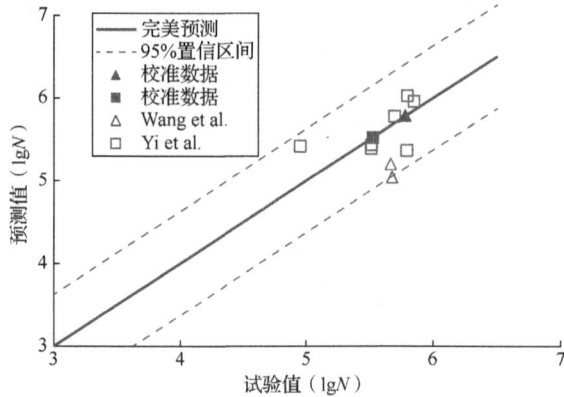

图 6.13　试验值和预测值的对比

6.4　腐蚀疲劳寿命预测的反一次二阶矩法

以上为疲劳寿命预测的确定性分析，钢筋的疲劳裂纹增长存在很大不确定性，尤其是钢筋腐蚀之后，这些不确定性可能来自蚀坑的几何形状、材料特性和初始缺陷尺寸等方面。概率分析是一种可考虑这些不确定性的有效方法，概率分析方法可归结为两类：基于数值模拟的方法和解析的方法。前者包含直接的蒙特卡洛方法及采用不同抽样技术的蒙特卡洛方法[223]；后者包含一次二阶矩或二次二阶矩（FORM/SORM）方法[224]。本研究采用反一次二阶矩方法来考虑上述不确定性，进而进行概率预测分析。

反一次二阶矩分析方法最初是基于可靠度设计优化设计提出来的[225]，在给定可靠指标或失效概率情况下，该方法可求解未知参数。采用该方法计算时，首先需建立一个极限状态方程，通常极限状态方程可用两组变量来表示，即

$$g(\boldsymbol{x}, \boldsymbol{y}) = g(x_1, \cdots, x_n, \boldsymbol{y}) = 0 \tag{6.17}$$

$$\|\boldsymbol{x}\| = \beta_t \tag{6.18}$$

$$p_f = \Phi(-\beta_t) \tag{6.19}$$

$$\boldsymbol{x} + \frac{\|\boldsymbol{x}\|}{\|\nabla_x g(\boldsymbol{x}, \boldsymbol{y})\|} \cdot \nabla_x g(\boldsymbol{x}, \boldsymbol{y}) = 0 \tag{6.20}$$

式中，$\boldsymbol{x}$ 为随机变量向量；$\boldsymbol{y}$ 为指标变量向量；$\nabla_x g(\boldsymbol{x}, \boldsymbol{y})$ 为 $g(\boldsymbol{x}, \boldsymbol{y})$ 关于 $\boldsymbol{x}$ 的一阶

微分算子；$\Phi(*)$ 为标准正态分布函数值；β_t 为目标可靠指标，为标准正态空间中从原点到最可能点的距离。极限状态方程是在标准正态空间上定义的。非标准正态变量可以通过 Rackwitz-Fiessler 方法转换变为标准正态变量[13]。

逆可靠性分析问题则转变成在给定指标变量 y 下 $\|x\| = \beta_t$，求解使 $g(x, y)$ 最小值问题。采用一阶泰勒展开公式可加速求解过程，极限状态方程可在随机变量向量 x 处展开，指标向量 y 为定值，即

$$g(x, y) = g(u_{x_1}, \cdots, u_{x_i}) + \sum_1^n \frac{\partial g}{\partial x_i}(x_i - u_{x_i}) + O(u_{x_1}, \cdots, u_{x_n}) = 0 \qquad (6.21)$$

式中，u_{x_i} 为随机变量 x 的平均值。

式（6.21）可以改写为

$$x = \frac{[\nabla_x g(u, y) \cdot u] - g(u, y)}{\|\nabla_x g(u, y)\|^2} \cdot \nabla_x g(u, y) \qquad (6.22)$$

式中，$u = (u_{x_1}, \cdots, u_{x_n}, u_y)$；$\nabla_x g(u, y) = \left(\dfrac{\partial g}{\partial x_1}, \dfrac{\partial g}{\partial x_2}, \ldots, \dfrac{\partial g}{\partial x_n} \right)$。

x 和 y 的增量可以表示为

$$\begin{bmatrix} dx \\ dy \end{bmatrix} = \begin{bmatrix} \dfrac{[\nabla_x g(x, y) \cdot x] - g(x, y)}{\|\nabla_x g(x, y)\|^2} \cdot \nabla_x g(x, y) - x \\ 0 \end{bmatrix} \qquad (6.23)$$

Kiureghian 等[225]提出了一个可考虑式（6.17）和式（6.23）两个边界条件的优化函数，该函数为

$$f^{(1)}(x, y) = \frac{1}{2} k_1 \left\| x - \frac{[\nabla_x g(x, y) \cdot x]}{\|\nabla_x g(x, y)\|^2} \cdot \nabla_x g(x, y) \right\|^2 + \frac{1}{2} k_2 g(x, y)^2 \qquad (6.24)$$

式中，k_1 和 k_2 均为常数。

将式（6.18）代入式（6.20），有

$$x = -\beta_t \frac{\nabla_x g(x, y)}{\|\nabla_x g(x, y)\|} \qquad (6.25)$$

同理，采用泰勒一阶展开公式，将极限状态方程同时在 x 和 y 处展开，有

$$g(x, y) = g(u_{x_1}, \cdots, u_{x_i}, u_{y_1}, \cdots, u_{y_m})$$
$$+ \sum_1^n \frac{\partial g}{\partial x_i}(x_i - u_{x_i}) + \sum_1^m \frac{\partial g}{\partial y_j}(y_j - u_{y_j}) + O(u_{x_1}, \cdots, u_{x_i}, u_{y_1}, \cdots, u_{y_j}) = 0 \qquad (6.26)$$

将式（6.25）代入式（6.26），则指标变量 y 可以表示为

$$y = u_y + \frac{[\nabla_x g(x, y) \cdot x] - g(x, y) + \beta_t \|\nabla_x g(x, y)\|}{\dfrac{\partial g(x, y)}{\partial y}} \qquad (6.27)$$

x 和 y 的增量可以表示为

$$\begin{bmatrix} dx \\ dy \end{bmatrix} = \begin{bmatrix} -x - \beta_t \dfrac{\nabla_x g(x,y)}{\|\nabla_x g(x,y)\|} \\ \dfrac{[\nabla_x g(x,y) \cdot x] - g(x,y) + \beta_t \|\nabla_x g(x,y)\|}{\dfrac{\partial g(x,y)}{\partial y}} \end{bmatrix} \qquad (6.28)$$

考虑式（6.18）的另一个优化函数为

$$f^{(2)}(x,y) = \frac{1}{2} k_3 (\|x\| - \beta_t)^2 \qquad (6.29)$$

式（6.24）和式（6.29）可采用一般的通式形式表示，即

$$f(x,y) = f^{(1)}(x,y) + f^{(2)}(x,y)$$

$$= \frac{1}{2} k_1 \left\| x - \frac{[\nabla_x g(x,y) \cdot x]}{\|\nabla_x g(x,y)\|^2} \cdot \nabla_x g(x,y) \right\|^2 + \frac{1}{2} k_2 g(x,y)^2 + \frac{1}{2} k_3 (\|x\| - \beta_t)^2$$

$$(6.30)$$

文献[225]提出了一种有效的迭代搜寻方法，采用数值迭代的方法来求解方程（6.17），经过 k 次迭代之后，迭代方程可表示为

$$\begin{cases} x_{k+1} \\ y_{k+1} \end{cases} = \begin{cases} x_k \\ y_k \end{cases} + d_k = \begin{cases} x_k \\ y_k \end{cases} + (\lambda_1 d_k^{(1)} + \lambda_2 d_k^{(2)}) \qquad (6.31)$$

式中，$d_k^{(1)}$ 和 $d_k^{(2)}$ 为迭代的方向，可分别由式（6.23）和式（6.28）计算得出；λ_1 和 λ_2 可通过式（6.32）得到：

$$\begin{cases} \lambda_1 = \dfrac{f^{(1)}(x,y)}{f(x,y)} \\ \lambda_2 = \dfrac{f^{(2)}(x,y)}{f(x,y)} \end{cases} \qquad (6.32)$$

当达到下面条件时，即可得到满意结果：

$$\frac{\left(\|x_{k+1} - x_k\|^2 + \|y_{k+1} - y_k\|^2\right)^{0.5}}{\left(\|x_{k+1}\|^2 + \|y_{k+1}\|^2\right)^{0.5}} \leqslant \varepsilon \qquad (6.33)$$

式中，ε 为定义的精度值，即两次模拟得到结果的相对误差，通常 ε 可以从 10^{-4} ~ 10^{-3} 的范围内取值。

对于腐蚀疲劳寿命的概率分析，通常需要得到预测结果的置信区间。例如，95%置信区间包含一个 2.5%的置信下限和一个 97.5%的置信上限。针对该问题，Xiang 和 Liu[226]提出了一种改进方法，可适用于概率分析中获得两侧的置信边界，

仅改变式（6.20）的梯度方向即可。

对 RC 梁的腐蚀疲劳进行系统的概率分析，在极限状态方程中，选取 6 个相互独立的随机变量，即腐蚀率 ρ_m，局部腐蚀因子 γ，疲劳极限 $\Delta\sigma_f$ 及材料的疲劳增长速率拟合参数 A、B 和 m。由于这些变量的统计特征尚不明确，假定所有变量均服从对数正态分布，变异系数均为 0.1。因此，极限状态方程可以表示为

$$g(A,B,m,\Delta\sigma_f,\rho_m,\gamma)=\lg\left[\int_{a_i}^{a_c}\frac{1}{A\cdot B^R(\Delta K-\Delta K_{\mathrm{th}})^m}\mathrm{d}a\right]-\lg N \qquad (6.34)$$

不同腐蚀程度 RC 梁的疲劳寿命概率预测结果如图 6.14 所示，其中图 6.14（a）～（i）为文献[10]中腐蚀梁的预测结果，图 6.14（j）～（l）为文献[222]中腐蚀梁的预测结果。图 6.14 中虚线为预测结果的 95%置信区间，实线为预测中值。总体看来，试验值在预测范围之内。图 6.14（l）中的试验点落在 95%置信区间的上限，预测结果低估了该梁的疲劳寿命，预测值偏于保守，这同样表明腐蚀疲劳分析中存在很大的不确定性，不确定性可能来自前文参数的拟合过程（拟合是在有限数据下进行的）。因此，精确量化各参数的概率特征需日后做进一步研究。

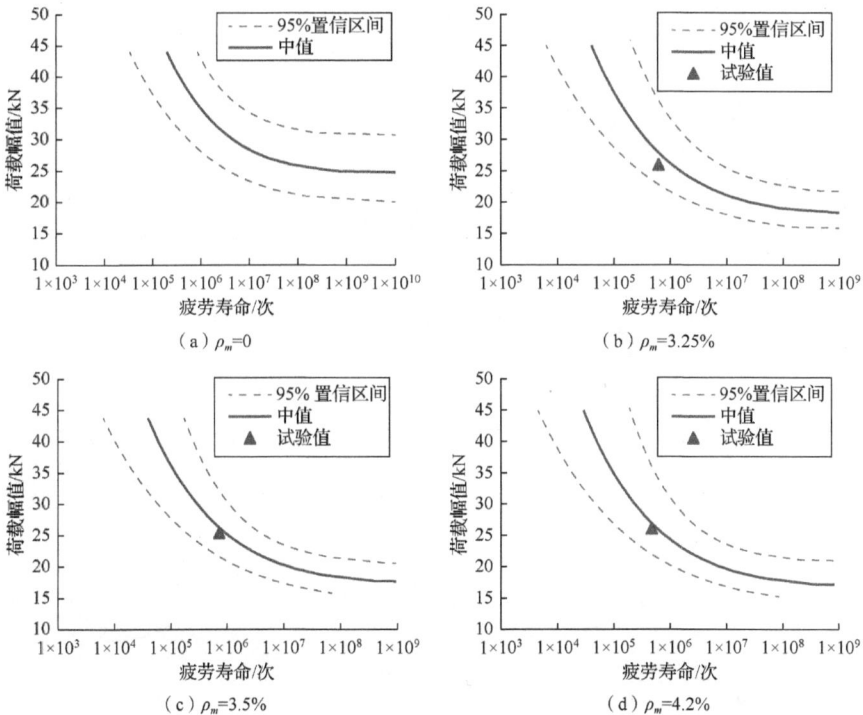

图 6.14　不同腐蚀梁疲劳寿命概率预测结果

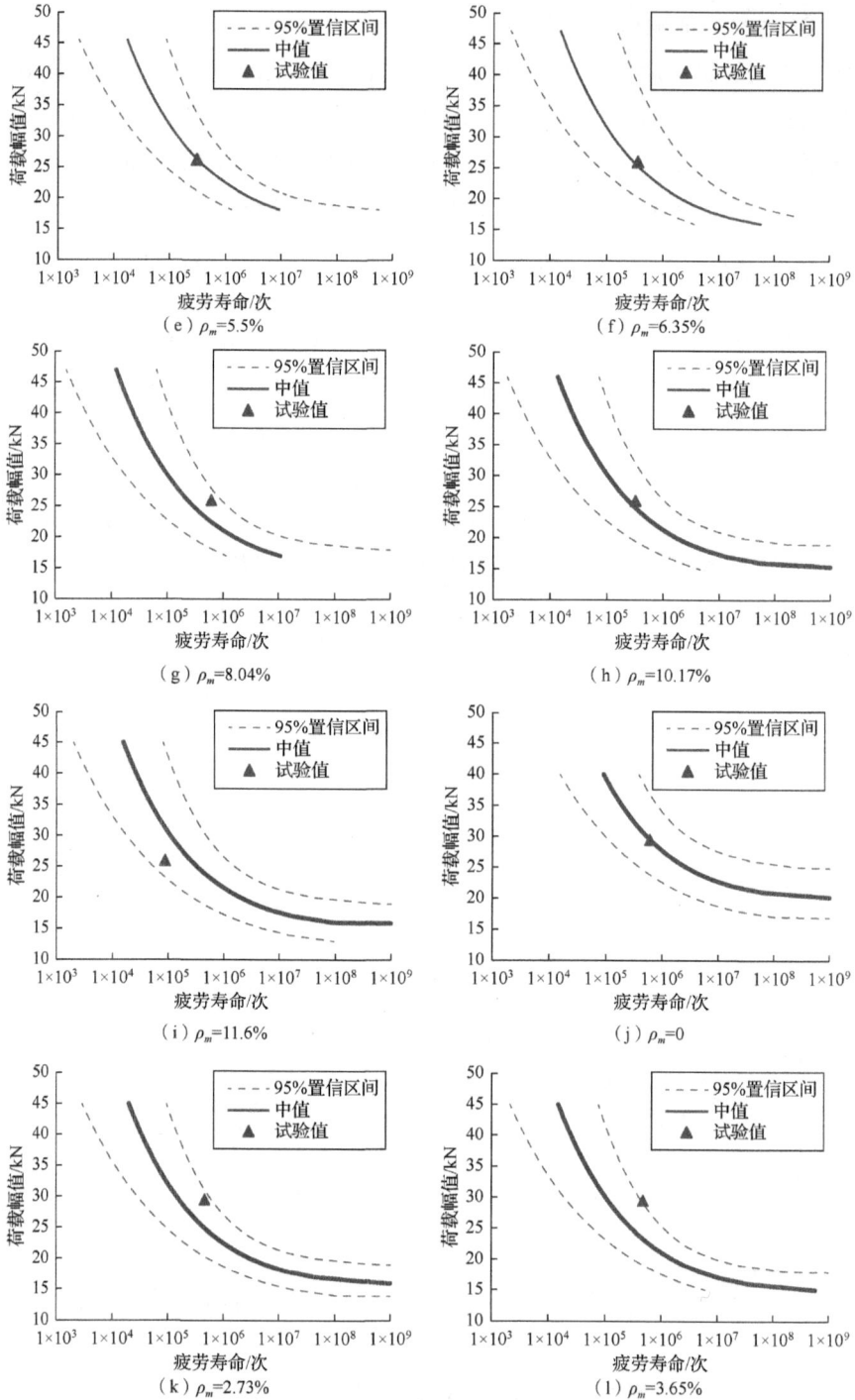

（e）ρ_m=5.5%

（f）ρ_m=6.35%

（g）ρ_m=8.04%

（h）ρ_m=10.17%

（i）ρ_m=11.6%

（j）ρ_m=0

（k）ρ_m=2.73%

（l）ρ_m=3.65%

图 6.14（续）

以上概率分析是为了说明本章所提出的分析方法，进一步验证需从实际中获取大量数据。由于分析过程中涉及的概率分布参数的变异系数取值为假定，这对实际概率预测分析中参数取值并无指导意义。因此，日后仍需进行大量试验和理论分析进行不确定性参数量化和验证。

6.5　小　　结

本章提出了可考虑钢筋均匀腐蚀和局部腐蚀影响的 RC 构件疲劳寿命预测方法。该方法主要基于等效初始缺陷尺寸理论，采用发展的渐进插值分析法来评估蚀坑根部应力强度因子，通过对裂纹扩展模型从等效初始裂纹尺寸到裂纹达一定宽度进行积分来实现寿命预测。结果表明，腐蚀环境下的应力集中因子随腐蚀率增长呈先增大后降低，最大值发生于腐蚀率 5%附近；根据对混凝土劣化影响的参数分析结果，发现混凝土疲劳劣化对预测结果影响不大，预测误差在 5%以内，对于 RC 梁的疲劳寿命预测可忽略。采用上述方法，运用反一次二阶矩法进行了腐蚀 RC 梁疲劳寿命概率分析，结合已有文献试验结果验证了该方法的有效性。

第7章　坑蚀与疲劳耦合作用下 RC 桥梁寿命评估

钢筋坑蚀是 RC 桥梁服役性能退化的主要因素之一。坑蚀将减小钢筋横截面面积，导致钢筋力学性能退化，严重腐蚀可能引起混凝土保护层的开裂甚至剥落，加速 RC 桥梁耐久性能退化[227]。另外，RC 桥梁在服役过程中还承受长期的反复车辆荷载，对混凝土内钢筋造成疲劳损伤[148]。钢筋腐蚀则会进一步加剧钢筋疲劳损伤累积并减小钢筋疲劳强度[92]。腐蚀疲劳耦合作用显著减小 RC 桥梁的服役寿命[88]。因此，开展 RC 桥梁腐蚀疲劳寿命评估对 RC 桥梁的安全运营和维修加固决策具有重要意义。

钢筋坑蚀是钢筋主要腐蚀形式之一。坑蚀将导致蚀坑根部应力集中，显著降低钢筋疲劳寿命[187]。已有研究发现，蚀坑通常为钢筋疲劳断裂的起源位置，并对钢筋疲劳裂纹的萌生和扩展起到了至关重要的作用[80]。大量研究人员为研究蚀坑对材料疲劳性能的影响作出了重大贡献。Cerit 等[31]将蚀坑假定为半椭圆形状并采用有限元方法建立了三维半椭圆形蚀坑模型，该研究指出蚀坑的深宽比是蚀坑根部应力集中的重要影响参数。Nakamura 等[30]研究人工模拟蚀坑缺口对钢丝疲劳性能的影响，认为尖锐蚀坑比光滑蚀坑将更加显著地减小钢丝疲劳寿命。Ma 等[32]通过开展不同人工缺口样式下的钢筋疲劳拉伸试验，建立了不同人工缺口形状下的钢筋应力幅值-疲劳寿命-缺口深度的回归分析模型。然而，蚀坑与疲劳荷载共同作用对钢筋材料性能退化的影响仍不明确，关于考虑蚀坑对钢筋疲劳性能影响的力学机理模型仍需要深入研究。

目前，疲劳寿命评估方法可分为两类。一类是以材料 S-N 曲线和损伤累积规律为理论基础[211]；另一类是以断裂力学为理论基础，关键在于如何处理蚀坑与疲劳裂纹之间的关系，这也是本章的研究重点。一些研究学者将蚀坑当作钢筋的表面裂纹。例如，Goswami 和 Hoeppner[90]提出了七阶段的腐蚀疲劳寿命理论模型，考虑了蚀坑的形成以及蚀坑对疲劳裂纹成核的影响。Bastidas-Arteaga 等[88]建立了 RC 桥梁腐蚀疲劳寿命评估的力学模型，蚀坑增长和蚀坑增长转变为疲劳裂纹增长是该模型的主要部分。Li 和 Akid[91]发展了钢轴材料的腐蚀疲劳寿命预测模型，该模型主要侧重于蚀坑的形成以及蚀坑向疲劳裂纹的转变阶段。Cheng 等[92]通过考虑疲劳荷载频率以及初始裂纹尺寸，建立了蚀坑增长转变为疲劳裂纹增长的极限应力强度因子模型。将蚀坑当作钢筋表面裂纹可简化腐蚀疲劳寿命预测，却忽略了蚀坑增长与疲劳裂纹增长之间的相互作用。也有一部分研究人员认为实际工程中将蚀坑当作钢筋的表面缺口更为合适。Rusk 等[96]基于传统的疲劳缺口因子方法建立了腐蚀元件的疲劳寿命预测模型。Xiang 等[97]假定蚀坑为半圆形缺口，提出了腐蚀元件的基于裂纹增长分析的疲劳寿命预测方法。Ma 等[98]基于 Xiang 等[97]的研究进一步发展了腐蚀 RC 梁疲劳寿命预测模型，该模型将蚀坑当作缺口并融入了均匀腐蚀和局部腐蚀两种腐蚀形态。以上两类疲劳寿命评估方法被广泛应用于腐蚀环境下 RC 桥梁疲劳寿命预测，不同评估方法得到不同寿命预测结果，如何量化两种疲劳寿命评估方法之间的差异目前仍需进一步研究。

　　本章提出了蚀坑和疲劳耦合作用下 RC 桥梁寿命评估的力学机理模型，模型 I 将蚀坑模拟为钢筋表面缺口，模型 II 将蚀坑模拟为钢筋表面裂纹。两者均综合考虑氯离子侵蚀、疲劳荷载频率、蚀坑增长、疲劳裂纹增长以及混凝土保护层锈胀开裂，在已建立的确定性模型基础上，考虑各影响因素的不确定性，发展两种腐蚀疲劳寿命概率评估模型。对两种模型进行对比分析，明确车辆荷载频率和环境腐蚀程度对结构疲劳寿命的影响。

7.1　腐蚀疲劳耦合模型

7.1.1　腐蚀初始和蚀坑增长模型

　　在实际工程中，混凝土表面氯离子在 RC 桥梁服役期间逐渐向混凝土内部扩散。混凝土内钢筋表面钝化膜随钢筋表面氯离子浓度增大而逐渐遭到破坏，进而导致钢筋的腐蚀。基于 Fick 第二扩散定律，氯离子扩散方程可表示为

$$\frac{\partial C_{(x,t)}}{\partial t} = D_{\mathrm{Cl}} \frac{\partial^2 C_{(x,t)}}{\partial x^2} \tag{7.1}$$

式中，$C_{(x,t)}$ 为混凝土表面氯离子浓度（%）；t 为时间（年）；x 为沿氯离子扩散方向的混凝土厚度（cm）；D_{Cl} 为氯离子扩散系数（cm²/年）。

　　当混凝土内钢筋表面氯离子浓度增大至临界氯离子浓度 C_{th} 时，钢筋开始腐蚀。混凝土保护层厚度 C_Z 和混凝土表面氯离子浓度 C_s 情况下的钢筋腐蚀初始时间表示为[228]

$$T_i = \frac{C_Z^2}{4D_{\mathrm{Cl}}} \left[\mathrm{erf}^{-1} \left(1 - \frac{C_{\mathrm{th}}}{C_s} \right) \right]^{-2} \tag{7.2}$$

式中，T_i 为腐蚀初始时间（年）；C_Z 为混凝土保护层厚度（cm）；C_s 和 C_{th} 分别为混凝土表面氯离子浓度和临界氯离子浓度（%）；erf() 为误差函数。

　　钢筋坑蚀过程包括蚀坑成核和蚀坑增长，并且坑蚀过程受到众多因素影响，如服役环境、材料类别等。蚀坑深度的计算式为[229]

$$p(t) = 0.0116R_0 \int i_{\text{corr}}(t)\mathrm{d}t \tag{7.3}$$

式中，$p(t)$ 为蚀坑深度（mm）；R_0 为腐蚀不均匀系数；$i_{\text{corr}}(t)$ 为腐蚀电流密度（$\mu\text{A/cm}^2$）。本节模型假定蚀坑形状为半球形，钢筋在蚀坑位置处的剩余截面面积可参照文献[229]求得。

在自然环境中，腐蚀是一个多因素共同作用的时变过程。钢筋腐蚀初始后，钢筋表面逐渐形成腐蚀产物层并且腐蚀产物随时间进展而不断膨胀。腐蚀产物的不断累积逐渐阻碍空气和水分向钢筋传输，导致钢筋腐蚀速率逐渐降低[230]。腐蚀速率可表示为[231]

$$i_{\text{corr}}(t) = \frac{32.1(1 - w/c)^{-1.64} \cdot (t - T_i)^{-0.29}}{C_z} \tag{7.4}$$

式中，w/c 为水灰比，由 Bolomey 公式可得

$$\frac{w}{c} = \frac{27\text{MPa}}{f_c + 13.5\text{MPa}} \tag{7.5}$$

式中，f_c 为混凝土抗压强度（MPa）。

腐蚀产物的不断累积将逐渐填充钢筋与混凝土之间的间隙，导致钢筋与混凝土之间产生逐渐增大的膨胀压应力，腐蚀速率逐渐降低。随着锈胀压应力的不断增大，最终导致混凝土保护层胀裂。当混凝土保护层的锈胀开裂宽度达到极限裂缝宽度时，腐蚀速率将急剧增大至一个临界值，然后由于腐蚀产物的积累再次逐渐减小[232]。精确模拟混凝土锈胀开裂对腐蚀速率的影响至今仍无定论。Ma 等[233]提出一个加速系数用于考虑混凝土保护层开裂对腐蚀速率的加速效应，并用实地检测数据对所提出的模型进行验证。考虑混凝土保护层锈胀开裂的蚀坑深度计算表达式为[233]

$$p(t) = \begin{cases} 0.0116R_0 \int_{T_i}^{t} i_{\text{corr}}(t)\mathrm{d}t, & t \leqslant T_{\text{sp,lim}} \\ \\ 0.0116R_0 \int_{T_i}^{T_{\text{sp,lim}}} i_{\text{corr}}(t)\mathrm{d}t + 0.0116k_{ac}R_0 \int_{T_{\text{sp,lim}}}^{t} i_{\text{corr}}(t)\mathrm{d}t, & t > T_{\text{sp,lim}} \end{cases} \tag{7.6}$$

式中，$T_{\text{sp,lim}}$ 为锈胀开裂损伤时间（年），$T_{\text{sp,lim}} = T_i + T_{\text{cr}} + T_{\text{cp}}$，$T_{\text{cr}}$ 为混凝土首次出现锈胀裂缝的时间（年），T_{cp} 为从混凝土首次锈胀开裂的出现至极限混凝土裂缝宽度的时间（年）；k_{ac} 为腐蚀速率加速系数。

混凝土首次出现锈胀开裂的时间 T_{cr} 可表示为[234]

$$T_{\text{cr}} = \left[\frac{7117.5(D_0 + 2d_0)(1 + \nu + \psi)}{i_{\text{corr}}E_{\text{ef}}} \right] \cdot \left[\frac{2C_0 f_t}{D_0} + \frac{2d_0 E_{\text{ef}}}{(D_0 + 2d_0)(1 + \nu + \psi)} \right] \tag{7.7}$$

式中，D_0 为钢筋直径（mm）；d_0 为钢筋与混凝土之间的间隙（mm）；ν 为混凝土泊松比；$\psi = (D_0 + 2d_0)^2 / [2C_0(C_0 + D_0 + 2d_0)]$；$f_t$ 为混凝土抗拉强度（MPa），

$f_t = 0.53\sqrt{f_c}$；E_{ef} 为混凝土有效弹性模量（MPa），$E_{ef} = E_c / (1 + \phi_{cr})$，$E_c$ 为混凝土弹性模量（MPa），$E_c = 4600\sqrt{f_c}$，ϕ_{cr} 为混凝土蠕变系数。

从混凝土首次锈胀开裂的出现至极限混凝土裂缝宽度的时间 T_{cp} 的计算式[200]为

$$T_{cp} = 0.0167 i_{corr}^{-1} \left[42.9 \left(\frac{w/c}{C_z} \right)^{-0.54} + \left(\frac{w_{lim} - 0.3}{0.0062} \right)^{1.5} \right] \tag{7.8}$$

式中，w_{lim} 为混凝土保护层极限裂缝宽度（mm）。

因此，蚀坑增长速率 $dp(t)/dt$ 可表示为

$$dp(t)/dt = \begin{cases} 0.00824 R_0 i_{corr}(t), & t \leqslant T_{sp,lim} \\ \\ 0.00824 k_{ac} R_0 i_{corr}(t), & t > T_{sp,lim} \end{cases} \tag{7.9}$$

7.1.2　疲劳裂纹表征模型

等效初始裂纹尺寸法本质上是一种基于断裂力学和裂纹扩展分析的疲劳寿命评估方法，确定初始裂纹尺寸是开展疲劳裂纹增长分析的前提条件。有关等效初始裂纹的概念和基于裂纹扩展的疲劳寿命预测方法，可详见第 6 章内容，计算式（6.1）同样应用于本章计算模型。

疲劳裂纹扩展速率模型可表示为

$$da/dN = C(\Delta K)^m \tag{7.10}$$

式中，da/dN 为疲劳裂纹扩展速率（m/周期）；C、m 为裂纹扩展速率常数；ΔK 为应力强度因子（MPa·m$^{0.5}$），表达式如下。

$$\Delta K = Y \Delta\sigma \sqrt{\pi a} \tag{7.11}$$

式中，a 为疲劳裂纹长度（m）；$\Delta\sigma$ 为钢筋应力幅值（MPa）；Y 为裂纹几何修正参数，其计算式如下[235]。

$$Y = \frac{1.121 - 3.08\dfrac{a}{D_0} + 7.344\left(\dfrac{a}{D_0}\right)^2 - 10.244\left(\dfrac{a}{D_0}\right)^3 + 5.85\left(\dfrac{a}{D_0}\right)^4}{\left[1 - 2\left(\dfrac{a}{D_0}\right)^2\right]^{3/2}} \tag{7.12}$$

Din 和 Lovegrove[236]提出长裂纹增长速率模型，如下所示。

$$da/dN = \begin{cases} 3.83 \times 10^{-29} (\Delta K)^{20.683}, & \Delta K \leqslant 9 \text{MPa} \cdot \text{m}^{0.5} \\ \\ 3.16 \times 10^{-12} (\Delta K)^{3.143}, & \Delta K > 9 \text{MPa} \cdot \text{m}^{0.5} \end{cases} \tag{7.13}$$

蚀坑根部应力集中对蚀坑根部疲劳裂纹扩展有重要影响。图 7.1（a）为模型 I 的蚀坑根部疲劳裂纹增长示意图。有关蚀坑根部的应力强度因子的计算式[218]为

$$\Delta K_{p(t)} = Y\Delta\sigma\sqrt{\pi\left\{a + p(t)\left[1 - \exp\left(-\frac{a}{p(t)}(K_t^2 - 1)\right)\right]\right\}} \tag{7.14}$$

式中，$\Delta K_{p(t)}$ 为蚀坑根部应力强度因子（MPa·m$^{0.5}$）；K_t 为应力集中因子。

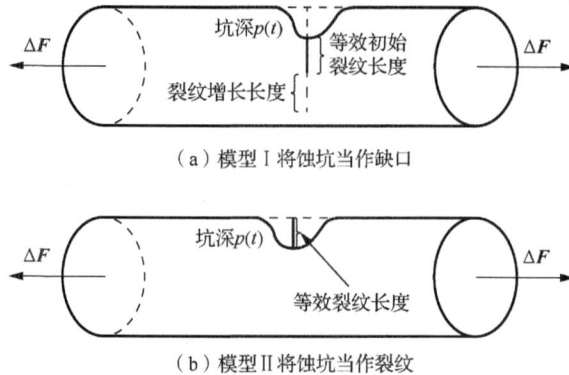

（a）模型 I 将蚀坑当作缺口

（b）模型 II 将蚀坑当作裂纹

图 7.1　模型 I 和模型 II 对蚀坑的模拟

本章选取文献[31]中的一组试验数据进行拟合回归分析，如图 7.2 所示，得到应力集中因子计算表达式为

$$K_t = 3.453(p(t) + 0.0056)^{0.239} \tag{7.15}$$

结合式（7.10）～式（7.15），得钢筋疲劳裂纹增长速率与时间 t 的关系式为

$$\frac{\mathrm{d}a}{\mathrm{d}t} = C(\Delta K_{p(t)})^m f \tag{7.16}$$

式中，f 为疲劳荷载频率。

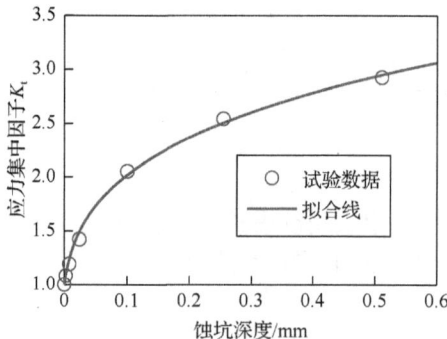

图 7.2　应力集中因子与蚀坑深度的关系

　　以上分析讨论仅适用于材料在线弹性状态下的高频率疲劳裂纹增长分析，也是本章的研究重点。材料在低周疲劳荷载作用下将产生塑性变形。为了开展低周疲劳情况下的疲劳裂纹增长分析，有研究学者提出了塑性变形修正系数来考虑材料的塑性变形。有关塑性变形修正系数的讨论可参见文献[213]。

　　如图 7.1（b）所示，模型 II 将蚀坑直接当作钢筋的表面裂纹。蚀坑作为钢筋表面裂纹，即钢筋疲劳裂纹初始尺寸，这一处理方法简化了蚀坑与疲劳裂纹之间的相互作用关系。对于模型 II，蚀坑深度即疲劳裂纹长度，则相对应的应力强度因子幅值根据式（7.11）可求得。

$$\Delta K'_{(t)} = Y\Delta\sigma\sqrt{\pi p(t)} \tag{7.17}$$

模型 II 的疲劳裂纹增长速率为

$$\frac{\mathrm{d}a'}{\mathrm{d}t} = C(\Delta K'_{(t)})^m f \tag{7.18}$$

　　对比以上模型 I 与模型 II 的疲劳裂纹增长速率可知，两者的区别在于模型 II 简化了蚀坑与疲劳裂纹之间的相互作用，未能考虑蚀坑根部应力集中；同时，将蚀坑模拟为钢筋表面裂纹意味着将蚀坑视为断裂力学所述的尖锐疲劳裂纹。

7.1.3　蚀坑与疲劳裂纹增长

　　已有研究表明，蚀坑对疲劳裂纹成核具有至关重要的影响，疲劳断口中的裂纹起源位置通常为蚀坑根部[97]。为明确蚀坑与疲劳裂纹之间的相互作用，由蚀坑增长向疲劳裂纹增长的转变机制目前已被大量研究，主要为两种：疲劳门槛值准则[237]和速率竞争准则[238]。疲劳门槛值准则，当蚀坑深度尺寸所对应的应力强度因子达到同等尺寸疲劳裂纹所对应的应力强度因子，则蚀坑增长转变为疲劳裂纹增长。然而，疲劳门槛值准则不适用于低频率疲劳荷载情况[237]。速率竞争准则，当疲劳裂纹增长速率超过蚀坑增长速率，则蚀坑增长向疲劳裂纹增长转变。本章将速率竞争准则应用于模型 I 与模型 II 中。

　　图 7.3 为蚀坑增长与疲劳裂纹增长的竞争阶段时间示意图。实线代表蚀坑增长速率。由于钢筋与混凝土之间腐蚀产物的积累，蚀坑增长速率逐渐减小。蚀坑增长速率因混凝土锈胀开裂损伤而突然增大，然后再次因腐蚀产物阻碍空气、水分的传输而再次逐渐减小。虚线代表疲劳裂纹增长速率。疲劳裂纹增长速率随时间逐渐增大，因荷载、环境等因素的影响，可能存在各种裂纹增长速率情况，如

图 7.3 所示。早期疲劳裂纹增长速率较低，而蚀坑增长速率较高，疲劳裂纹始终追赶蚀坑，理论上至少存在一个时间点使得两者速率相等，从而疲劳裂纹增长速率超过蚀坑增长速率，则蚀坑增长与疲劳裂纹增长的竞争阶段结束。

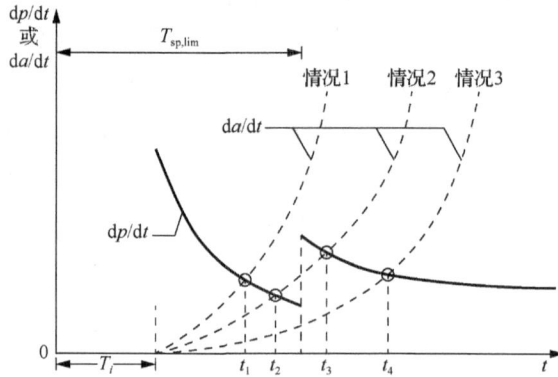

图 7.3　蚀坑增长与疲劳裂纹增长的竞争关系

　　模型Ⅰ与模型Ⅱ中，蚀坑与疲劳裂纹的增长速率相等的时间点由两者速率模型联立进行求解，分别表示如下。

$$\mathrm{d}p(t)\,/\,\mathrm{d}t = C(\Delta K_{p(t)})^m f \tag{7.19}$$

$$\mathrm{d}a(t)\,/\,\mathrm{d}t = C(\Delta K'_{(t)})^m f \tag{7.20}$$

　　如图 7.3 所示，对于情况 1 和情况 3 有且仅有一个蚀坑与裂纹增长速率相等的时间点，该时间点即为竞争阶段结束的时间点 t_{com}（即 t_{com} 分别为 t_1 和 t_4）。对于图 7.3 中的情况 2，蚀坑增长速率曲线和疲劳裂纹速率曲线的交点有两个（即 t_2 和 t_3），疲劳裂纹增长速率分别在锈胀开裂损伤之前和之后超过蚀坑增长速率。尽管疲劳裂纹增长速率在 t_2 时间点超过蚀坑增长速率，但由于 t_2 至 t_3 时段内蚀坑增长速率大于疲劳裂纹增长速率，蚀坑深度增长尺寸可能在 t_2 至 t_3 时段内大于疲劳裂纹增长长度，即蚀坑"溶解"疲劳裂纹。因此，在 t_2 至 t_3 时段内，蚀坑与裂纹的增长速率和增长尺寸都需要进行考虑。

　　若 t_2 至 t_3 时段内蚀坑深度增长尺寸大于疲劳裂纹增长长度，则说明蚀坑在 t_2 至 t_3 时段内"溶解"疲劳裂纹，然后疲劳裂纹增长速率在 t_3 时间点再次超过蚀坑增长速率，作为结构主要损伤和退化机制，时间点 t_3 即为竞争阶段结束时间点（即 t_{com} 为 t_3）。若 t_2 至 t_3 时段内蚀坑深度增长尺寸未超过疲劳裂纹增长长度，则说明蚀坑增长未能追上疲劳裂纹，t_2 时间点为竞争阶段结束时间点（即 t_{com} 为 t_2）。

在 t_2 至 t_3 时段内，蚀坑深度增长尺寸可由式（7.6）计算得到，模型 I 与模型 II 中的疲劳裂纹增长尺寸分别计算如下。

$$t_3 - t_2 = \frac{1}{f}\int_0^{N_3} \mathrm{d}N = \frac{1}{f}\int_{a_i}^{a_3}\frac{1}{C(\Delta K_{p(t)})^m}\mathrm{d}a \qquad (7.21)$$

$$t_3 - t_2 = \frac{1}{f}\int_0^{N_3} \mathrm{d}N = \frac{1}{f}\int_{p(t_2)}^{a_3}\frac{1}{C(\Delta K'_{(t_2)})^m}\mathrm{d}a \qquad (7.22)$$

式中，t_2 和 t_3 分别为竞争情况 2 中的第一个和第二个速率相等时间点（年）；N_3 为 t_2 至 t_3 时段内的疲劳荷载循环次数；$p(t_2)$ 为对应于时间点 t_2 的蚀坑深度（m）；a_3 为对应于时间点 t_3 的疲劳裂纹长度（m）。

需要补充说明的是，除了疲劳裂纹增长导致 RC 结构失效外，在极度腐蚀环境和疲劳荷载作用很小的特殊情况下，蚀坑增长导致 RC 结构失效可能比疲劳裂纹增长导致结构失效的发生时间更早。因此，蚀坑增长导致的结构失效将在 7.1.4 节进行讨论，并且整个计算分析过程中实时判别结构失效模式。

7.1.4　确定结构失效模式

结合以上讨论分析，本章考虑两种 RC 结构失效模式，分别为蚀坑增长导致结构失效和疲劳裂纹增长导致结构失效。前者说明腐蚀对结构退化的影响比疲劳作用大，后者则说明疲劳荷载作用在结构退化过程中占主导地位。

在模型 I 中，蚀坑被模拟为钢筋表面缺口，等效初始裂纹尺寸为结构失效阶段的初始裂纹长度。竞争阶段结束后，失效阶段的时间表示为

$$T_{\mathrm{sfs}} = \frac{1}{f}\int_{a_i}^{a_c}\frac{1}{C(\Delta K_{p(t_{\mathrm{com}})})^m}\mathrm{d}a \qquad (7.23)$$

式中，T_{sfs} 为疲劳裂纹增长导致结构失效时间（年）；a_c 为极限裂纹长度（m），可由材料断裂韧度和应力幅值计算得到。

在模型 II 中，蚀坑被模拟为钢筋表面裂纹，竞争阶段结束时刻的蚀坑深度即为失效阶段的初始裂纹长度。失效阶段的时间可计算如下：

$$T_{\mathrm{sfs}} = \frac{1}{f}\int_{p(t_{\mathrm{com}})}^{a_c}\frac{1}{C(\Delta K'_{(t_{\mathrm{com}})})^m}\mathrm{d}a \qquad (7.24)$$

式中，$p(t_{\mathrm{com}})$ 为竞争阶段结束时间点的蚀坑深度（m）。

如上述讨论，蚀坑的增长将减小钢筋横截面面积，降低结构承载能力，从而导致结构无法承担外荷载作用而失效破坏。RC 结构抗弯承载能力极限状态方程为

$$F(A_s(t), X)_Z = M(A_s(t), X)_r - M(X)_S \qquad (7.25)$$

式中，$A_s(t)$ 为腐蚀钢筋剩余横截面面积（mm^2）；X 为随机变量序列，包括结构几何参数、材料性能、荷载作用形式等；$M(A_s(t), X)_r$ 为结构抗弯承载力；$M(X)_S$ 为外部荷载产生弯矩作用效应。

图 7.4 为模型计算流程图，具体计算分析步骤如下：

第一步，输入 RC 结构的几何参数、疲劳荷载加载形式、环境参数等。

第二步，根据式（7.2）、式（7.7）和式（7.8）计算腐蚀初始时间 T_i 和混凝土锈胀损伤时间 $T_{sp,lim}$。

第三步，根据式（7.25）计算抗弯承载力极限状态下的蚀坑深度 p_c。

第四步，设置变量 number 和 notch 初始值。其中，number 代表裂纹扩展速率曲线和蚀坑增长速率曲线的交点个数，notch 用于记录疲劳裂纹增长模型类型。

第五步，根据 notch 取值情况检查裂纹增长速率模型类型，分别用式（7.19）和式（7.20）计算模型 I 与模型 II 中裂纹增长速率曲线与蚀坑增长速率曲线的交点个数。

第六步，确定蚀坑与疲劳裂纹竞争阶段时间 t_{com}。对于蚀坑与疲劳裂纹两者速率曲线仅有一个交点的情况，当时间点小于锈胀开裂损伤时间 $T_{sp,lim}$，则 $t_{com} = t_1$；反之，则 $t_{com} = t_4$。对于蚀坑与疲劳裂纹两者速率曲线仅有两个交点的情况，首先，计算两个时间点 t_2 和 t_3，根据式（7.6）计算这两个时间点的蚀坑深度以及 t_2 至 t_3 时段内蚀坑深度增长尺寸；其次，根据 notch 取值情况检查裂纹增长速率模型类型，若 notch=1 则采用式（7.21）计算模型 I 的疲劳裂纹增长长度，若 notch≠1 则采用式（7.22）计算模型 II 的疲劳裂纹增长长度；最后，若蚀坑在 t_2 至 t_3 时段内增长尺寸不小于相同时段内的裂纹增长长度，则 $t_{com} = t_3$，反之，$t_{com} = t_2$。

第七步，检查蚀坑增长导致结构失效模式并计算蚀坑与裂纹竞争阶段时间 T_{com}。

第八步，若蚀坑增长导致结构失效，则根据式（7.6）计算蚀坑增长至 p_c 时结构抗弯失效的时间 T_{sfs}；若疲劳裂纹增长导致结构失效，则检查裂纹增长模型类型并分别采用式（7.23）和式（7.24）计算模型 I 与模型 II 的结构失效时间 T_{sfs}。

第九步，计算 RC 结构寿命时间，$T_{total} = T_i + T_{com} + T_{sfs}$。

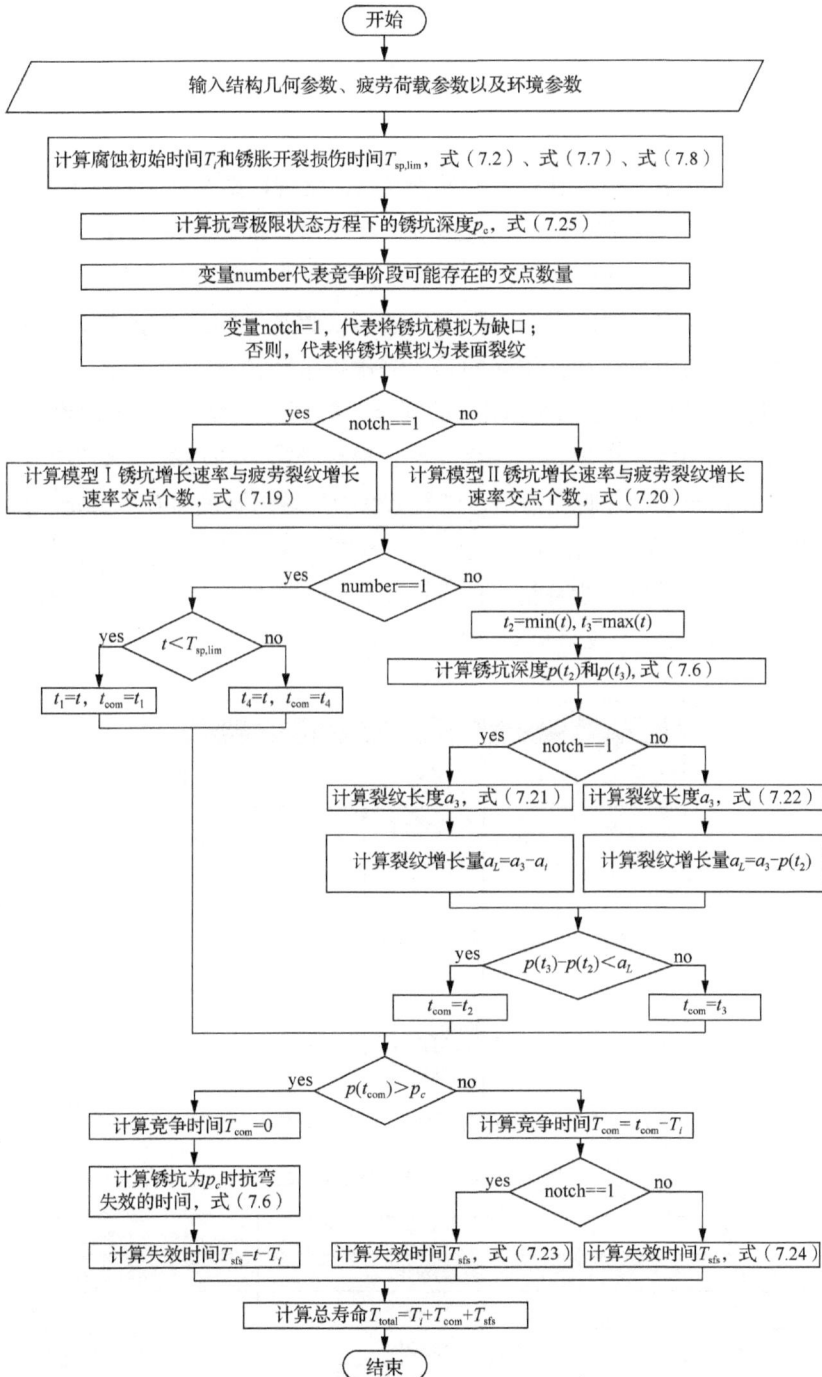

图 7.4　模型计算流程图

7.2　RC 梁寿命评估模型

本章应用模型 I 与模型 II 对设计的简支 RC 梁进行腐蚀疲劳寿命评估。图 7.5 为 RC 梁的截面几何构造和钢筋布置情况。简支 RC 梁计算跨径为 10m。为清晰阐述模拟分析过程以及简化计算，本章所做假设如下：混凝土抗拉强度忽略不计；不考虑腐蚀对钢筋力学性能指标的影响；该 RC 梁在服役过程中和计算分析时间内不考虑维修加固。需要补充说明的是，精确模拟和预测混凝土保护层锈胀开裂情况下的钢筋腐蚀速率至今仍无统一的观点。《公路工程结构可靠性设计统一标准》（JTG 2120—2020）[239]规定，RC 结构在腐蚀环境下的混凝土保护层裂缝宽度不允许超过 0.2mm。也有研究指出，混凝土保护层裂缝宽度可在 0.3mm 至 1.0mm 范围内取值[200]。参照文献[232]，模型 I 与模型 II 中混凝土保护层的极限裂缝宽度取 0.4mm。关于不同服役环境下的混凝土极限裂缝宽度仍需要今后更深入的研究。表 7.1 为 RC 梁各构成材料的参数取值情况。

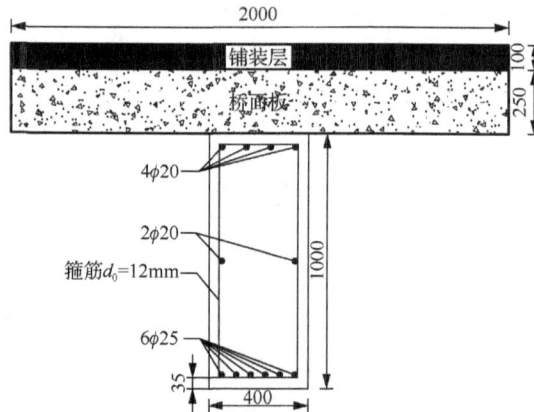

图 7.5　RC 梁配筋及截面构造（单位：mm）

表 7.1　RC 梁构成材料参数

参数	取值	含义
E_s	210GPa	钢筋弹性模量
E_c	31500MPa	混凝土弹性模量
f_s	480MPa	钢筋屈服强度
f_c	40MPa	混凝土抗压强度
$\Delta\sigma_f$	123MPa	钢筋疲劳极限

续表

参数	取值	含义
ΔK_{th}	3.157 MPa·m$^{0.5}$	应力强度因子门槛值
γ_s	78.5 kN/m^3	钢筋密度
γ_c	22 kN/m^3	混凝土密度
γ_p	19 kN/m^3	铺装层密度
ν_c	0.2	混凝土泊松比

　　采用车辆轴重 P 模拟疲劳荷载作用，疲劳荷载作用于 RC 梁跨中位置，并假定车辆轴重服从对数正态分布。为研究车辆荷载频率对 RC 桥梁腐蚀疲劳寿命的影响，车辆荷载频率 f 分别取 50 次/天、100 次/天、200 次/天、500 次/天。在该车辆轴重作用下，受拉钢筋应力幅值可表示为

$$\Delta\sigma = \frac{T_{\max}(P) - T_{\min}(P)}{A_s(t)} \qquad (7.26)$$

式中，$T_{\min}(P)$ 和 $T_{\max}(P)$ 分别为恒载和恒载–活载作用下钢筋拉力。

　　已有研究表明，受拉钢筋脆性断裂是 RC 结构在腐蚀疲劳作用下的主要失效模式[220]。在疲劳荷载作用下，RC 结构受压区混凝土由于遭受反复挤压，同样存在疲劳损伤且随荷载循环次数的增加而不断累积。混凝土弹性模量随其疲劳损伤累积而逐渐退化，导致 RC 结构内部发生应力重分布。Ma 等[98]提出了腐蚀 RC 梁疲劳寿命预测模型，并通过参数分析指出，不考虑 RC 梁受压区混凝土弹性模量退化引起的寿命预测结果差异不超过 5%。因此，受拉钢筋可作为 RC 结构疲劳性能研究的主要对象。关于混凝土性能劣化融入到 RC 结构的腐蚀疲劳寿命评估模型中，仍需要今后进一步研究。在上述确定性模型基础上，对相关参数的不确定性进行考虑，发展了相应的腐蚀疲劳寿命概率评估模型，各随机变量如表 7.2 所示。

表 7.2　概率模型中的随机变量

随机变量	分布类型	均值	变异系数	参考文献
P	对数正态分布	120kN	0.2	
C_{th}	对数正态分布	0.045	0.1	[199]
C_s				[240]
low	对数正态分布	0.1	0.1	
moderate	对数正态分布	0.2	0.1	
high	对数正态分布	0.3	0.1	
extreme	对数正态分布	0.4	0.1	
C_Z	正态分布	35mm	0.05	[239]
D_{Cl}	对数正态分布	0.4cm^2/年	0.1	[239]

随机变量	分布类型	均值	变异系数	参考文献
R_0	对数正态分布	4	0.1	[239]
f_s	正态分布	480 MPa	0.05	[239]
f_c	正态分布	40 MPa	0.05	[239]
d_0	正态分布	0.002 mm	0.1	[234]
k_{ac}	正态分布	1.2	0.1	[233]
ϕ_{cr}	正态分布	2.0	0.1	[234]

为了研究服役环境腐蚀程度对 RC 桥梁腐蚀疲劳寿命评估的影响，采用四种混凝土表面氯离子浓度 C_s 代表四种环境腐蚀程度，分别为低度腐蚀（low）、中度腐蚀（moderate）、高度腐蚀（high）、极度腐蚀（extreme）。本章旨在为 RC 桥梁腐蚀疲劳寿命评估提出建模指南，并且揭示不同的蚀坑模拟方法对腐蚀疲劳寿命评估的影响。有关环境腐蚀程度和车辆荷载频率对寿命评估的影响将在下文展开详细讨论。

7.3　结果与讨论

7.3.1　蚀坑与疲劳裂纹的竞争阶段时间

运用蒙特卡洛方法对表 7.2 所述随机变量进行随机抽样 50 万次。图 7.6 为不同环境下的钢筋腐蚀初始时间 T_i 的概率密度曲线。随着混凝土表面氯离子浓度均值从 0.1 增大至 0.4，钢筋腐蚀初始时间 T_i 的均值由 33.53 年减小至 3.82 年。

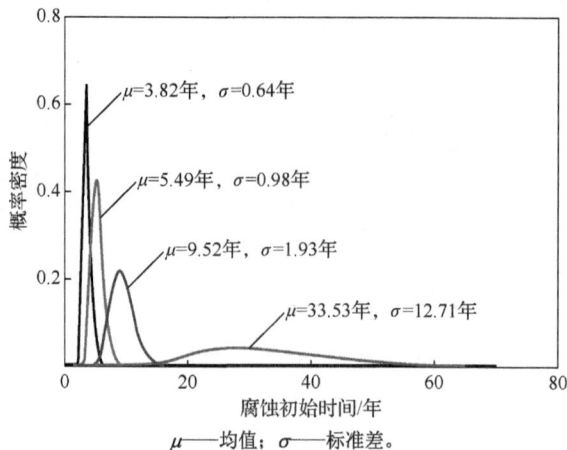

图 7.6　RC 梁内钢筋腐蚀初始时间 T_i 概率密度曲线

图 7.7 为模型 Ⅰ 与模型 Ⅱ 中的蚀坑与疲劳裂纹竞争阶段时间 T_{com} 的概率密度曲线对比情况。服役环境腐蚀程度和车辆荷载频率对竞争阶段时间 T_{com} 的影响同样如图 7.7 所示。如图 7.7 所示，对于模型 Ⅰ，竞争阶段时间均值范围为 4.73～68.81 年，竞争阶段时间变异系数范围为 3.82～27.19 年。相比较而言，模型 Ⅱ 的竞争阶段时间均值处于区间[10.39, 65.17]内，竞争阶段时间变异系数位于区间[4.33, 23.26]内。

如图 7.7（c）所示，增大车辆荷载频率将减小模型 Ⅰ 与模型 Ⅱ 中的竞争阶段时间 T_{com} 均值。增大车辆荷载频率加速裂纹增长，使得疲劳裂纹增长超过蚀坑增长所需时间更短。图 7.7（d）为车辆荷载频率 50 次/天情况下的竞争阶段时间均值随环境腐蚀程度的变化情况。如图 7.7（d）所示，模型 Ⅰ 与模型 Ⅱ 的竞争阶段时间均值随环境腐蚀程度的提高而减少。环境腐蚀程度的提高将同时提升蚀坑增长速率和疲劳裂纹增长速率，图 7.7（d）说明提高环境腐蚀程度使得疲劳裂纹增长速率比蚀坑增长速率提升得更快，疲劳裂纹增长对环境腐蚀程度变化的敏感性强于蚀坑增长。

如图 7.7（c）所示，当车辆荷载频率由 50 次/天增大至 500 次/天，模型 Ⅰ 与模型 Ⅱ 的竞争阶段时间均值分别从 68.81 年减少至 10.14 年和从 65.17 年减少至 20.49 年，分别减少 85.26%和 68.56%。如图 7.7（d）所示，当环境腐蚀程度由低度腐蚀提高至极度腐蚀，车辆荷载频率 50 次/天情况下模型 Ⅰ 的竞争阶段时间均值由 68.81 年减少至 31.37 年，减少 54.41%；车辆荷载频率 50 次/天情况下模型 Ⅱ 的竞争阶段时间均值由 65.17 年减少至 33.09 年，减少 49.23%。由此可得，与模型 Ⅱ 相比，模型 Ⅰ 对环境腐蚀程度和车辆荷载频率的变化更敏感，从力学角度而言，考虑蚀坑根部应力集中将促进疲劳裂纹的成核与扩展，加速蚀坑增长向疲劳裂纹增长的转变。

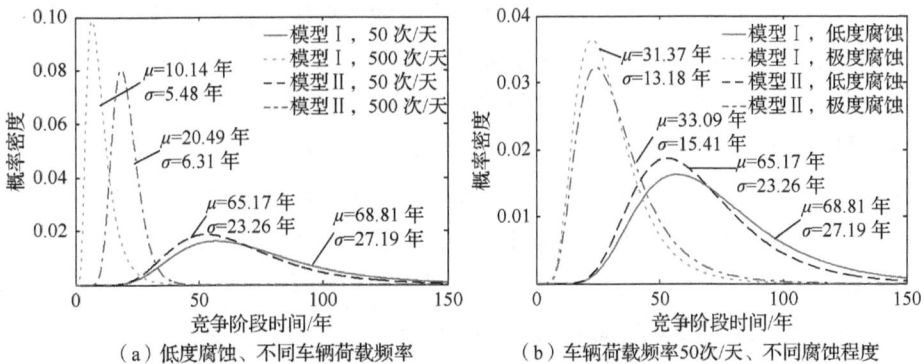

图 7.7　RC 梁内钢筋蚀坑增长与裂纹增长的竞争阶段时间 T_{com} 概率密度曲线

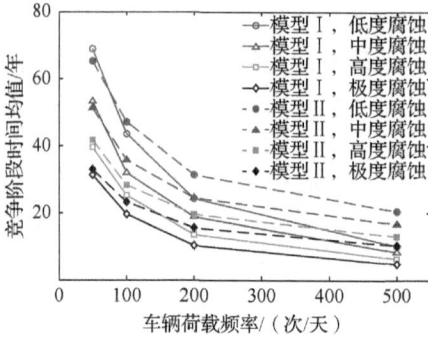

（c）不同环境腐蚀程度下T_{com}均值
随车辆荷载频率变化情况

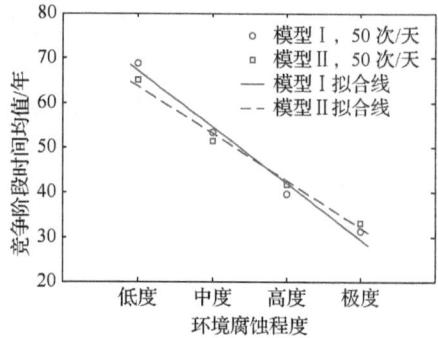

（d）车辆荷载频率50次/天时T_{com}均值
随环境腐蚀程度变化情况

图 7.7（续）

7.3.2　RC 梁失效阶段

图 7.8 为模型Ⅰ与模型Ⅱ的结构失效阶段时间 T_{sfs} 的概率密度曲线以及失效阶段时间的均值随环境腐蚀程度和车辆荷载频率的变化规律。模型Ⅰ的结构失效阶段时间均值和变异系数范围分别为 5.07～37.99 年和 3.98～9.57 年，模型Ⅱ的结构失效阶段时间均值和变异系数的区间分别为[4.27, 50.29]和[2.89, 15.21]。

如图 7.8（c）所示，模型Ⅰ的结构失效阶段时间均值比模型Ⅱ的结构失效阶段时间均值小，随着车辆荷载频率和环境腐蚀程度的提高，模型Ⅰ的结构失效阶段时间均值比模型Ⅱ的结构失效阶段时间均值减小得慢。例如，当车辆荷载频率由 50 次/天增大至 500 次/天，低环境腐蚀程度下模型Ⅰ与模型Ⅱ的结构失效阶段时间均值分别由 37.99 年减小至 11.29 年和由 50.29 年减小至 12.12 年，分别减小 70.28% 和 75.90%。当环境腐蚀程度由低度腐蚀提高至极度腐蚀，车辆荷载频率 50 次/天情况下的模型Ⅰ与模型Ⅱ的结构失效阶段时间均值分别由 37.99 年减小至 26.62 年和由 50.29 年减小至 27.52 年，减小百分比分别为 29.93% 和 45.28%。此外，如图 7.8（c）所示，随着环境腐蚀程度和车辆荷载频率的提高，模型Ⅰ与模型Ⅱ的结构失效阶段时间均值的差异逐渐减小。

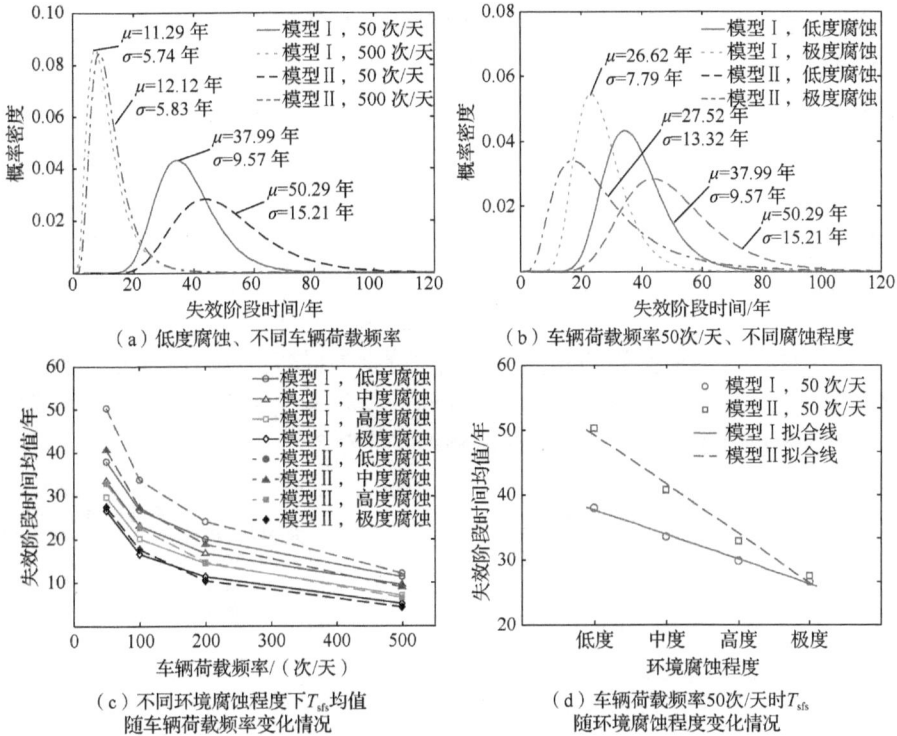

（a）低度腐蚀、不同车辆荷载频率

（b）车辆荷载频率50次/天、不同腐蚀程度

（c）不同环境腐蚀程度下 T_{sfs} 均值
随车辆荷载频率变化情况

（d）车辆荷载频率50次/天时 T_{sfs}
随环境腐蚀程度变化情况

图 7.8 RC 梁结构失效阶段时间 T_{sfs} 概率密度曲线及失效阶段时间的均值
随环境腐蚀程度和车辆荷载频率的变化规律

7.3.3 RC 梁腐蚀疲劳寿命

如前文所述，RC 梁寿命为钢筋腐蚀初始时间、蚀坑增长与疲劳裂纹增长的竞争阶段时间以及结构失效阶段时间之和。图 7.9 所示为模型 Ⅰ 与模型 Ⅱ 的寿命 T_{total} 的概率密度曲线。模型 Ⅰ 与模型 Ⅱ 的 RC 梁寿命均值范围分别为 13.62～140.33 年和 18.48～148.99 年，变异系数范围分别为 6.11～36.62 年和 7.02～39.83 年。

为明确车辆荷载频率和环境腐蚀程度对 RC 梁退化过程的影响，对寿命结果进行参数分析。其中，低度腐蚀环境和 50 次/天车辆荷载频率下的寿命均值作为对比基准，将各情况下的寿命均值作为比较对象。

增大车辆荷载频率导致的寿命减小百分比可表示为

$$DR_{I,f} = \frac{Val_{I,low,50} - Val_{I,low,f}}{Val_{I,low,50}} \tag{7.27}$$

$$DR_{II,f} = \frac{Val_{II,low,50} - Val_{II,low,f}}{Val_{II,low,50}} \tag{7.28}$$

式中，$DR_{I,f}$ 和 $DR_{II,f}$ 分别为增大车辆荷载频率对模型 Ⅰ 与模型 Ⅱ 的寿命均值造成的减小百分比；$\mathrm{Val_{I,low,50}}$ 和 $\mathrm{Val_{II,low,50}}$ 分别为模型 I 与模型 II 在低度腐蚀环境和 50 次/天车辆荷载频率下的寿命均值；$\mathrm{Val_{I,low,}}_f$ 和 $\mathrm{Val_{II,low,}}_f$ 分别为模型 I 与模型 II 在低度腐蚀环境和 f 车辆荷载频率下的寿命均值。

提高环境腐蚀程度导致的寿命减小百分比可表示为

$$\mathrm{DR}_{\mathrm{I},A} = \frac{\mathrm{Val_{I,low,50}} - \mathrm{Val_{I},A,50}}{\mathrm{Val_{I,low,50}}} \tag{7.29}$$

$$\mathrm{DR}_{\mathrm{II},A} = \frac{\mathrm{Val_{II,low,50}} - \mathrm{Val_{II},A,50}}{\mathrm{Val_{II,low,50}}} \tag{7.30}$$

式中，A 代表环境腐蚀程度；$\mathrm{DR}_{\mathrm{I},A}$ 和 $\mathrm{DR}_{\mathrm{II},A}$ 分别为提高环境腐蚀程度对模型 I 与模型 II 的寿命均值造成的减小百分比；$\mathrm{Val_{I},A,50}$ 和 $\mathrm{Val_{II},A,50}$ 分别为模型 I 与模型 II 在环境腐蚀程度 A 和 50 次/天车辆荷载频率下的寿命均值。

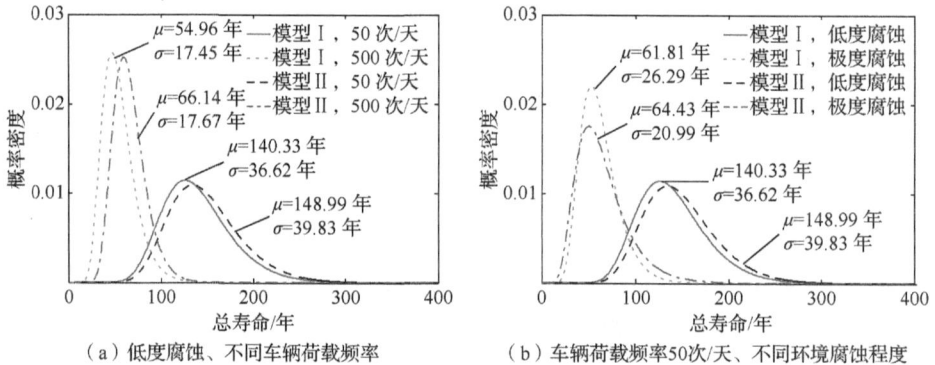

（a）低度腐蚀、不同车辆荷载频率   （b）车辆荷载频率50次/天、不同环境腐蚀程度

图 7.9 RC 梁寿命 T_{total} 概率密度曲线

图 7.10 为提高环境腐蚀程度和车辆荷载频率引起的 RC 梁寿命减小百分比的变化规律。当车辆荷载频率由 50 次/天增大至 500 次/天，模型 I 与模型 II 的寿命减小百分比最大值分别为 60.84% 和 55.61%。当环境腐蚀程度由低度腐蚀提高至极度腐蚀，模型 I 与模型 II 的寿命减小百分比最大值分别为 55.95% 和 56.76%。由此可知，模型 I 比模型 II 对车辆荷载频率的变化更敏感，而模型 II 比模型 I 对环境腐蚀程度的变化更敏感。

模型 I 与模型 II 在不同车辆荷载频率和不同环境情况下的寿命均值如图 7.11 所示。由图 7.11 可得，蚀坑根部应力集中对钢筋疲劳损伤累积具有重要影响，将蚀坑模拟为缺口的方法（模型 I）可得到较为保守的腐蚀疲劳寿命评估结果，可作为 RC 桥梁腐蚀疲劳寿命评估的优选方案。对于极度腐蚀环境和低车辆荷载频率的情况，将蚀坑模拟为表面裂纹的方法（模型 II）与模型 I 寿命评估结果差异很小。考虑到模型 II 的计算简便性，可将其作为极度腐蚀环境和低车辆荷载频率情况下 RC 桥梁腐蚀疲劳寿命的快速评估方法。

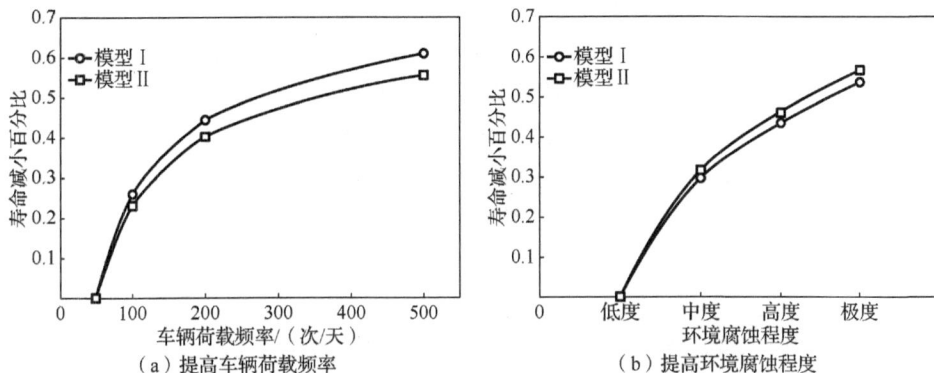

（a）提高车辆荷载频率　　　　　（b）提高环境腐蚀程度

图 7.10　提高环境腐蚀程度和车辆荷载频率时 RC 梁寿命减小百分比

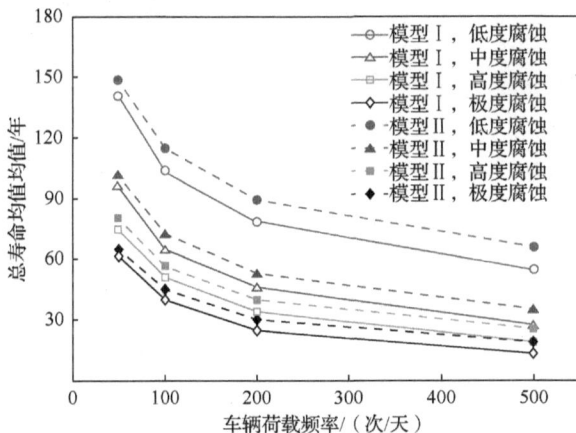

图 7.11　各环境条件下 RC 梁寿命均值

7.4　小　　结

　　本章提出了两种 RC 桥梁腐蚀疲劳寿命评估方法，模型 I 将蚀坑模拟为钢筋表面缺口，模型 II 将蚀坑模拟为钢筋表面裂纹。两种方法均考虑氯离子侵蚀、车辆荷载频率、蚀坑增长、疲劳裂纹增长以及混凝土保护层锈胀开裂的影响，并通过考虑有关模型参数的不确定性，分别发展两个腐蚀疲劳寿命概率评估模型。

　　通过对模型 I 与模型 II 进行对比分析，结果显示，蚀坑根部应力集中将加速疲劳裂纹成核与扩展，减小蚀坑增长与疲劳裂纹增长之间的竞争阶段时间。在实际工程中，蚀坑不同于断裂力学意义上的尖锐裂纹，将蚀坑模拟为缺口可有效考虑应力集中效应。因此，将蚀坑模拟为缺口的寿命评估方法可作为 RC 桥梁腐蚀疲劳寿命评估的优选方案。

　　通过参数敏感性分析可知，将蚀坑模拟为缺口的寿命评估方法对车辆荷载频率的变化更敏感，将蚀坑模拟为钢筋表面裂纹的寿命评估方法对环境变化更为敏感。对于极度腐蚀环境和低车辆荷载频率的情况，将蚀坑模拟为钢筋表面裂纹的寿命评估方法计算简便，并且与将蚀坑模拟为缺口的寿命评估方法差异极小，可作为 RC 桥梁腐蚀疲劳寿命的快速评估方法。

第8章　钢筋与混凝土间粘结退化影响下 RC 梁疲劳寿命评估

疲劳寿命预测对既有 RC 桥梁的安全服役至关重要，尤其是沿海环境以及除冰盐环境下的 RC 桥梁，腐蚀和疲劳共同作用显著降低 RC 桥梁的剩余使用寿命[241-242]。既有 RC 桥梁的疲劳性能退化是一个多因素共同作用的渐变过程，如腐蚀钢筋与混凝土之间的疲劳粘结性能退化、疲劳荷载作用下的混凝土弹性模量退化、钢筋坑蚀位置的应力集中等。如何将这些影响因素系统地融入到 RC 桥梁的疲劳寿命预测模型中仍是研究难点。

钢筋腐蚀可分为均匀腐蚀和局部腐蚀。坑蚀是最常见的钢筋局部腐蚀形态之一，并且与均匀腐蚀相比，对 RC 结构的疲劳性能退化影响更大。已有试验研究结果指出，钢筋蚀坑常见于疲劳断面中的疲劳裂纹起源位置，其原因在于，外界荷载作用下的蚀坑根部出现应力集中，进而加速疲劳裂纹萌生和扩展[80]。为此，大量研究学者对蚀坑根部应力集中进行了关注并对不同蚀坑形状进行了试验研究和数值模拟分析[31-32]。然而，钢筋在坑蚀影响下的疲劳性能明显不同于未腐蚀钢筋和均匀腐蚀钢筋。将蚀坑影响融入到疲劳寿命预测模型是本章的主要目标之一。

回顾已有研究，国内外学者开展了大量的腐蚀 RC 梁疲劳试验，并对 RC 梁的疲劳抗弯刚度[27]、失效模式[10]、混凝土开裂[80]进行研究。研究指出，未腐蚀 RC 梁和腐蚀 RC 梁的疲劳失效均由于混凝土最大裂缝位置的受拉钢筋脆性断裂所导致[220]。基于已有试验研究，研究人员相继提出了腐蚀 RC 梁疲劳寿命预测模型。Guo 等[159]提出了 RC 结构腐蚀疲劳寿命预测模型，认为在腐蚀疲劳寿命预测中将蚀坑模拟为缺口比将蚀坑模拟为钢筋表面裂纹更为恰当。Ma 等[98, 150]开展了钢筋材料的疲劳裂纹扩展试验研究并发展了腐蚀 RC 梁的疲劳寿命预测方法。Sun 等[243]基于试验数据得到了钢筋质量腐蚀率与蚀坑深度的定量关系，建立了基于钢筋裂纹增长的腐蚀 RC 梁疲劳寿命预测模型。然而，已有的腐蚀 RC 梁疲劳寿命预测模型专注于混凝土内腐蚀受拉钢筋的疲劳寿命预测，未考虑受压区混凝土的疲劳损伤。在疲劳荷载作用下，RC 梁受压区混凝土出现疲劳损伤并出现微裂纹萌生与增长[244]，进而导致混凝土强度退化[154]以及 RC 梁内部的应力重分布[219]。

另外，腐蚀和疲劳共同作用导致钢筋-混凝土界面粘结退化。已有研究表明，疲劳荷载作用下的腐蚀钢筋-混凝土界面粘结退化可以表征为钢筋滑移量的逐步增加、粘结强度的逐步降低、沿钢筋长度的粘结应力的重分布等[99-100]。腐蚀钢筋的疲劳粘结退化导致腐蚀钢筋与混凝土之间变形不协调，进而影响腐蚀钢筋的应力水平和疲劳裂纹增长速率。因此，腐蚀钢筋疲劳粘结退化应当在 RC 结构的疲劳失效分析中加以考虑。Zhang 等[86]基于材料 *S-N* 曲线以及线性损伤累积规则提出了腐蚀 RC 梁疲劳寿命评估方法，该方法考虑了钢筋-混凝土界面粘结退化。然而，该方法对钢筋-混凝土界面粘结滑移分析仅局限于 RC 梁的单个开裂部位，粘结退化导致的钢筋滑移也可能发生于不同的混凝土裂缝之间。对于 RC 梁的结构整体性分析，系统模拟钢筋腐蚀形态、混凝土疲劳损伤和腐蚀钢筋疲劳粘结退化有助于深入理解既有 RC 结构的疲劳性能退化规律。

鉴于上述讨论，本章主要目的是发展一个新的腐蚀 RC 梁疲劳寿命预测模型，该模型考虑钢筋坑蚀、疲劳粘结退化和混凝土疲劳损伤。首先，介绍本章模型整体框架。其次，针对混凝土疲劳损伤、腐蚀钢筋与混凝土之间疲劳粘结退化以及蚀坑引起应力集中依次进行详细建模和讨论。然后，开展腐蚀 RC 梁疲劳失效分析，分析过程中考虑钢筋疲劳断裂、粘结退化导致的梁端锚固失效、混凝土压碎破坏。最终，采用已有文献数据对本章模型进行验证。

8.1　腐蚀 RC 梁疲劳性能退化过程

腐蚀 RC 梁疲劳寿命由三部分构成：疲劳裂纹初始阶段、疲劳裂纹稳定增长阶段和结构失效阶段。图 8.1 为腐蚀 RC 梁疲劳性能退化过程示意图。

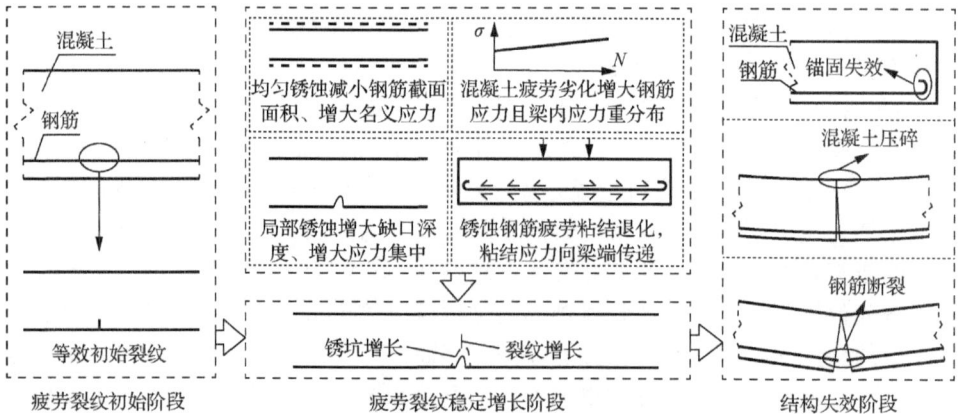

图 8.1　腐蚀 RC 梁疲劳性能退化过程

第一阶段，疲劳裂纹初始主要考虑等效初始裂纹概念。第二阶段，钢筋腐蚀类型、混凝土疲劳损伤和腐蚀钢筋疲劳粘结退化对钢筋应力水平和裂纹扩展的影响均得到充分考虑并展开详细讨论。第三阶段，结构失效模式考虑了混凝土压碎、梁端锚固失效和受拉钢筋断裂。腐蚀 RC 梁疲劳退化过程通过对腐蚀 RC 梁的受拉钢筋疲劳裂纹增长分析以及疲劳失效模式判别来实现模拟。

8.2　考虑粘结退化的 RC 梁疲劳损伤分析

确定钢筋应力是开展钢筋疲劳裂纹增长分析的前提条件之一。因此,确定腐蚀钢筋应力需考虑的三个因素为:①腐蚀钢筋横截面面积损失;②混凝土疲劳损伤;③腐蚀钢筋-混凝土界面疲劳粘结退化。通过测定钢筋质量损失可确定腐蚀钢筋横截面面积损失。混凝土疲劳损伤和腐蚀钢筋与混凝土之间疲劳粘结退化分别讨论如下。

8.2.1　混凝土疲劳损伤

疲劳荷载作用将导致混凝土力学性能逐渐退化,混凝土应变随疲劳荷载循环次数的增加而不断增大。混凝土应变由弹性应变和不可恢复的塑性应变构成,表示如下[154]:

$$\varepsilon_c = \varepsilon_{ce} + \varepsilon_{cp} \tag{8.1}$$

式中,ε_c 为混凝土应变;ε_{ce} 为混凝土弹性应变;ε_{cp} 为混凝土塑性应变。

混凝土塑性应变 ε_{cp} 计算式[245]为

$$\varepsilon_{cp} = 129\sigma_{c,rm}t^{1/3} + 17.8\sigma_{c,rm}\Delta\sigma_{c,r}N_0^{1/3} \tag{8.2}$$

式中,$\sigma_{c,rm}$ 为混凝土相对平均应力,$\sigma_{c,rm} = (\sigma_{c,max} + \sigma_{c,min})/f_c$,$\sigma_{c,max}$ 和 $\sigma_{c,min}$ 分别为混凝土最大和最小应力(MPa);f_c 为混凝土抗压强度(MPa);N_0 为疲劳荷载循环次数;t 为疲劳荷载作用时间(h),$t = N_0/(3600 \cdot f)$,f 为疲劳荷载频率;$\sigma_{c,r}$ 为混凝土相对应力幅值,$\sigma_{c,r} = (\sigma_{c,max} - \sigma_{c,min})/f_c$。

当确定混凝土塑性应变 ε_{cp} 后,混凝土在经历一定疲劳荷载循环次数之后的疲劳模量 E_c^f [86]为

$$E_c^f = \frac{\sigma_{c,max}}{\varepsilon_c} = \frac{\sigma_{c,max}}{\varepsilon_{ce} + \varepsilon_{cp}} = \frac{\sigma_{c,max}}{\dfrac{\sigma_{c,max}}{E_c} + \varepsilon_{cp}} \tag{8.3}$$

式中,E_c 为混凝土弹性模量(MPa)。

由式(8.3)可知,混凝土疲劳损伤累积导致混凝土疲劳模量退化。混凝土疲劳模量随着疲劳荷载循环次数的增加而稳定减小,当疲劳荷载循环次数达到临界值,混凝土疲劳模量急剧减小,即混凝土疲劳破坏[154]。混凝土疲劳失效准则[154]可表示为

$$E_c^f > 0.8E_c \tag{8.4}$$

8.2.2 腐蚀钢筋与混凝土间疲劳粘结退化

轻微腐蚀将增加腐蚀钢筋-混凝土界面粘结强度，因为腐蚀产物的膨胀会增强混凝土对钢筋的约束[246]。中度与严重腐蚀将致使混凝土胀裂，削弱腐蚀钢筋-混凝土界面粘结强度[247]。疲劳荷载作用对粘结强度的影响与疲劳荷载循环次数和疲劳荷载幅值密切相关[248]。疲劳荷载作用初期，钢筋肋部之间的混凝土被疲劳荷载逐渐挤压密实，粘结强度随疲劳荷载循环次数的增加而增大。当疲劳荷载循环次数超过临界值，粘结强度随疲劳荷载循环次数的增加而逐渐减小，这归因于钢筋与混凝土之间疲劳损伤累积导致钢筋肋部之间的混凝土逐渐被挤压破碎。在高疲劳荷载幅值作用下，较少的疲劳荷载循环次数即可使粘结强度开始减小。

图 8.2 为腐蚀 RC 梁横截面的应变变形情况。若粘结强度足够大，则腐蚀钢筋的应变（ε_s）可由应变协调分析得到，如图 8.2（a）所示。否则，粘结强度退化导致腐蚀钢筋与混凝土之间应变不协调，进而导致 RC 梁内的应力分布发生变化，在 RC 梁控制截面的腐蚀钢筋应变（ε_s）将小于其周围混凝土应变（ε_{cs}），如图 8.2（b）所示。因此，确定腐蚀钢筋应力水平时应当对粘结性能退化予以考虑。本章以有效粘结应力传递理论为基础对腐蚀钢筋与混凝土之间应变不协调进行量化，详细讨论如下。

图 8.3 为有效粘结应力传递示意图。在拉拔力较小时，钢筋有效粘结力（F_{tn}）随拉拔力的增大而增大，未发生粘结应力传递，如图 8.3（a）所示。当钢筋拉拔力（F_s）增大并大于有效粘结力（F_{tn}）时，钢筋有效粘结应力将从荷载端向自由端传递，钢筋与混凝土之间粘结失效。当有效粘结力（F_{tn}）与剩余粘结力（$F_{tn,r}$）之和与钢筋拉拔力（F_s）相平衡时，有效粘结应力停止传递，如图 8.3（b）所示。剩余粘结应力由钢筋与混凝土之间摩擦作用产生，为腐蚀钢筋有效粘结应力的40%[183]。接下来将有效粘结应力传递方法应用到腐蚀 RC 梁中。

图 8.4 为有效粘结应力在腐蚀 RC 梁内传递的示意图。钢筋腐蚀可能减小有效粘结强度，受拉钢筋拉拔力随外荷载增大而增大。当拉拔力大于有效粘结力时，有效粘结区向梁端传递，粘结滑移区域内的钢筋应变趋于均匀化，粘结滑移区域内钢筋拉拔力减小。此外，粘结滑移区域内的钢筋与混凝土间剩余粘结应力也抵消掉一部分钢筋拉拔力，使粘结滑移区域内的钢筋拉拔力进一步减小。当粘结滑移区域临近有效粘结区的钢筋拉拔力（$F_{s,n}$ 和 $F_{s,m}$）与有效粘结力平衡时，有效粘结应力停止传递，如图 8.4（a）所示。

当钢筋腐蚀程度严重或外荷载较大时，有效粘结应力将传递至梁端，如图 8.4（b）所示。此时，粘结滑移区域临近有效粘结区的钢筋拉拔力（$F_{s,n}$ 和 $F_{s,m}$）与有效粘结力和钢筋端部锚固力（F_{anchor}）相平衡。在粘结滑移区域内，钢筋与混凝土之间出现变形不协调，腐蚀 RC 梁横截面内的应变分布不再满足平截面假定。有关腐蚀 RC 梁内钢筋与混凝土之间的变形协调和变形不协调分析，详细讨论如下。

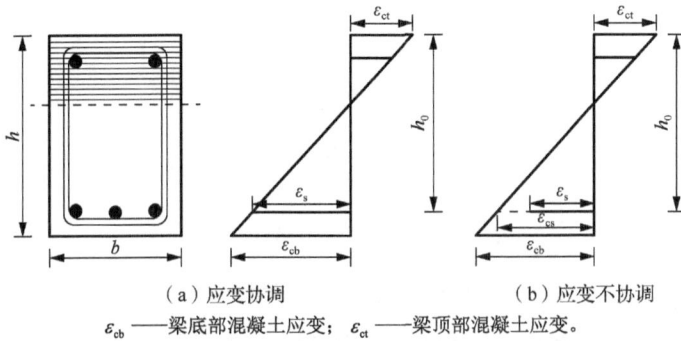

（a）应变协调　　　　　　　　　　　　（b）应变不协调

ε_{cb}——梁底部混凝土应变；　ε_{ct}——梁顶部混凝土应变。

图 8.2　腐蚀 RC 梁横截面应变变形

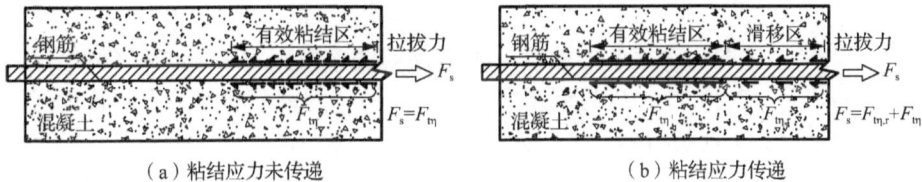

（a）粘结应力未传递　　　　　　　　　　（b）粘结应力传递

图 8.3　有效粘结应力传递示意图

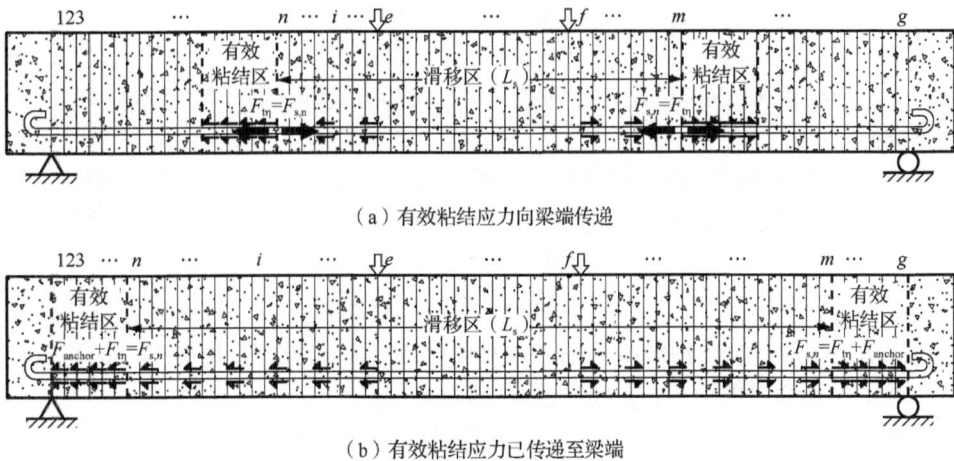

（a）有效粘结应力向梁端传递

（b）有效粘结应力已传递至梁端

图 8.4　腐蚀 RC 梁有效粘结应力传递示意图

1. 腐蚀钢筋经历疲劳作用后与混凝土之间粘结力

在进行变形不协调分析之前，不同腐蚀程度的钢筋在经历一定数量的疲劳荷载循环后，其有效粘结力需要被确定。为简化分析计算，钢筋粘结滑移模型简化为双直线均匀分布粘结滑移模型，简化原理为双直线模型与原粘结滑移模型具有相同的能量耗散[249]，如图 8.5 所示。

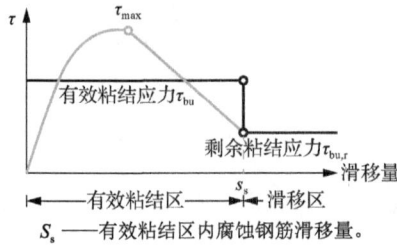

S_s ——有效粘结区内腐蚀钢筋滑移量。

图 8.5　钢筋粘结滑移模型

未腐蚀带肋钢筋的平均有效粘结应力可按式（8.5）计算[250]：

$$\tau_{bu} = \frac{nA_r f_{coh}[\cot\delta + \tan(\delta + \phi)]}{\pi D s_r} + \frac{nC_r \tan(\delta + \phi)}{\pi} p_{max} \qquad (8.5)$$

式中，n 为单一截面内钢筋肋的数量；A_r 为钢筋肋的面积，$A_r = \pi D h_r$（m^2），h_r 为肋高（m），$h_r = 0.007D$；D 为钢筋直径（m）；f_{coh} 为钢筋与混凝土的胶着强度，取 3.68MPa[251]；δ 为肋与钢筋轴向夹角，取 45°；ϕ 为摩擦角，$\tan\phi = 0.3$；s_r 为肋的间距，$s_r = 0.6D$[252]；C_r 为肋形状系数，取 0.8[253]；p_{max} 为粘结失效时钢筋最大径向压力（MPa），计算式[251]为

$$p_{max} = \frac{(b - n_{st}D)\Delta z}{n_{st}D\Delta z} f_{ct} = \frac{b - n_{st}D}{n_{st}D} f_{ct} \qquad (8.6)$$

式中，b 为梁宽（m）；n_{st} 为受拉钢筋数量；Δz 为箍筋间距；f_{ct} 为混凝土抗拉强度（MPa）。

腐蚀钢筋的粘结退化过程已被大量研究。Bhargava 等[254]提出了腐蚀钢筋与混凝土之间粘结强度退化模型。其中，粘结强度为钢筋腐蚀率的函数，计算式如下：

$$R_c(\eta) = \begin{cases} 1.0 & \eta \leqslant 1.5\% \\ 1.346e^{-0.198\eta} & \eta > 1.5\% \end{cases} \qquad (8.7)$$

式中，$R_c(\eta)$ 为考虑腐蚀影响的归一化粘结强度，即腐蚀钢筋的粘结强度与未腐蚀钢筋的粘结强度的比值；η 为腐蚀率（%）。

为探究疲劳荷载对钢筋与混凝土之间粘结性能的影响，Ye 等[248]研究了钢筋在经历不同疲劳荷载幅值和不同疲劳荷载循环次数之后的粘结强度。本章基于该研究，对试验数据进行拟合（图 8.6），建立了钢筋与混凝土之间粘结强度与疲劳荷载循环次数的定量关系，表达式为

$$R_f(N_0) = \begin{cases} 1.0, & \lg N_0 \leqslant 4 \\ -0.06851\lg N_0 + 1.274, & \lg N_0 > 4 \end{cases} \qquad (8.8)$$

式中，$R_f(N_0)$ 为考虑疲劳荷载循环次数影响的归一化粘结强度，即经历 N_0 次疲劳荷载循环的钢筋粘结强度与未经历疲劳作用的钢筋粘结强度的比值。

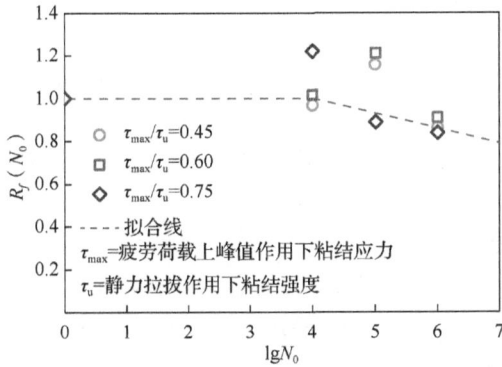

图 8.6　疲劳荷载循环次数对粘结强度的影响

需要补充说明的是，式（8.8）参考的试验数据有限。更多关于疲劳荷载循环次数对粘结强度的影响的试验研究将有助于对该表达式进行更新与改进。

结合上述表达式，经历 N_0 次疲劳荷载循环的腐蚀钢筋的平均粘结强度可表示为

$$\tau_{\mathrm{bu}\eta N_0} = R_f(N_0)R_c(\eta)\tau_{\mathrm{bu}} \tag{8.9}$$

依据 ACI 规范[255]，未腐蚀带肋钢筋的有效粘结长度的计算式为

$$l_{\mathrm{d}} = 0.48\frac{f_{\mathrm{sy}}}{\sqrt{f_{\mathrm{c}}}}D \tag{8.10}$$

因此，直径为 D_{c} 的腐蚀钢筋的有效粘结长度为

$$l_{\mathrm{dc}} = 0.48\frac{f_{\mathrm{sy}}}{\sqrt{f_{\mathrm{c}}}}D_{\mathrm{c}} \tag{8.11}$$

经历 N_0 次疲劳荷载循环的腐蚀钢筋的有效粘结力 $F_{\mathrm{t}\eta}$ 可表示为

$$F_{\mathrm{t}\eta} = \pi D_{\mathrm{c}} l_{\mathrm{dc}} \tau_{\mathrm{bu}\eta N_0} \tag{8.12}$$

2. 钢筋与混凝土之间的变形协调分析

如前文所述，当钢筋与混凝土之间粘结强度足够大，RC 梁横截面满足平截面假定，钢筋应变可由传统应变协调分析得到。对于任意横截面（i），沿横截面高度划分成 k 层混凝土层（图 8.2）。梁顶部和底部混凝土纤维的应变分别标记为 $\varepsilon_{\mathrm{ct},i}$ 和 $\varepsilon_{\mathrm{cb},i}$，各混凝土层、受拉钢筋、受压钢筋应变分别表示为

$$\varepsilon_{\mathrm{c},i,j} = \varepsilon_{\mathrm{ct},i} + \frac{\varepsilon_{\mathrm{cb},i} - \varepsilon_{\mathrm{ct},i}}{h}h_{\mathrm{c},i,j} \tag{8.13}$$

$$\varepsilon_{s,i} = \varepsilon_{ct,i} + \frac{\varepsilon_{cb,i} - \varepsilon_{ct,i}}{h}h_0 \tag{8.14}$$

$$\varepsilon'_{s,i} = \varepsilon_{ct,i} + \frac{\varepsilon_{cb,i} - \varepsilon_{ct,i}}{h}a'_{s,i} \tag{8.15}$$

式中，$\varepsilon_{c,i,j}$ 为混凝土 j 层应变；h 为梁高（m）；$h_{c,i,j}$ 为混凝土 j 层中心至梁顶部混凝土纤维的距离（m）；$\varepsilon_{s,i}$ 为受拉钢筋应变；h_0 为受拉钢筋中心位置至梁顶部混凝土纤维的距离（m）；$\varepsilon'_{s,i}$ 为受压钢筋应变；$a'_{s,i}$ 为受压钢筋中心位置至梁顶部混凝土纤维的距离（m）。

钢筋应力-应变关系[256]为

$$\sigma_s = \begin{cases} \varepsilon_s E_s, & \varepsilon_s \leq \varepsilon_{sy} \\ f_{sy} + E_{sp}(\varepsilon_s - \varepsilon_{sy}), & \varepsilon_s > \varepsilon_{sy} \end{cases} \tag{8.16}$$

式中，σ_s 和 ε_s 分别为钢筋应力（MPa）和应变；f_{sy} 和 ε_{sy} 分别为钢筋屈服强度（MPa）和屈服应变；E_s 和 E_{sp} 分别为钢筋弹性模量（MPa）和硬化模量（MPa）。

结合式（8.14）～式（8.16），腐蚀受拉钢筋和受压钢筋的受力分别为

$$F_{s,i} = (1-\eta)A_s\sigma_{s,i} \tag{8.17}$$

$$F'_{s,i} = A'_s \sigma'_{s,i} \tag{8.18}$$

式中，$F_{s,i}$ 和 $F'_{s,i}$ 分别为腐蚀受拉钢筋和受压钢筋受力大小（kN）；A_s 和 A'_s 分别为腐蚀受拉钢筋和受压钢筋截面面积（m²）；$\sigma_{s,i}$ 和 $\sigma'_{s,i}$ 分别为腐蚀受拉钢筋和受压钢筋应力（MPa）。

混凝土拉应力不予考虑，RC 梁受压区混凝土压力 $F_{c,i}$ 为各混凝土层压力的总和，即

$$F_{c,i} = b\Delta h_c \sum_{j=1}^{k} \varepsilon_{c,i,j} E_{c,i,j}^f \tag{8.19}$$

式中，b 为梁宽（m）；Δh_c 为混凝土层高度（m）；$E_{c,i,j}^f$ 为 j 层混凝土疲劳模量（MPa）。

混凝土压力作用点至梁顶部混凝土纤维的距离（$\overline{y}_{c,i}$）的计算式为

$$\overline{y}_{c,i} = \frac{b\Delta h_c \sum_{j=1}^{k} \varepsilon_{c,i,j} E_{c,i,j}^f h_{c,i,j}}{F_{c,i}} \tag{8.20}$$

RC 梁平衡方程可表示为

$$F_{s,i} - F'_{s,i} - F_{c,i} = 0 \tag{8.21}$$

$$F'_{s,i}(h_0 - a'_s) + F_{c,i}(h_0 - \overline{y}_{c,i}) = M_i \tag{8.22}$$

式中，M_i 为截面 i 的弯矩（kN·m）。

在特定外荷载（P）作用下，各截面（i）的弯矩（M_i）可确定。相对应地，RC 梁各截面（i）的顶部和底部混凝土纤维应变（$\varepsilon_{ct,i}$ 和 $\varepsilon_{cb,i}$）可由平衡方程[式（8.21）

和式 (8.22)] 求得。因此,各截面 (i) 的腐蚀钢筋应力可根据式 (8.14)~式 (8.16) 求得。

3. 钢筋与混凝土之间的变形不协调分析

腐蚀和疲劳均能导致粘结强度退化,从而使钢筋与混凝土之间出现滑移。尽管腐蚀 RC 梁的粘结滑移区内不再满足平截面假定,但是粘结滑移区域内的腐蚀受拉钢筋与相同位置混凝土的总伸长量相等。因此,根据这个原则以及上述腐蚀钢筋疲劳粘结退化模型,采用应变不协调分析确定腐蚀受拉钢筋应力。

应变不协调分析与整个梁长相关,而不仅仅只是横截面分析。因此,腐蚀 RC 梁整个粘结滑移区域内的腐蚀钢筋与相同位置混凝土的总伸长量都应当予以考虑。为简化分析过程,将腐蚀 RC 梁沿长度方向进行单元划分和编号 (图 8.4)。RC 梁支座范围内编号为 1 到 g,粘结滑移区编号为 n 到 m,纯弯段编号为 e 到 f。粘结滑移区长度假定为 L_s。

根据前文所述 RC 梁内的有效粘结应力传递理论,对于给定的外荷载 (P),粘结滑移区域内临近有效粘结区的腐蚀受拉钢筋拉力 ($F_{s,n}$ 和 $F_{s,m}$) 与有效粘结力 ($F_{t\eta}$) 相等,如图 8.4 所示。对于粘结滑移区域内的任意单元 (i),腐蚀受拉钢筋所受拉力 ($F_{s,i}$) 与有效粘结力和剩余粘结力相平衡,可表示为

$$F_{s,i} = \begin{cases} F_{t\eta} + \pi D_c l_{in} \tau_{bu\eta N_0, r}, & n \leqslant i < e \\ F_{t\eta} + \pi D_c l_{en} \tau_{bu\eta N_0, r}, & e \leqslant i < f \\ F_{t\eta} + \pi D_c (l_{mn} - l_{in}) l_{en} \tau_{bu\eta N_0, r}, & f \leqslant i < m \end{cases} \quad (8.23)$$

式中,l_{in} 为单元 i 与单元 n 之间的距离 (m);l_{en} 与 l_{mn} 分别为单元 e 与单元 m 至单元 n 的距离 (m);$\tau_{bu\eta N_0, r}$ 为腐蚀钢筋经历 N_0 次疲劳荷载循环后的剩余粘结强度 (MPa)。

粘结滑移区域内的腐蚀钢筋的应变可由其拉力 [式 (8.23)] 和钢筋应力-应变关系 [式 (8.16)] 计算得到。

$$\varepsilon_{s,i} = \begin{cases} \dfrac{F_{s,i}}{(1-\eta)A_s E_s}, & F_{s,i} \leqslant (1-\eta)A_s f_{sy} \\ \varepsilon_{sy} + \dfrac{F_{s,i}}{(1-\eta)A_s E_s} - \dfrac{f_{sy}}{E_{sp}}, & F_{s,i} > (1-\eta)A_s f_{sy} \end{cases} \quad (8.24)$$

腐蚀受拉钢筋在粘结滑移区域内的总伸长量 (ΔL_s) 为该区域各梁单元内腐蚀受拉钢筋伸长量之和,即

$$\Delta L_s = 2s_s + \sum_{i=n}^{m} \varepsilon_{s,i} l_s \quad (8.25)$$

式中,l_s 为梁单元长度 (m);s_s 为有效粘结区内腐蚀钢筋滑移量,如图 8.5 所示。

有效粘结区内滑移 s_s 相对较小，钢筋腐蚀将进一步减小该滑移量[257]。故 s_s 在本章中不予考虑。

腐蚀 RC 梁各单元（i）的弯矩在给定的外荷载（P）下可计算得到，各单元腐蚀受拉钢筋的拉力可由上述方法确定。因此，各单元的顶部和底部混凝土纤维应变（$\varepsilon_{ct,i}$ 和 $\varepsilon_{cb,i}$）可由平衡方程［式（8.21）和式（8.22）］计算确定。

任意单元（i）腐蚀受拉钢筋位置处的混凝土的应变为

$$\varepsilon_{cs,i} = \varepsilon_{ct,i} + \frac{\varepsilon_{cb,i} - \varepsilon_{ct,i}}{h} h_0 \tag{8.26}$$

在粘结滑移区域内，腐蚀受拉钢筋位置处的混凝土的总伸长量（ΔL_c）表示如下：

$$\Delta L_c = \sum_{i=n}^{m} \varepsilon_{cs,i} l_i \tag{8.27}$$

综上所述，腐蚀受拉钢筋在控制截面的应力水平可由上述变形协调和变形不协调分析方法进行确定。控制截面为最大弯矩作用位置。图 8.7 为确定腐蚀受拉钢筋应力的计算流程。计算步骤如下：

第一步，将梁沿长度方向进行单元划分。

第二步，根据式（8.5）～式（8.12）计算腐蚀受拉钢筋有效粘结长度（l_{dc}）和有效粘结力（F_{tn}）。

第三步，计算最大粘结滑移长度，$L_{max} = L - 2l_{dc}$。

第四步，输入荷载值（如疲劳荷载上峰值 F_{max}），再根据变形协调分析［式（8.13）～式（8.22）］确定腐蚀受拉钢筋在控制截面的拉力（$F_{s,i}$）。

第五步，若腐蚀受拉钢筋拉力（$F_{s,i}$）小于有效粘结力（F_{tn}），则有效粘结应力不向梁端传递，腐蚀受拉钢筋应力即确定。反之，有效粘结应力向梁端传递，继续进行变形不协调分析。

第六步，在有效粘结应力传递过程中，粘结滑移区域长度未知，粘结滑移区域内临近有效粘结区的腐蚀受拉钢筋拉力（$F_{s,n}$ 和 $F_{s,m}$）与有效粘结力（F_{tn}）相等。

第七步，计算各梁单元弯矩 $M_i (i = 1, 2, \cdots, g)$，假定粘结滑移区域长度为 L_s。

第八步，根据式（8.13）～式（8.22）计算粘结滑移区域外的各梁单元中各混凝土层应变。

第九步，根据式（8.13）、式（8.15）、式（8.16）、式（8.18）～式（8.27）计算粘结滑移区域内腐蚀受拉钢筋和相同位置处混凝土的总伸长量（ΔL_s 和 ΔL_c）。

第十步，若 $\Delta L_s \neq \Delta L_c$，则重新假定粘结滑移区域长度 L_s，计算过程转向第七步至第十步重复计算，直至 $\Delta L_s = \Delta L_c$。另外，重新假定的 L_s 与最大粘结滑移区域长度 L_{max} 相比较。若 $L_s < L_{max}$，则计算过程转向第七步。反之，说明有效粘结应力已传递至梁端，进行下一阶段的变形不协调分析。

```
┌─────────┐
│  开始   │
└─────────┘
     │
┌──────────────────────────────────────────┐
│              RC 梁单元划分                  │
└──────────────────────────────────────────┘
     │
┌──────────────────────────────────────────┐
│ 计算有效粘结力 F_τj 和有效粘结长度 l_de，式（8.11），式（8.12）│
└──────────────────────────────────────────┘
     │
┌──────────────────────────────────────────┐
│   计算最大粘结滑移长度，L_max=L-2l_de       │
└──────────────────────────────────────────┘
     │
┌──────────────────────────────────────────┐
│        输入荷载值，如疲劳荷载上峰值          │
└──────────────────────────────────────────┘
     │
┌──────────────────────────────────────────┐
│ 变形协调分析确定控制截面的应变分布 ε_ct,i，ε_cb,i，ε_s,i，及受拉│
│      钢筋荷载 F_s,i，式（8.13）～式（8.22）  │
└──────────────────────────────────────────┘
     │
     ◇ F_s,i>F_τj ── no ───────────────────┐
     │ yes                                 │
┌──────────────────────────┐               │
│      有效粘结应力传递      │          ┌─────────┐
│（L_s 未知，F_s,n=F_s,m=F_τj）│          │  无滑移  │
└──────────────────────────┘          └─────────┘
     │
┌──────────────────────────┐
│ 计算各单元弯矩 M_i(i=1,2,…,g) │
└──────────────────────────┘
     │
┌──────────────────────────┐  ←── 调整 L_s
│  假定粘结滑移区域长度 L_s   │
└──────────────────────────┘
     │
┌──────────────────────────────────────┐
│ 计算滑移区外的混凝土应变 ε_ct,i，ε_cb,i，式（8.13）～式（8.22）│
└──────────────────────────────────────┘
     │
┌──────────────────────────────────────┐
│ 计算滑移区内混凝土应变 ε_ct,i，ε_cb,i，(i=n…i…m)，式（8.13），│
│        式（8.15），式（8.16），式（8.18）～式（8.22）│
└──────────────────────────────────────┘
     │
┌──────────────────────────────────────┐
│ 计算纵筋伸长量，F_s,i，ε_s,i，(i=n…i…m)，ΔL_s，式（8.23）～式（8.25）│
└──────────────────────────────────────┘
     │
┌──────────────────────────────────────┐
│ 计算同位置混凝土伸长量，ε_cs,i，(i=n…i…m)，ΔL_c，式（8.26），式（8.27）│
└──────────────────────────────────────┘
     │
     ◇ ΔL_s=ΔL_c ── yes ──┐
     │ no                 │
     ◇ L_s>L_max ── no ────┘ (returns to 调整 L_s)
     │ yes
┌──────────────────────────────────────┐
│         有效粘结应力传递至梁端          │
│  （L_s=L_max，但 F_s,n 与 F_s,m 未知）    │
└──────────────────────────────────────┘
     │
┌──────────────────────────┐  ←── 调整 F_s,n
│ 假定锈蚀受拉钢筋拉力 F_s,n 和 F_s,m │
└──────────────────────────┘
     │
┌──────────────────────────────────────┐
│ 计算滑移区内混凝土应变 ε_ct,i，ε_cb,i，(i=n…i…m)，式（8.13），│
│        式（8.15），式（8.16），式（8.18）～式（8.22）│
└──────────────────────────────────────┘
     │
┌──────────────────────────────────────┐
│ 计算纵筋伸长量，F_s,i，ε_s,i，(i=n…i…m)，ΔL_s，式（8.23）～式（8.25）│
└──────────────────────────────────────┘
     │
┌──────────────────────────────────────┐
│ 计算同位置混凝土伸长量，ε_cs,i，(i=n…i…m)，ΔL_c，式（8.26），式（8.27）│
└──────────────────────────────────────┘
     │
     ◇ ΔL_s=ΔL_c ── no ──┐ (returns to 调整 F_s,n)
     │ yes
┌──────────┐    ◇ F_s,n<F_anchor ── no ──→ ┌──────────┐
│          │ ←── no                         │ 梁端锚固  │
│          │                                │  失效    │
└──────────┘                                └──────────┘
     │ yes
┌──────────────────────────────────────┐
│ 确定粘结滑移区域内各参数 L_s，ε_ct,i，ε_cb,i，ε_s,i，│
│        F_s,i，(i=n…i…m)             │
└──────────────────────────────────────┘
     │
┌──────────────────────────────────────┐
│      确定腐蚀受拉钢筋在控制截面应力      │
└──────────────────────────────────────┘
     │
┌─────────┐
│  结束   │
└─────────┘
```

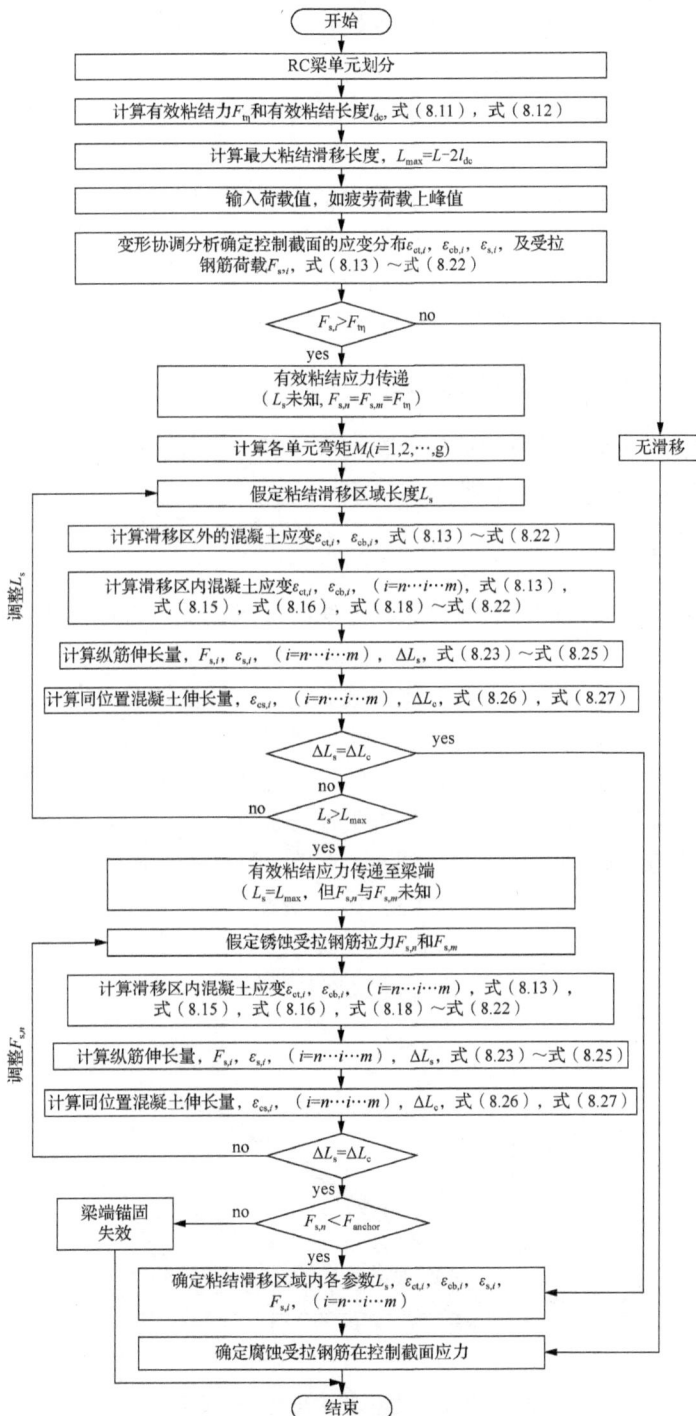

图 8.7　确定腐蚀 RC 梁受拉钢筋应力的计算流程

第十一步，当有效粘结应力传递至梁端，粘结滑移区域长度为 L_{max}。粘结滑移区域内临近有效粘结区的腐蚀受拉钢筋拉力（$F_{s,n}$ 和 $F_{s,m}$）未知，需要假定。根据式（8.25）、式（8.27）计算粘结滑移区域内腐蚀受拉钢筋和相同位置处混凝土的总伸长量（ΔL_s 和 ΔL_c）。

第十二步，若 $\Delta L_s \neq \Delta L_c$，则重新假定粘结滑移区域内临近有效粘结区的腐蚀受拉钢筋拉力（$F_{s,n}$ 和 $F_{s,m}$），计算过程转向第十一步至第十二步重复计算，直至 $\Delta L_s = \Delta L_c$，则腐蚀受拉钢筋在控制截面应力即已确定。另外，为了完善变形不协调分析方法，腐蚀 RC 梁梁端锚固失效同样被考虑。

8.2.3　腐蚀影响下钢筋疲劳裂纹增长

在本节中，从腐蚀受拉钢筋疲劳裂纹增长的三个方面展开讨论：疲劳裂纹增长参数、蚀坑根部应力集中和疲劳裂纹增长分析。

1. 疲劳裂纹增长参数

基于等效初始裂纹的疲劳寿命预测方法的优点在于，可以仅依据长裂纹增长分析简化寿命预测，从而避免复杂的短裂纹增长分析。结合第 2 章和第 3 章试验结果，根据逐级降载法得到近门槛值区域的疲劳裂纹增长速率曲线，将稳定扩展区域的疲劳裂纹增长速率曲线反推至裂纹扩展速率为 10^{-10} m/周期，得到各应力比下的疲劳裂纹增长速率参数 C、m 和 ΔK_{th}。图 8.8 为钢筋疲劳裂纹增长速率曲线拟合情况，箭头所指位置为 ΔK_{th}。结合上述参数结果，分别对参数 C、m 和 ΔK_{th} 与应力比 R 进行拟合回归分析，如图 8.9 所示，关系表达式分别如下：

$$C = 3.55 \cdot 10^{-11} \cdot R^{-0.227} \tag{8.28}$$

$$m = 2.766 R^{0.0572} \tag{8.29}$$

$$\Delta K_{th} = 1.686 R^{-0.236} \tag{8.30}$$

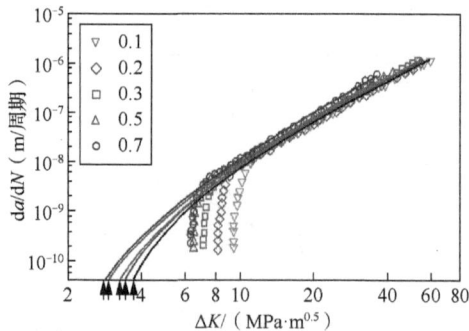

图 8.8　钢筋疲劳裂纹增长速率曲线拟合

（a）C　　　　　　（b）m

（c）ΔK_{th}

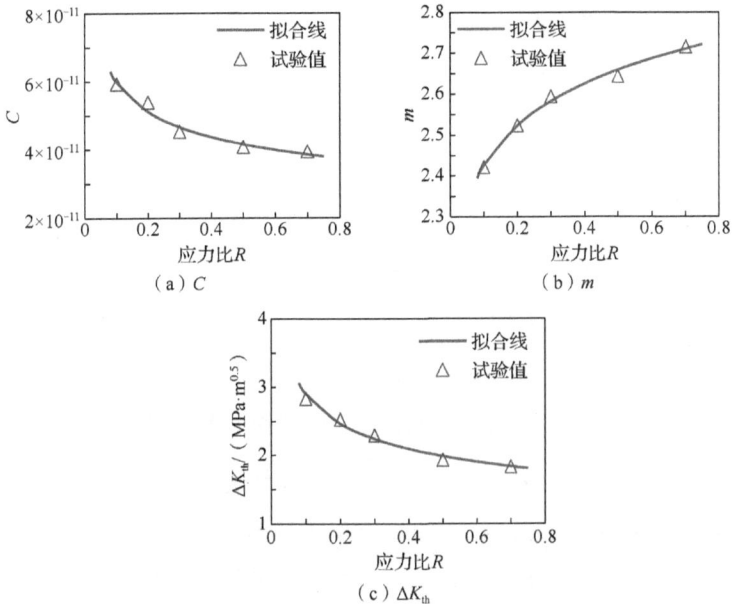

图 8.9　钢筋疲劳裂纹增长速率参数与应力比的关系

2. 蚀坑根部应力集中

荷载作用下，蚀坑根部产生应力集中，从而促使钢筋疲劳裂纹在蚀坑根部萌生扩展，显著降低 RC 桥梁结构使用寿命。本章采用 Cerit 等[31]所得应力集中有限元分析数据进行拟合，如图 8.10 所示，建立坑深与应力集中因子的关系表达式，表示如下：

$$K_{\text{t}} = 2.663 \cdot (d + 0.0624)^{0.353} \tag{8.31}$$

式中，K_{t} 为应力集中因子；d 为坑深（mm）。

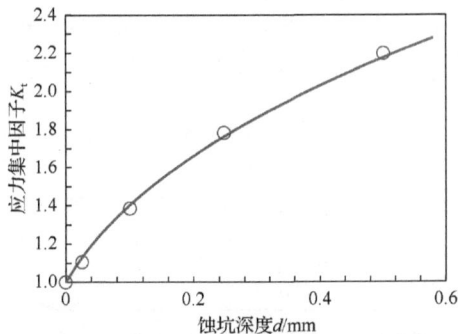

图 8.10　应力集中因子与蚀坑深度的关系

在腐蚀 RC 梁疲劳失效分析过程中，相关参数（如 K_{t}）与蚀坑深度具有密切关系，也有相关参数（如粘结退化模型和钢筋剩余截面面积）通常为钢筋质量腐蚀率的函数。为了便于分析，有必要将不同腐蚀形态进行统一考虑，寻求蚀坑深度与质量腐蚀率的定量关系。Ma 等[98]通过对 RC 梁的人工加速腐蚀试验提出蚀坑因子，将蚀坑深度与质量腐蚀率联系起来。蚀坑因子为最大蚀坑深度（d_{max}）与均匀腐蚀深度的比值，可表示为

$$\gamma = \frac{d_{max}}{d_{av}}　　　　　　　　　　　　　　　　（8.32）$$

式中，γ 为蚀坑因子；d_{av} 为钢筋均匀腐蚀深度（mm）。

腐蚀钢筋剩余截面面积根据质量腐蚀率计算如下：

$$A_{re} = \frac{\pi D^2}{4}(1-\eta) = \frac{\pi(D-2d_{av})^2}{4}　　　　　　　（8.33）$$

式中，A_{re} 为腐蚀钢筋剩余截面面积（mm^2）。

联立式（8.32）与式（8.33），则最大蚀坑深度与腐蚀率之间关系可表示为

$$d_{max} = \gamma d_{av} = \frac{\gamma D}{2}(1-\sqrt{1-\eta})　　　　　　　（8.34）$$

综上所述，确定钢筋腐蚀率即可得出相应的应力集中因子取值。需要补充说明的是，自然条件下的钢筋坑蚀是一个非常复杂的过程，坑蚀位置、坑蚀深度以及坑蚀几何形状均存在很大的随机性。有关坑蚀随机性和空间变异性仍需要今后深入研究。

3. 钢筋疲劳裂纹增长分析

通过上述对混凝土疲劳损伤以及腐蚀钢筋与混凝土之间疲劳粘结退化的讨论可知，混凝土性能和疲劳粘结的不断退化导致 RC 梁内部应力重分布，即便对 RC 梁进行常幅疲劳加载，仍将导致混凝土和钢筋的变幅疲劳应力。因此，钢筋的疲劳裂纹增长分析需逐步地、分阶段地进行。

影响腐蚀受拉钢筋疲劳裂纹增长除考虑上述腐蚀钢筋的应力水平、疲劳裂纹增长参数、蚀坑根部应力集中，蚀坑根部的应力强度因子幅值也应当予以考虑。图 8.11 为蚀坑根部疲劳裂纹增长示意图。蚀坑根部应力强度因子幅值 ΔK_p[218]可表示为

$$\Delta K_p = Y\Delta\sigma\sqrt{\pi\left\{a + d\left[1 - \exp\left(-\frac{a}{d}(K_t^2 - 1)\right)\right]\right\}}　　　（8.35）$$

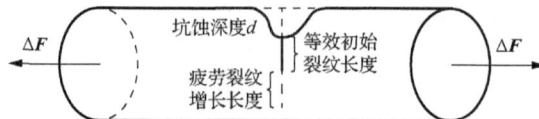

图 8.11　蚀坑根部疲劳裂纹增长示意图

腐蚀钢筋疲劳裂纹增长逐步分析的表达式如下：

$$N_s = \int_{a_1}^{a_u} \frac{1}{C_0(\Delta K_p - \Delta K_{th})^{m_0}}\mathrm{d}a　　　　　　　（8.36）$$

式中，N_s 为一个计算阶段的疲劳荷载循环数；a_l 和 a_u 分别为积分下限（m）和积分上限（m）。

在第一个计算阶段，积分下限（a_l）与等效初始裂纹尺寸 [a_i，式（6.1）] 相等，已知积分下限（a_l）和荷载循环次数（N_s），可计算得出积分上限（a_u）。第一阶段结束后，用积分上限对积分下限进行更新，一个计算阶段的积分上限值等于下一个计算阶段的积分下限值；同时，每完成一个阶段的计算，相关参数都予以更新。如此循环反复，直至满足腐蚀 RC 梁失效准则。腐蚀 RC 梁失效准则如下文所述。

8.3　模型计算流程

为了更加清晰地介绍本章模型，现将有关假设及相关表述介绍如下：

（1）受拉钢筋脆性断裂为 RC 梁主要疲劳失效模式，并且通常在最大弯矩作用位置附近或纯弯段区域内。为简化分析，将腐蚀 RC 梁的最不利截面作为本章模型的控制截面。最不利截面为最大弯矩作用截面同时存在最大坑深以及疲劳裂纹。

（2）混凝土疲劳损伤、疲劳粘结退化以及钢筋疲劳裂纹增长速率作为本章模型的疲劳分析参数，都将逐阶段地进行分析和计算。为加速计算速率，积分计算步长 N_s 取 1000。假设各参数在一个计算步长内恒定不变，并且每个计算阶段结束后对各相关参数进行更新。

（3）腐蚀 RC 梁疲劳失效准则分别为受拉钢筋疲劳断裂（疲劳裂纹长度大于临界裂纹长度，$a > a_c$）和受压混凝土压碎破坏（$E_c^f > 0.8E_c$）。

图 8.12 为腐蚀 RC 梁疲劳寿命预测模型计算流程。

具体计算过程如下：

第一步，输入结构参数、疲劳荷载情况和材料性能参数。

第二步，设置疲劳寿命 N 以及计数变量 t_0 的初始值，$N=0$，$t_0=1$。

第三步，根据式（8.9）计算腐蚀钢筋疲劳粘结强度 $\tau_{bu\eta N_0}$。

第四步，根据图 8.7 所述方法计算疲劳荷载上峰值作用下各梁单元各混凝土层的混凝土应力应变以及控制截面的腐蚀受拉钢筋应力（$\sigma_{s,max}$）。

第五步，根据图 8.7 所述方法计算疲劳荷载下峰值作用下各梁单元各混凝土层的混凝土应力应变以及控制截面的腐蚀受拉钢筋应力（$\sigma_{s,min}$）。

第六步，计算控制截面的腐蚀钢筋应力比（$R = \sigma_{s,min} / \sigma_{s,max}$）和应力幅值（$\Delta\sigma = \sigma_{s,max} - \sigma_{s,min}$）。

第七步，当计数变量 $t_0 = 1$，根据式（6.1）计算裂纹积分式的积分下限（a_l）。

第八步，计算钢筋疲劳裂纹增长速率参数（C 和 m）和积分上限（a_u）。

第九步，若积分上限（a_u）大于临界裂纹长度（a_c），则钢筋疲劳断裂，得到疲劳寿命。反之，更新积分下限值（$a_l = a_u$），根据式（8.1）～式（8.3）更新各单元各混凝土层疲劳模量。

第十步，检查混凝土疲劳模量是否失效。若 $E_c^f > 0.8E_c$，则混凝土压缩破坏，得到疲劳寿命。反之，计算过程返回至第三步重新开始计算，直至钢筋疲劳断裂或混凝土压碎破坏，则得到疲劳寿命预测值，计算结束。

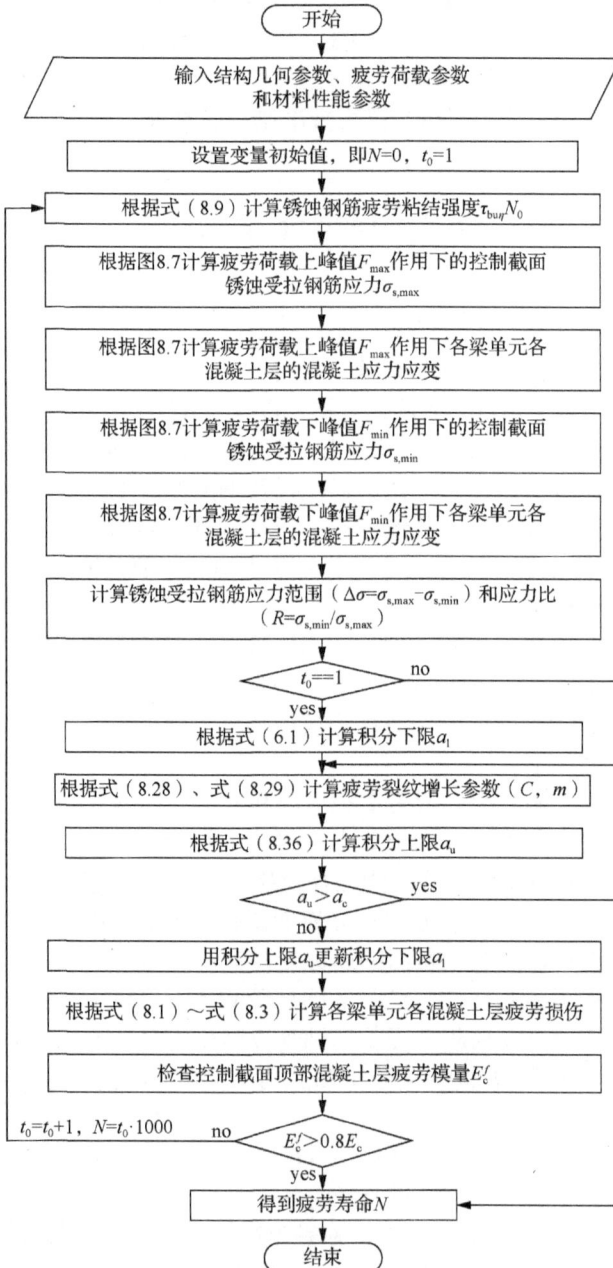

图 8.12　腐蚀 RC 梁疲劳寿命预测模型计算流程

8.4　模　型　验　证

为了验证本章疲劳寿命预测模型，笔者开展了 5 根 RC 梁加速腐蚀试验和疲劳加载试验。试验梁尺寸为 200mm×350mm×4000mm，计算跨径为 3600mm。三根直径 16mm 的带肋钢筋作为受拉钢筋，两根直径 10mm 的带肋钢筋作为受压钢筋。混凝土保护层厚度为 30mm。带肋钢筋屈服强度和抗拉强度分别为 472MPa 和 632MPa。带肋钢筋疲劳极限和弹性模量分别为 156MPa 和 210GPa。混凝土 28d 龄期的抗压强度为 41.9MPa，初始弹性模量为 31.5GPa。RC 梁具体尺寸及配筋情况如图 8.13 所示。

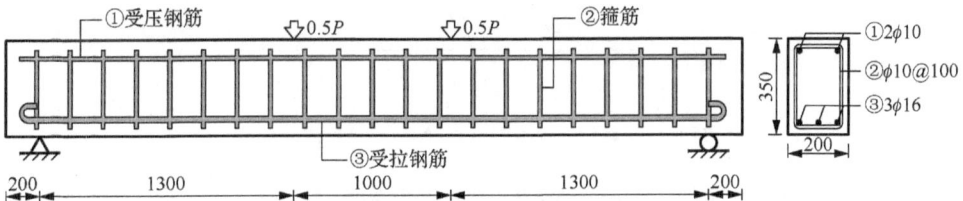

图 8.13　RC 梁构造及配筋（单位：mm）

采用氯化钠溶液环境下的通电加速腐蚀试验对 RC 梁受拉钢筋进行加速腐蚀，获得受拉钢筋不同腐蚀率。采用四点弯曲加载法对 RC 梁进行疲劳加载，加载频率为 2.5Hz，疲劳荷载上限和下限分别为 62kN 和 12.4kN。具体试验过程可参见文献[80]。表 8.1 所示为不同钢筋腐蚀率下 RC 梁疲劳寿命试验值和本章模型预测寿命值。此外，对本章模型进行参数分析，不考虑疲劳粘结退化和不考虑混凝土疲劳损伤情况下的寿命预测结果如表 8.1 所示。

表 8.1　疲劳寿命试验值与理论值

梁编号	腐蚀率 $\eta/\%$	疲劳寿命试验值 $N/10^4$	本章模型		不考虑疲劳粘结退化		不考虑混凝土疲劳损伤	
			$N_{pre}/10^4$	N_{pre}/N	$N_{bon}/10^4$	N_{bon}/N	$N_{con}/10^4$	N_{con}/N
L1	0	118.0574	128.7	1.090	128.7	1.090	129.1	1.093
L2	3.76	77.2418	80.4	1.041	80.4	1.041	80.3	1.040
L3	7.67	43.0419	43.8	1.017	43.8	1.017	43.8	1.017
L4	9.03	41.5483	37.7	0.907	36.7	0.883	37.7	0.907
L5	27.3	5.1381	5.4	1.051	4.2	0.817	5.4	1.051

本章模型计算结果显示，所有 RC 梁的疲劳失效模式均为受拉钢筋的疲劳脆

性断裂，与试验结果一致。图 8.14 所示为疲劳寿命试验值（N）与理论值（N_{cal}）比较情况。如图 8.14 和表 8.1 所示，疲劳寿命理论值与试验值较为接近，最大误差为 9.3%。该误差可能由材料性能、疲劳加载试验以及相关分析计算模型的不确定性所导致。

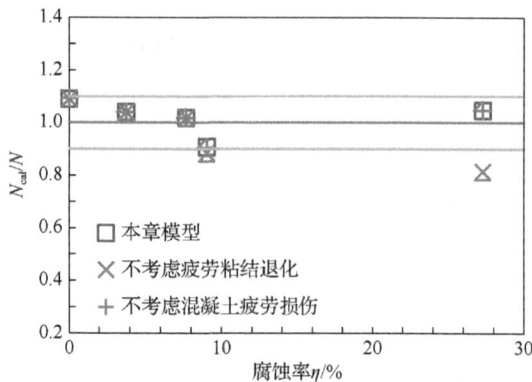

图 8.14　RC 梁疲劳寿命理论值与试验值比较

为了明确疲劳粘结退化对疲劳寿命预测结果的影响，不考虑疲劳粘结退化情况下的腐蚀受拉钢筋应力如表 8.2 所示。其中，腐蚀受拉钢筋应力分别以第一个计算阶段应力 $\Delta\sigma_{initial}$ 和最后一个计算阶段的应力 $\Delta\sigma_{final}$ 情况为代表进行讨论。如表 8.2 所示，当受拉钢筋腐蚀率为 0 至 7.67% 时，本章模型与不考虑疲劳粘结退化的模型所得到疲劳寿命预测值相同，因为该腐蚀率范围内的钢筋与混凝土之间未发生粘结滑移。

表 8.2　疲劳粘结退化对腐蚀钢筋应力的影响

梁编号	腐蚀率 η/%	疲劳寿命试验值 $N/10^4$	滑移发生	本章模型		不考虑疲劳粘结退化	
				$\Delta\sigma_{initial}$/MPa	$\Delta\sigma_{final}$/MPa	$\Delta\sigma_{initial}$/MPa	$\Delta\sigma_{final}$/MPa
L1	0	118.0574	NO	182.39	182.88	182.39	182.88
L2	3.76	77.2418	NO	189.48	189.77	189.48	189.77
L3	7.67	43.0419	NO	197.54	197.73	197.54	197.73
L4	9.03	41.5483	YES	200.04	199.05	203.76	203.85
L5	27.3	5.1381	YES	239.65	239.43	248.52	248.55

如表 8.2 所示，当腐蚀率由 9.03% 增大至 27.3% 时，本章模型与不考虑疲劳粘结退化模型的受拉钢筋应力水平的差异逐渐增大，这说明该腐蚀率范围的钢筋与混凝土之间出现变形不协调，并且变形不协调程度随腐蚀率增大而增大。如图 8.14 和表 8.1 所示，当腐蚀率由 9.03% 增大至 27.3%，不考虑疲劳粘结退化的模型所得

到疲劳寿命预测值与试验值的差异逐渐增大，而本章模型比不考虑疲劳粘结退化的模型计算精度更高。由表 8.1 可知，当腐蚀率为 27.3% 时，不考虑疲劳粘结退化的模型计算误差约为 18.3%，而本章模型计算误差约为 5.1%，误差减小百分比约为72.1%。

在本章模型计算分析中，当受拉钢筋腐蚀率不小于 9.03% 时，腐蚀受拉钢筋与混凝土之间发生滑移，并且有效粘结应力逐渐向梁端传递，导致腐蚀受拉钢筋的最终疲劳应力幅值小于初始疲劳应力幅值，如表 8.2 所示。对于腐蚀率 27.3%的 RC 梁，腐蚀受拉钢筋有效粘结应力已传递至梁端，每根腐蚀受拉钢筋在梁端的锚固力为 34.29kN。在本次腐蚀 RC 梁的疲劳加载试验过程中未发现梁端锚固失效，并且在已有文献中也极少报道，其原因可能归结为受拉钢筋在梁端位置通常为弯钩或焊接构造。因此，该锚固力可认为不足以导致梁端锚固失效。关于腐蚀 RC梁在静力作用和疲劳荷载作用下的锚固失效问题需要开展更多的试验加以研究。

为了揭示混凝土疲劳损伤对腐蚀 RC 梁疲劳寿命预测的影响，不考虑混凝土疲劳损伤情况下的腐蚀受拉钢筋应力如表 8.3 所示。控制截面的顶层混凝土疲劳模量如表 8.3 所示。随着钢筋腐蚀率增大，混凝土疲劳模量与混凝土初始弹性模量的差异逐渐减小，尽管混凝土应力幅值增大，但是混凝土经历的疲劳荷载循环次数显著减少。如图 8.14、表 8.1 和表 8.3 所示，混凝土疲劳模量退化对疲劳寿命预测结果影响很小。因此，对于腐蚀 RC 梁疲劳寿命预测，不考虑混凝土疲劳损伤将简化计算过程并且产生的误差极小，混凝土疲劳损伤可不予考虑。需要说明的是，RC 板或 RC 柱的疲劳性能可能不同于 RC 梁，因此，本结论对 RC 板或 RC柱的适用性仍需开展试验研究加以验证。

表 8.3　混凝土疲劳损伤对腐蚀钢筋应力的影响

梁编号	腐蚀率 η/%	疲劳寿命试验值 $N/10^4$	E_c^f / MPa	E_c^f / E_c^0	本章模型		不考虑混凝土疲劳损伤	
					$\Delta\sigma_{initial}$/MPa	$\Delta\sigma_{final}$/MPa	$\Delta\sigma_{initial}$/MPa	$\Delta\sigma_{final}$/MPa
L1	0	118.0574	29569	0.9387	182.39	182.88	182.39	182.39
L2	3.76	77.2418	30038	0.9536	189.48	189.77	189.48	189.48
L3	7.67	43.0419	30290	0.9616	197.54	197.73	197.54	197.54
L4	9.03	41.5483	30343	0.9633	200.04	199.05	200.04	198.97
L5	27.3	5.1381	30911	0.9813	239.65	239.43	239.65	239.39

采用 Yi 等[10]和 Masoud 等[258]开展的腐蚀 RC 梁疲劳试验结果对本模型进一步加以验证。试验结果如表 8.4 所示。图 8.15 为本章模型计算值与试验值对比情况。如图 8.15 所示,本章模型绝大部分计算结果位于试验结果的 95% 置信区间范围内,

与试验值吻合较好。从以上模型验证和结果讨论可知，本章所建立的腐蚀 RC 梁疲劳寿命预测模型可为既有混凝土桥梁疲劳寿命评估提供理论参考。

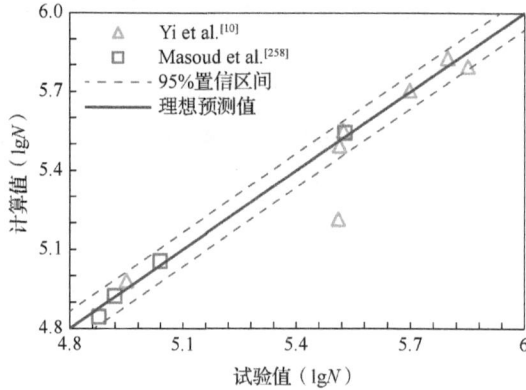

图 8.15　RC 梁疲劳寿命计算值与文献试验值比较

表 8.4　文献试验参数及试验结果

腐蚀率 η/%	疲劳寿命 $N/10^4$	F_{max}/kN	F_{min}/kN	参考文献
3.25	62.6	33	7	
3.50	70.7	33	7	
4.20	49.7	33	7	
5.50	33.4	33	7	Yi et al.[10]
6.35	32.6	33	7	
10.17	32.4	33	7	
11.6	8.9	33	7	
0	33.7	54	6	
5.5	10.9	54	6	Masoud et al.[258]
9.2	8.3	54	6	
12.5	7.5	54	6	

8.5　小　　结

本章提出了钢筋-混凝土界面粘结退化影响下腐蚀 RC 梁疲劳寿命预测方法，综合考虑了钢筋坑蚀、疲劳粘结退化和混凝土疲劳损伤的影响。通过进行 RC 梁受压区混凝土塑性应变分析来考虑混凝土疲劳损伤。腐蚀钢筋与混凝土之间的疲劳粘结退化模型表征为钢筋腐蚀率和疲劳荷载循环次数的函数，并且基于有效粘结应力传递理论，发展一种腐蚀 RC 梁变形不协调分析方法，量化了腐蚀钢筋与混凝土之间的应变不协调关系，确定 RC 梁内腐蚀钢筋的应力水平。通过渐进插值方法对蚀坑根部应力强度因子进行考虑，融入蚀坑根部的应力集中，对蚀坑根部疲劳裂纹增长进行逐步分析。此外，在腐蚀 RC 梁疲劳失效分析和疲劳裂纹增长分析过程中，考虑钢筋疲劳断裂、混凝土压碎破坏以及疲劳粘结退化导致的梁端锚固失效。

开展腐蚀 RC 梁疲劳加载试验并且应用已有文献数据对模型计算精度进行验证。计算结果表明，模型计算精度较高，疲劳寿命预测结果与试验值误差最大为9.3%，说明本章模型可为既有混凝土桥梁疲劳寿命评估提供理论参考。对模型进行的参数分析结果表明，混凝土疲劳损伤对腐蚀 RC 梁疲劳寿命预测影响很小。忽略混凝土疲劳损伤可简化疲劳寿命分析过程并且产生的误差很小。因此，可建议在腐蚀 RC 梁疲劳寿命预测过程中不考虑混凝土疲劳损伤。考虑到 RC 板或 RC柱的疲劳性能可能不同于 RC 梁，有关忽略混凝土疲劳损伤的建议应用到其他混凝土结构或构件时需慎重。

另外，腐蚀钢筋疲劳粘结退化同时受钢筋腐蚀率和疲劳荷载大小的影响。本章的疲劳荷载为确定值，因此，本章仅对钢筋腐蚀率影响展开研究。当钢筋腐蚀率较低时，腐蚀钢筋与混凝土之间粘结强度退化较小，腐蚀钢筋与混凝土之间未出现滑移或滑移量很小，疲劳粘结退化对疲劳寿命预测结果影响较小。当钢筋腐蚀率较高时，疲劳粘结退化导致腐蚀钢筋与混凝土之间变形不协调，并且变形不协调程度随腐蚀率增大而增大。本章参数分析结果指出，在钢筋严重腐蚀情况下，考虑疲劳粘结退化可减小疲劳寿命预测误差，误差减小百分比约为 70%。

第9章 季节性腐蚀疲劳作用下 RC 桥梁寿命评估

腐蚀是 RC 桥梁服役性能退化的主要因素之一，特别是沿海和除冰盐环境下的 RC 桥梁，其腐蚀问题更为突出[259]。RC 桥梁在实际服役过程中同时遭受反复车辆荷载和环境腐蚀，其有效使用寿命在腐蚀疲劳耦合作用下显著降低[10]。不论是适筋梁还是超筋梁，在疲劳荷载作用下均以受拉钢筋脆性断裂为主要失效模式[220]。随着车辆荷载和车流量的增加以及服役环境不断恶劣，腐蚀疲劳已成为 RC 桥梁设计必须考虑的因素之一[198]。因此，开展 RC 桥梁腐蚀疲劳寿命评估对 RC 桥梁抗疲劳设计和安全服役意义重大。

坑蚀是钢筋的一种局部腐蚀形态，坑蚀强化蚀坑根部应力场，诱发蚀坑根部疲劳裂纹的萌生和增长，显著降低钢筋疲劳寿命[31]。有关坑蚀发展机理、蚀坑对混凝土内钢筋力学性能的影响可详见 Apostolopoulos 等[95]的研究。Ma 等[32]基于试验研究提出了不同坑蚀形态下钢筋的应力幅值-疲劳寿命-坑蚀深度的回归分析模型。然而，如何将坑蚀融入疲劳寿命概率评估模型仍需深入研究。对于结构整体评估，已有部分关于腐蚀 RC 梁疲劳性能退化的试验研究，试验结果一致表明，较小的钢筋腐蚀水平即可造成 RC 梁疲劳寿命急剧减少[10]。Sun 等[27]将一个经验修正系数融入到腐蚀 RC 梁的疲劳抗弯刚度分析模型中，定量分析了腐蚀 RC 梁疲劳抗弯刚度随荷载循环次数增加时的退化规律。Zhang 等[86]建立了一个腐蚀 RC 梁的疲劳寿命预测模型，该模型考虑了混凝土疲劳损伤以及腐蚀钢筋与混凝土之间疲劳粘结退化。然而，该研究基于材料应力-寿命曲线和线性损伤累积方法，不同腐蚀水平钢筋的应力-寿命曲线的获取需要海量的试验数据作为基础，并且该方法缺乏基于力学分析的物理解析模型。

以上有关腐蚀 RC 梁的模型均为确定性模型，均未考虑腐蚀和疲劳裂纹增长过程中的不确定性因素。为此，部分研究学者提出了一些结构疲劳寿命概率评估模型。Shi 和 Mahadevan[93]建立了腐蚀疲劳寿命预测理论模型，该模型考虑了蚀坑成核、蚀坑增长以及蚀坑增长转变为疲劳裂纹增长过程中的随机不确定性。Nan 等[94]发展了腐蚀疲劳寿命预测方法并将腐蚀疲劳全过程划分为两个主要阶段：腐蚀初始阶段和疲劳裂纹增长直至结构失效阶段。上述腐蚀疲劳寿命概率评估模型均将蚀坑当作钢筋表面裂纹。然而，断裂力学和疲劳裂纹分析的先决条件是疲劳裂纹足够尖锐而不受裂纹前缘形状的影响，实际工程中的蚀坑外观远远达不到力学意义上所谓的尖锐。因此，部分研究学者认为将蚀坑视为缺口更为贴切。Rusk 等[96]和 Xiang 等[97]均将蚀坑模拟为缺口，分别提出了不同的腐蚀金属元件的疲劳寿命预测模型。Ma 等[98]同样将蚀坑视为缺口并建立了基于裂纹增长分析的腐蚀 RC 梁疲劳寿命预测模型。上述模型中均为预腐蚀元件和结构,未考虑蚀坑增长与疲劳裂纹增长的相互作用,并且 RC 桥梁的混凝土保护层开裂以及服役环境的季节变化将使蚀坑增长与疲劳裂纹增长之间的相互影响更为复杂。目前,涵盖这些影响因素的腐蚀疲劳寿命评估理论模型极少报道。

本章旨在发展一种 RC 梁腐蚀疲劳寿命评估的力学模型,该模型也是首次考虑服役环境四季变化对腐蚀疲劳寿命评估的影响。首先,简要介绍模型整体框架。其次,将 RC 桥梁寿命划分为三个主要阶段:腐蚀初始-纯疲劳裂纹增长阶段、疲劳裂纹增长与蚀坑增长的竞争阶段、结构失效阶段。模型融入了服役环境季节交替变化、车辆荷载频率、混凝土保护层开裂损伤以及蚀坑根部应力集中。考虑各影响因素的不确定性,发展腐蚀疲劳寿命评估概率模型。最后,进行参数分析以探究上述因素对寿命评估结果的影响。

9.1　腐蚀疲劳寿命预测框架

RC 桥梁结构寿命模型主要包括三个部分:①腐蚀初始-纯疲劳裂纹增长阶段;②疲劳裂纹增长与蚀坑增长之间竞争阶段;③结构失效阶段。该模型综合考虑了材料微观缺陷、氯离子扩散和侵蚀、蚀坑增长、混凝土开裂、环境季节变化、蚀坑根部应力集中等。图 9.1 为 RC 桥梁腐蚀疲劳退化全过程示意图。

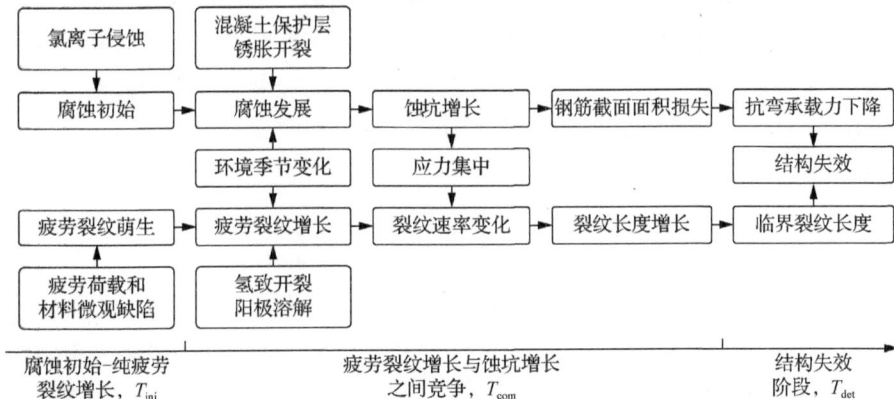

图 9.1　RC 桥梁腐蚀疲劳退化全过程

第一阶段,基于 Fick 扩散定律和电化学理论确定腐蚀初始时间,并且基于断裂力学和疲劳裂纹增长分析计算腐蚀初始之前的纯疲劳裂纹增长尺寸。材料微观缺陷尺寸导致的疲劳裂纹萌生过程采用等效初始裂纹进行考虑。第二阶段,考虑环境季节变化下的蚀坑增长与疲劳裂纹增长之间的竞争,特别是蚀坑根部应力集中、季节环境变化下的疲劳裂纹增长和蚀坑增长、蚀坑与疲劳裂纹之间相互作用均得到考虑。第三阶段,疲劳裂纹增长至临界裂纹长度或者蚀坑导致结构抗弯承载力低于外荷载作用效应,两者均导致 RC 桥梁结构失效。

在本章模型中,蚀坑增长是关于时间 t 的函数。应力集中因子是关于蚀坑深度的函数,故应力集中因子为时间 t 的函数。结合车辆荷载频率,疲劳裂纹扩展速率转化为时间 t 的函数。蚀坑根部应力强度因子包含应力集中因子和疲劳裂纹长度,同样为时间 t 的函数。因此,整个模拟分析过程由时间变量 t 统一成整体。

9.1.1　腐蚀初始-纯疲劳裂纹发展阶段

氯离子侵蚀对 RC 桥梁性能退化具有重要影响。氯离子侵蚀对混凝土内钢筋具有去钝化作用,导致钢筋表面氯离子浓度增大并最终导致钢筋腐蚀。钢筋腐蚀初始时间受众多因素的影响,如混凝土保护层厚度、混凝土表面氯离子浓度等。钢筋腐蚀初始时间 T_{ini} 可表示为[228]

$$T_{ini} = \frac{C_z^2}{4D_{Cl}} \left[\mathrm{erf}^{-1} \left(1 - \frac{C_{th}}{C_s} \right) \right]^{-2} \tag{9.1}$$

式中,C_z 为混凝土保护层厚度(cm);D_{Cl} 为氯离子扩散系数(cm²/年);C_s 和 C_{th} 分别为混凝土表面氯离子浓度和临界氯离子浓度(%);erf()为误差函数。

蚀坑在钢筋腐蚀初始之后逐渐增长。然而实际工程中,混凝土内钢筋腐蚀通常会在长达数十年之后才发生。在无腐蚀状态下,钢筋材料内在微观缺陷同样会诱发疲劳裂纹萌生和扩展。钢筋材料微观缺陷引起的疲劳裂纹用等效初始裂纹尺寸(EIFS)概念进行描述。腐蚀初始之前的钢筋纯疲劳裂纹增长量可由式(9.2)计算得出:

$$T_{ini} = \frac{1}{f} \int_0^{N_{ini}} \mathrm{d}N = \frac{1}{f} \int_{a_i}^{a_{ini}} \frac{1}{C_a (\Delta K - \Delta K_{th,a})^{m_a}} \mathrm{d}a \tag{9.2}$$

式中,N_{ini} 为腐蚀初始时间 T_{ini} 内的荷载循环次数;f 为车辆荷载频率;a_{ini} 为 N_{ini} 次荷载循环后的裂纹长度(m);C_a、m_a、$\Delta K_{th,a}$ 为无腐蚀环境下的疲劳裂纹扩展速率曲线的拟合参数。

当腐蚀初始时间和车辆荷载频率已知,则经历 N_{ini} 次荷载循环后的疲劳裂纹长度可由式(9.2)计算得到。钢筋腐蚀初始,蚀坑和疲劳裂纹将同时增长,并且蚀坑将进一步影响疲劳裂纹增长速率。蚀坑与裂纹之间的相互作用和竞争机制在下文展开详细讨论。

9.1.2　季节变化影响下蚀坑与裂纹竞争阶段

目前，蚀坑增长向疲劳裂纹增长转变的准则主要为疲劳门槛值准则和速率竞争准则。疲劳门槛值准则，当对应于蚀坑深度的当量应力强度因子大于同尺寸疲劳裂纹的应力强度因子时，蚀坑增长转变为疲劳裂纹增长[237]。Chen 等[237]通过试验研究指出疲劳门槛值准则不适用于低频率条件下的疲劳裂纹增长分析。当疲劳裂纹增长速率大于蚀坑增长速率时，蚀坑增长转变为疲劳裂纹增长，即速率竞争准则[238]，该准则也被本章所采用。需要说明的是，不同于以往研究学者将蚀坑视为钢筋表面裂纹，本章将蚀坑模拟为钢筋表面缺口。蚀坑与疲劳裂纹的竞争机制将分为以下三方面进行详细论述。

1. 蚀坑增长

钢筋表面蚀坑先成核再增长。蚀坑深度与时间 t 的关系表达式如下[199]：

$$p(t) = 0.0116 R_0 (t - T_{\text{ini}}) i_{\text{corr}}(t) \tag{9.3}$$

式中，$p(t)$ 为蚀坑深度（mm）；R_0 为腐蚀不均匀系数；$i_{\text{corr}}(t)$ 为腐蚀电流密度（$\mu\text{A/cm}^2$）。

腐蚀是一个受多因素作用的时变过程。钢筋与混凝土之间腐蚀产物的积累将阻碍混凝土内钢筋与外界进行介质交换，腐蚀速率逐渐下降[230]。腐蚀速率可用腐蚀电流密度表示，腐蚀电流密度[231]可表示为

$$i_{\text{corr}}(t) = \frac{32.1(1 - w/c)^{-1.64} \cdot (t - T_i)^{-0.29}}{C_0} \tag{9.4}$$

式中，w/c 为水灰比，由 Bolomey 公式可得，即

$$\frac{w}{c} = \frac{27\text{MPa}}{f_c + 13.5\text{MPa}} \tag{9.5}$$

式中，f_c 为混凝土抗压强度（MPa）。

图 9.2 为钢筋腐蚀速率变化示意图。钢筋腐蚀产物逐渐累积并不断膨胀，逐渐填充钢筋与混凝土之间缝隙从而产生压应力，并最终致使混凝土保护层开裂。当锈胀开裂宽度增大至临界裂缝宽度，腐蚀速率突变增大，然后达到该环境下最大腐蚀电流密度[260-261]。

参照文献[233]，考虑混凝土锈胀开裂对腐蚀速率的加速效应，蚀坑深度计算式为

$$p(t) = \begin{cases} 0.0116R_0 \int_{T_i}^t i_{\text{corr}}(t)\mathrm{d}t, & t \leqslant T_{\text{sp,lim}} \\ \\ 0.0116R_0 \int_{T_i}^{T_{\text{sp,lim}}} i_{\text{corr}}(t)\mathrm{d}t + 0.0116k_{ac}R_0 \int_{T_{\text{sp,lim}}}^t i_{\text{corr}}(t)\mathrm{d}t, & t > T_{\text{sp,lim}} \end{cases} \quad (9.6)$$

式中，$T_{\text{sp,lim}}$ 为锈胀开裂损伤时间（年），$T_{\text{sp,lim}} = T_i + T_{\text{cr}} + T_{\text{cp}}$，$T_{\text{cr}}$ 为混凝土首次出现锈胀裂缝的时间（年），T_{cp} 为从混凝土首次锈胀开裂至极限裂缝宽度的时间（年）；k_{ac} 为腐蚀速率加速系数。

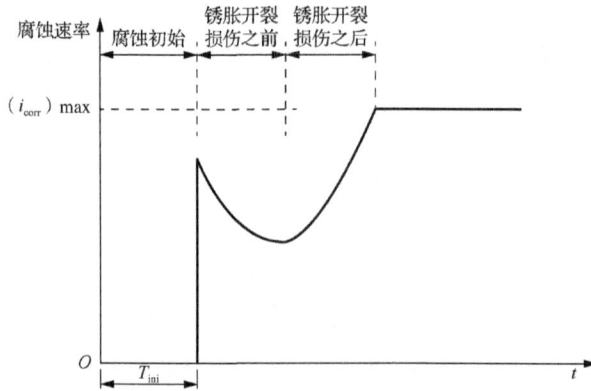

图 9.2 腐蚀电流密度随时间的变化规律

混凝土首次出现锈胀开裂的时间 T_{cr}[234]可表示为

$$T_{\text{cr}} = \left[\frac{7117.5(D_0 + 2d_0)(1 + \nu + \psi)}{i_{\text{corr}}E_{\text{ef}}} \right] \cdot \left[\frac{2C_0 f_t}{D_0} + \frac{2d_0 E_{\text{ef}}}{(D_0 + 2d_0)(1 + \nu + \psi)} \right] \quad (9.7)$$

式中，d_0 为钢筋与混凝土之间的间隙（mm）；$\psi = (D_0 + 2d_0)^2 / [2C_0(C_0 + D_0 + 2d_0)]$；$\nu$ 为混凝土泊松比；f_t 为混凝土抗拉强度（MPa），$f_t = 0.53\sqrt{f_c}$；E_{ef} 为混凝土有效弹性模量（MPa），$E_{\text{ef}} = E_c / (1 + \phi_{\text{cr}})$；$i_{\text{corr}} = 37.8(1 - w/c)^{-1.64} / C_0$；$E_c$ 为混凝土弹性模量（MPa），$E_c = 4600\sqrt{f_c}$；ϕ_{cr} 为混凝土蠕变系数。

从混凝土首次锈胀开裂至极限裂缝宽度的时间 T_{cp} 按式（9.8）[200]计算：

$$T_{\text{cp}} = 0.0167i_{\text{corr}}^{-1}\left[42.9\left(\frac{w/c}{C_0}\right)^{-0.54} + \left(\frac{w_{\text{lim}} - 0.3}{0.0062}\right)^{1.5} \right] \quad (9.8)$$

式中，w_{lim} 为混凝土保护层极限裂缝宽度（mm）。

因此，蚀坑增长速率 $\mathrm{d}p(t)/\mathrm{d}t$ 为

$$\mathrm{d}p(t) / \mathrm{d}t = \begin{cases} 0.00824R_0 i_{\text{corr}}(t), & t \leqslant T_{\text{sp,lim}} \\ \\ 0.00824k_{ac}R_0 i_{\text{corr}}(t), & t > T_{\text{sp,lim}} \end{cases} \quad (9.9)$$

　　图 9.3 为钢筋表面坑蚀的几何模型。坑蚀钢筋的剩余截面面积按式（9.10）[229] 计算可得：

$$A_s(t) = \begin{cases} \dfrac{\pi D_0^2}{4} - A_1 - A_2, & p(t) < \dfrac{\sqrt{2}}{2} D_0 \\[3mm] A_1 - A_2, & \dfrac{\sqrt{2}}{2} D_0 \leqslant p(t) < D_0 \\[3mm] 0, & D_0 < p(t) \end{cases} \qquad (9.10)$$

式中，$A_1 = \dfrac{1}{2}\left[\theta_1\left(\dfrac{D_0}{2}\right)^2 - \gamma\left|\dfrac{D_0}{2} - \dfrac{p(t)^2}{D_0}\right|\right]$；$A_2 = \dfrac{1}{2}\left[\theta_2 p(t)^2 - \gamma\dfrac{p(t)^2}{D_0}\right]$；$\theta_1 = 2\arcsin\left(\dfrac{\gamma}{D_0}\right)$；

$\theta_2 = 2\arcsin\left[\dfrac{\gamma}{2p(t)^2}\right]$；$\gamma = 2p(t)\sqrt{1 - \left[\dfrac{p(t)}{D_0}\right]^2}$。

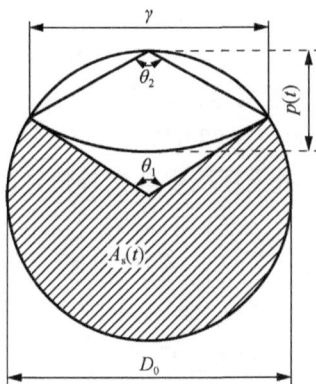

图 9.3　钢筋坑蚀模型

2. 疲劳裂纹增长

　　在本内容中，腐蚀对钢筋疲劳裂纹增长的影响分为两个方面：蚀坑根部应力集中加速疲劳裂纹增长和环境季节变化对疲劳裂纹增长的影响。图 9.4 所示为蚀坑与疲劳裂纹同时增长的示意图。蚀坑根部应力强度因子[218]为

$$\Delta K_{p(t)} = Y\Delta\sigma\sqrt{\pi\left\{a + p(t)\left[1 - \exp\left(-\dfrac{a}{p(t)}(K_t^2 - 1)\right)\right]\right\}} \qquad (9.11)$$

式中，$\Delta K_{p(t)}$ 为蚀坑根部应力强度因子幅值（MPa·m$^{0.5}$）；K_t 为应力集中因子，计算式[31]为

$$K_t = 3.453(p(t) + 0.0056)^{0.239} \tag{9.12}$$

图 9.4　蚀坑与裂纹同时增长示意图

服役环境季节交替变化对疲劳裂纹增长速率的影响是一个与时间历程相关的复杂过程。如第 8 章 8.1 节所述，参数 C、m 以及门槛值 ΔK_{th} 受环境条件影响较大。为简化分析过程，将一年当中季节交替变化情况分为两个部分，即春夏阶段和秋冬阶段。其中，春夏阶段雨水多、腐蚀性较低，作为钢筋的无腐蚀疲劳裂纹增长阶段，而秋冬阶段除冰盐使用较多，作为钢筋的腐蚀疲劳裂纹扩展阶段。从年份时间角度而言，年份的小数位位于区间[0, 0.5)则是春夏阶段，位于区间[0.5, 1)则是秋冬阶段。需要补充说明的是，不同地理环境的季节交替变化可能存在差异，本章所作服役环境阶段划分仅作为模型分析示例，有关不同服役环境下的季节阶段划分需因地制宜地进行，也需要今后进一步研究。

综合式（8.2）、式（8.5）、式（8.6）、式（9.11）和式（9.12），考虑蚀坑与疲劳裂纹之间相互影响以及服役环境季节交替变化的疲劳裂纹增长速率可计算如下：

$$\frac{\mathrm{d}a}{\mathrm{d}t} = \begin{cases} C_a(\Delta K - \Delta K_{th,a})^{m_a} f, & \text{春夏阶段(SS)} \\ \\ C_b(\Delta K - \Delta K_{th,b})^{m_b} f, & \text{秋冬阶段(AW)} \end{cases} \tag{9.13}$$

式中，C_b、m_b、$\Delta K_{th,b}$ 为腐蚀环境下的疲劳裂纹扩展速率曲线的拟合参数。

相应地，考虑蚀坑与疲劳裂纹之间相互影响以及每个季节阶段内的疲劳裂纹增长长度可由式（9.14）计算得到：

$$N_{half} = \begin{cases} \displaystyle\int_{a_j}^{a_k} \frac{1}{C_a(\Delta K - \Delta K_{th,a})^{m_a}} \mathrm{d}a, & \text{春夏阶段(SS)} \\ \\ \displaystyle\int_{a_p}^{a_q} \frac{1}{C_b(\Delta K - \Delta K_{th,b})^{m_b}} \mathrm{d}a, & \text{秋冬阶段(AW)} \end{cases} \tag{9.14}$$

式中，N_{half} 为半年时间内相应车辆荷载频率下的疲劳荷载循环次数；a_j 和 a_p 分别为每个季节阶段开始时刻的裂纹长度（m）；a_k 和 a_q 分别为每个季节阶段结束时刻的裂纹长度（m）。疲劳裂纹增长分析以半年为周期、按季节阶段对疲劳裂纹增长

情况进行循环交替计算。

3. 蚀坑与裂纹间的竞争

图 9.5 为蚀坑增长与疲劳裂纹增长的速率关系。其中，蚀坑增长速率如实线所示。蚀坑增长速率先减小，由于混凝土锈胀损伤而增大，最终达到特定环境下的腐蚀速率临界值。疲劳裂纹增长速率如虚线所示。t_{com} 为蚀坑增长与裂纹增长两者速率相等的时间点。

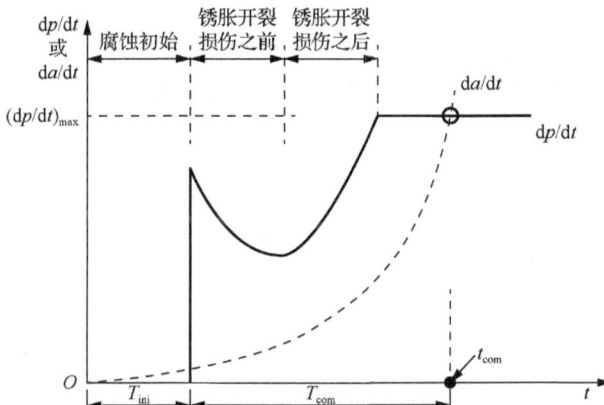

图 9.5　蚀坑增长与疲劳裂纹增长的速率关系

在分析蚀坑增长与疲劳裂纹增长的竞争过程中，蚀坑与疲劳裂纹的增长速率、尺寸都应当予以考虑。由于蚀坑增长速率模型与疲劳裂纹增长速率模型中的参数是随时间变化的，这导致钢筋应力随时间不停地变化，疲劳裂纹增长速率随季节交替而不停地变化。因此，仅通过联立蚀坑增长速率模型与疲劳裂纹增长速率模型无法直接得到两者速率相等的时间点。为此，本章通过提出一种循环交替计算方法来解决此问题。蚀坑与裂纹的竞争过程分为两种主要状况进行详细分析讨论。

1）状况 1

钢筋腐蚀初始之后，纯疲劳裂纹长度 a_{ini} 小于蚀坑深度，如图 9.6（a）所示，即蚀坑"溶解"了疲劳裂纹。这种状况可能发生于高度腐蚀环境下，环境腐蚀作用对结构退化的影响强于疲劳荷载作用。腐蚀初始之后的疲劳裂纹增长速率可由等效初始裂纹尺寸和式（9.13）计算得到。若裂纹增长速率小于蚀坑增长速率，意味着蚀坑仍将溶解掉增长的裂纹[图 9.6（b）]。因此，裂纹增长速率模型[式（9.13）]中的相关参数将在每个季节阶段末进行更新。考虑到混凝土保护层锈胀开裂损伤将加速蚀坑增长速率，这也使得蚀坑增长与裂纹增长的竞争过程更加复杂。图 9.7 为蚀坑与疲劳裂纹增长速率相等时间点的示意图。

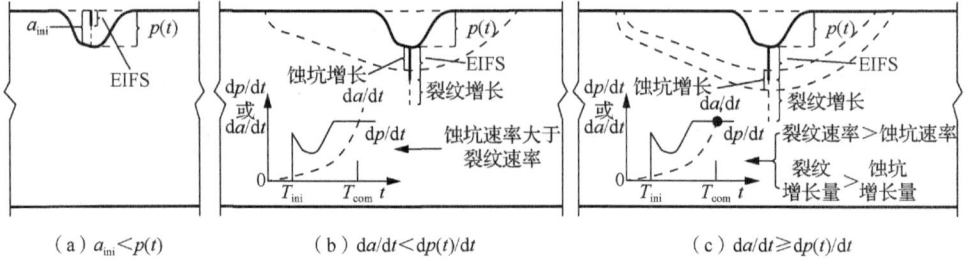

（a）$a_{ini} < p(t)$　　　　　（b）$da/dt < dp(t)/dt$　　　　　（c）$da/dt \geqslant dp(t)/dt$

图 9.6　蚀坑与裂纹的竞争示意图（蚀坑在腐蚀初始之后大于裂纹尺寸）

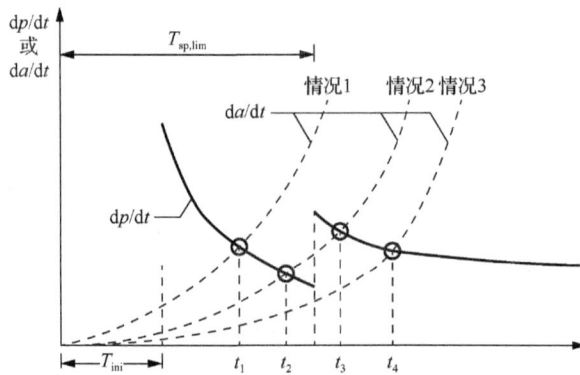

图 9.7　蚀坑与裂纹增长速率相等时间点示意图

如图 9.7 所示，对于情况 1 和情况 3，关于蚀坑与裂纹的速率相等的时间点仅有一个，则竞争结束的时间点分别为 t_1 和 t_4。对于情况 2，蚀坑与裂纹的速率相等的时间点分别为 t_2 和 t_3，即疲劳裂纹增长速率在混凝土锈胀损伤前超过蚀坑增长速率，由于蚀坑增长速率在混凝土锈胀损伤之后急剧增大，蚀坑存在再次追上裂纹的可能。因此，此时的蚀坑和裂纹尺寸应当予以考虑。当 $t_2 \sim t_3$ 时段内蚀坑增长量大于裂纹增长量时，说明蚀坑增长在混凝土锈胀损伤后再次追上了裂纹增长，竞争结束时间点为 t_3。反之，则说明蚀坑增长在混凝土锈胀损伤后未能追上裂纹增长 [图 9.6 （c）]，竞争结束时间点为 t_2。

在状况 1 中，整个竞争过程可描述为，在腐蚀初始之后，纯疲劳裂纹长度比蚀坑深度小，疲劳裂纹增长追赶蚀坑增长并最终裂纹增长速率超过蚀坑增长速率。注意，在蚀坑与疲劳裂纹竞争过程中，有可能在疲劳裂纹导致结构失效之前，蚀坑增长已经导致结构失效。蚀坑增长导致结构失效在整个循环交替计算中实时检

查。有关蚀坑增长导致结构失效将在确定结构失效模式中进行介绍。状况 1 的竞
争阶段时间可按以下方法计算得到。

　　例如，当腐蚀初始时间在春夏阶段，秋冬阶段开始时刻的裂纹长度 a_k 计算
如下：

$$N_0 = \int_{a_{\mathrm{ini}}}^{a_k} \frac{1}{C_a(\Delta K - \Delta K_{\mathrm{th},a})^{m_a}} \mathrm{d}a \tag{9.15}$$

式中，N_0 为腐蚀初始时间至秋冬阶段开始时刻的疲劳荷载循环次数。

　　在计算过程中，蚀坑与裂纹的速率、尺寸以半年为周期进行比较。当裂纹增
长速率在第 n 个计算循环中超过蚀坑增长速率，则第 n 个计算循环中对应蚀坑与
裂纹速率相等时间点的荷载循环次数 $N_{\mathrm{com,end}}$ 为

$$N_{\mathrm{com,end}} = (t_{\mathrm{com}} - t_n)f \tag{9.16}$$

式中，t_n 为第 n 个计算循环的开始时间（年）；t_{com} 可由对应季节阶段内的裂纹增
长速率模型与蚀坑增长速率模型联立得到，即

$$\frac{\mathrm{d}p(t_{\mathrm{com}})}{\mathrm{d}t} = \frac{\mathrm{d}a}{\mathrm{d}t} \tag{9.17}$$

　　因此，状况 1 的竞争阶段时间 T_{com} 为

$$T_{\mathrm{com}} = \frac{1}{f}[N_0 + (n-1)N_{\mathrm{half}} + N_{\mathrm{com,end}}] \tag{9.18}$$

2）状况 2

　　钢筋腐蚀初始之后，纯疲劳裂纹长度 a_{ini} 大于蚀坑深度，如图 9.8（a）所示。
该状况可能发生于疲劳作用显著的环境下，如车流量大且车辆荷载大的情况，疲
劳荷载作用对结构退化的影响强于环境腐蚀作用。如上文所述，蚀坑增长速率随
时间发生变化，蚀坑增长深度可能追上裂纹增长尺寸。因此，状况 2 进一步细分
为状况 2.1 和状况 2.2，分别对应于蚀坑深度追得上和追不上疲劳裂纹长度。

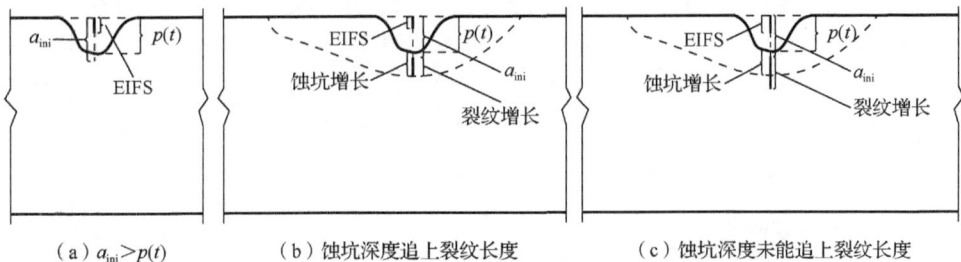

（a）$a_{\mathrm{ini}} > p(t)$　　　　（b）蚀坑深度追上裂纹长度　　　　（c）蚀坑深度未能追上裂纹长度

图 9.8　蚀坑与裂纹的竞争示意图（蚀坑在腐蚀初始之后小于裂纹尺寸）

（1）状况 2.1。当蚀坑深度追上疲劳裂纹长度，如图 9.8（b）所示，状况 2.1 转变为状况 1。状况 2.1 的竞争过程可描述为，在腐蚀初始之后，纯疲劳裂纹长度大于蚀坑深度，随着时间发展，蚀坑深度首先追上裂纹尺寸（T_{p-to-c}），然后疲劳裂纹增长追赶蚀坑增长并最终裂纹增长速率超过蚀坑增长速率（T_{c-to-p}）。例如，当腐蚀初始为春夏阶段，蚀坑深度追上疲劳裂纹尺寸的时间 T_{p-to-c} 可表示为

$$T_{p-to-c} = \frac{1}{f}(N_0 + N_{half} + N_{half} + \cdots + N_{p-to-c,end})$$

$$= \frac{1}{f}\left(\begin{array}{l} \int_{a_{ini}}^{a_{k0}} \dfrac{1}{C_a(\Delta K_{p(t)_0} - \Delta K_{th,a})^{m_a}} da + \int_{a_{p1}}^{a_{q1}} \dfrac{1}{C_b(\Delta K_{p(t)_1} - \Delta K_{th,b})^{m_b}} da \\ + \int_{a_{j2}}^{a_{k2}} \dfrac{1}{C_a(\Delta K_{p(t)_2} - \Delta K_{th,a})^{m_a}} da + \cdots + \int_{a_{jn} \text{或} p_{pn}}^{p(t)} \dfrac{1}{C_{aorb}(\Delta K_{p(t)_n} - \Delta K_{th,aorb})^{m_{aorb}}} da \end{array} \right)$$

$$(9.19)$$

式中，$N_{p-to-c,end}$ 为蚀坑深度追赶裂纹长度的最后计算循环起始时间至蚀坑深度追上疲劳裂纹长度的荷载循环次数；a_{k0} 等于 a_{p1}，a_{q1} 等于 a_{j2}，说明本季节阶段的积分上限等于下一个季节阶段的积分下限；C_{aorb}、m_{aorb}、$\Delta K_{th,aorb}$ 分别代表 C_a 或 C_b、m_a 或 m_b、$\Delta K_{th,a}$ 或 $\Delta K_{th,b}$。

蚀坑深度追上疲劳裂纹长度后，接下来是疲劳裂纹增长追赶蚀坑增长。疲劳裂纹增长追上蚀坑增长的时间 T_{c-to-p} 可由状况 1 中式（9.18）计算得到。因此，状况 2.1 的竞争阶段时间为

$$T_{com} = T_{p-to-c} + \frac{1}{f}[N_0 + (n-1)N_{half} + N_{com,end}]$$ （9.20）

（2）状况 2.2。当蚀坑深度未能追上疲劳裂纹尺寸，如图 9.8（c）所示，纯疲劳裂纹一直扩展直至钢筋断裂。状况 2.2 的竞争过程可描述为，在腐蚀初始之后，纯疲劳裂纹长度大于蚀坑深度，随着时间发展，蚀坑深度未能追上裂纹尺寸，疲劳裂纹继续扩展直至最终结构疲劳断裂，状况 2.2 中的竞争阶段时间为零。在状况 2.1 和状况 2.2 中，蚀坑增长导致结构失效的情况同样实时检查。为简化计算，上述计算式中最后一个循环的疲劳荷载次数忽略不计，$N_{p-to-c,end}$ 和 $N_{com,end}$ 直接取 N_{half}。基于上述分析讨论、简化和假设，竞争阶段的分析计算在两个季节阶段之间循环交替计算，且每个季节阶段末对各参数进行更新。

9.1.3 结构失效阶段

结合以上讨论，本章考虑两种 RC 桥梁结构失效模式：腐蚀导致结构失效和疲劳导致结构失效。前者说明在疲劳裂纹增长超过蚀坑增长之前，结构已失效，环境腐蚀比疲劳荷载对结构性能退化的影响更大。后者则说明疲劳裂纹增长超过蚀坑增长并最终导致结构失效，疲劳荷载作用是结构失效的主要原因。

随着钢筋腐蚀不断发展，蚀坑减小了钢筋横截面面积，降低了 RC 桥梁抗弯承载力。RC 桥梁抗弯承载力极限状态方程为

$$F(A_s(t), X)_Z = M(A_s(t), X)_r - M(X)_S \tag{9.21}$$

式中，$A_s(t)$ 为腐蚀钢筋剩余横截面面积（mm^2）；X 为随机变量序列，包括结构几何参数、材料性能、荷载作用形式等；$M(A_s(t), X)_r$ 为结构抗弯承载力；$M(X)_S$ 为外部荷载产生弯矩作用效应。当结构抗弯承载力因腐蚀率增长而逐渐下降，最终小于外部荷载弯矩作用时，结构失效阶段的寿命时间可根据蚀坑深度模型求得。

对于状况 1 和状况 2.1，裂纹追赶并超过蚀坑，成为结构失效阶段的主要作用因素。当竞争阶段结束时间为春夏阶段，腐蚀疲劳裂纹增长导致结构失效的时间可表示为

$$
\begin{aligned}
T_{det} &= \frac{1}{f}(N_{det,start} + N_{half} + N_{half} + \cdots + N_{det,end}) \\
&= \frac{1}{f}\left(\begin{aligned} &\int_{EIFS}^{a_{k0}} \frac{1}{C_a(\Delta K_{p(t)_0} - \Delta K_{th,a})^{m_a}} da + \int_{a_{p1}}^{a_{q1}} \frac{1}{C_b(\Delta K_{p(t)_1} - \Delta K_{th,b})^{m_b}} da \\ &+ \int_{a_{j2}}^{a_{k2}} \frac{1}{C_a(\Delta K_{p(t)_2} - \Delta K_{th,a})^{m_a}} da + \cdots + \int_{a_{jn} \text{or} p_{pn}}^{p(t)} \frac{1}{C_{aorb}(\Delta K_{p(t)_n} - \Delta K_{th,aorb})^{m_{sorb}}} da \end{aligned} \right)
\end{aligned}
\tag{9.22}
$$

式中，$N_{det,start}$ 为竞争阶段结束时间点至秋冬阶段起始时间所对应的疲劳荷载循环次数；$N_{det,end}$ 为最后一个季节阶段起始时间至疲劳裂纹达到临界裂纹时间的疲劳荷载循环次数。

对于状况 2.2，蚀坑与疲劳裂纹之间不存在竞争阶段时间，疲劳裂纹从 RC 桥梁建成至腐蚀初始前为纯疲劳裂纹增长，腐蚀初始之后为腐蚀疲劳裂纹增长，最终导致结构疲劳失效。当竞争阶段结束时间为春夏阶段，腐蚀疲劳裂纹增长导致结构失效的时间计算如下：

$$
\begin{aligned}
T_{det} &= \frac{1}{f}(N_{det,start2} + N_{half} + N_{half} + \cdots + N_{det,end}) \\
&= \frac{1}{f}\left(\begin{aligned} &\int_{a_{ini}}^{a_{k0}} \frac{1}{C_a(\Delta K_{p(t)_0} - \Delta K_{th,a})^{m_a}} da + \int_{a_{p1}}^{a_{q1}} \frac{1}{C_b(\Delta K_{p(t)_1} - \Delta K_{th,b})^{m_b}} da \\ &+ \int_{a_{j2}}^{a_{k2}} \frac{1}{C_a(\Delta K_{p(t)_2} - \Delta K_{th,a})^{m_a}} da + \cdots + \int_{a_{jn} \text{or} p_{pn}}^{p(t)} \frac{1}{C_{aorb}(\Delta K_{p(t)_n} - \Delta K_{th,aorb})^{m_{sorb}}} da \end{aligned} \right)
\end{aligned}
\tag{9.23}
$$

式中，$N_{det,start2}$ 为腐蚀初始时间至秋冬阶段起始时间所对应的疲劳荷载循环次数。

在结构失效阶段，计算过程中的最后一个计算循环同样进行简化。图 9.9 为本模型总体计算流程。RC 桥梁寿命包括腐蚀初始时间 T_{ini}、竞争阶段时间 T_{com} 和结构失效阶段时间 T_{det}。

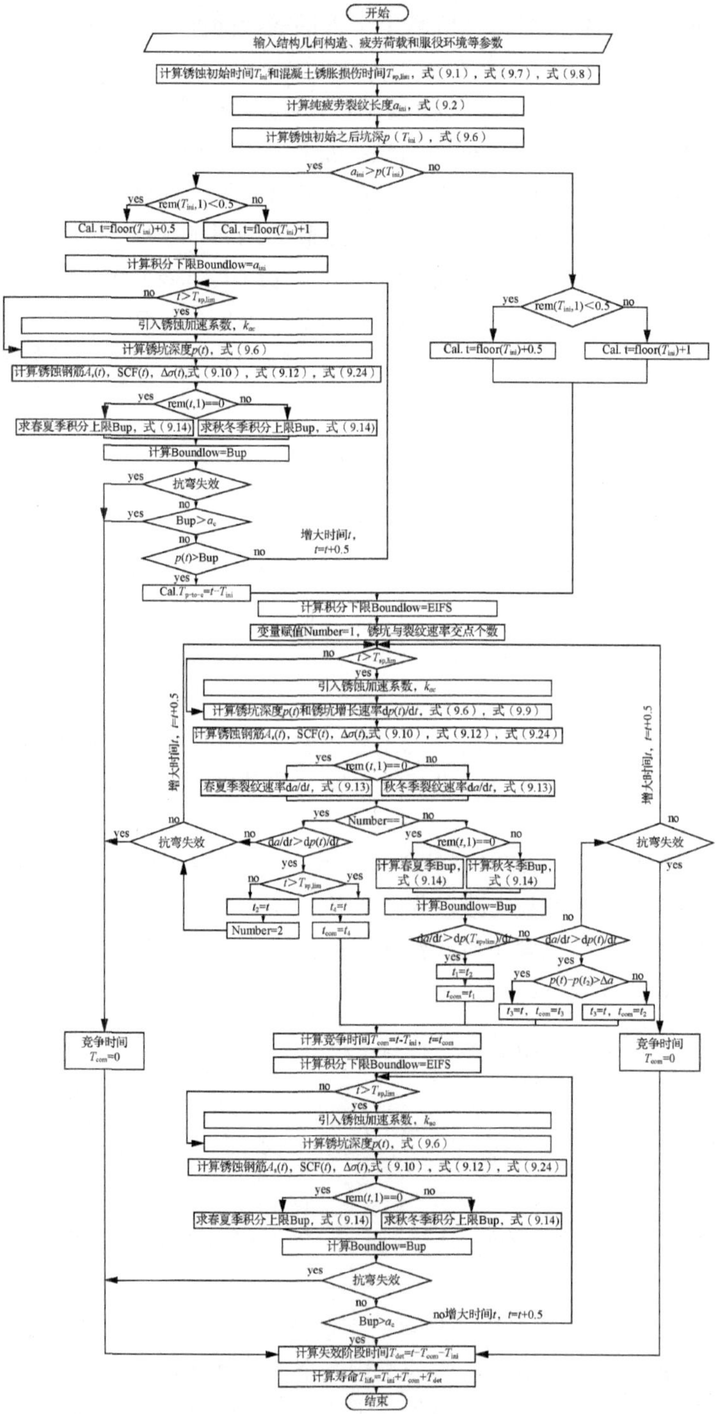

图 9.9　计算流程图

9.2　计算案例分析

9.2.1　基本概况

本章通过设计一座计算跨径为 10m 的 RC 简支梁作为本章腐蚀疲劳寿命评估模型的计算示例。图 9.10 为 RC 简支梁几何构造和钢筋布置情况。在进行计算分析之前，模型的基本假设如下：假定腐蚀钢筋屈服强度和弹性模量与未腐蚀钢筋相同；混凝土保护层极限裂缝宽度取 0.4mm[232]；混凝土抗拉强度忽略不计；RC 梁整个退化过程中不考虑维修加固情况；疲劳荷载作用由频率为 f 的车辆荷载轴重 P 作用于 RC 梁跨中位置进行模拟，假定车辆荷载轴重 P 服从对数正态分布。车辆荷载频率分别取 50 次/天、100 次/天、200 次/天、500 次/天以探究荷载频率对寿命评估结果的影响。RC 梁构成材料设计参数如表 9.1 所示。

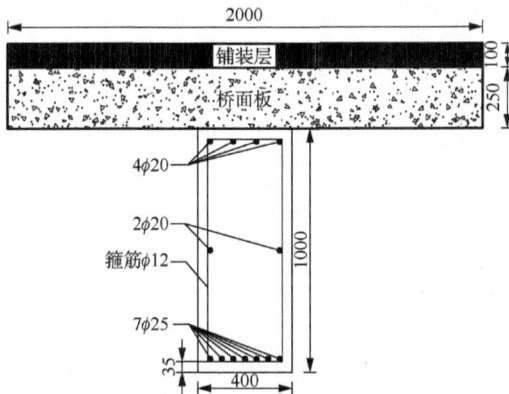

图 9.10　RC 简支梁几何构造与钢筋布置（单位：mm）

表 9.1　RC 梁构成材料设计参数

参数	取值	含义
E_s	210GPa	钢筋弹性模量
E_c	31500MPa	混凝土弹性模量
f_s	480MPa	钢筋屈服强度
f_c	40MPa	混凝土抗压强度
$\Delta\sigma_f$	123MPa	钢筋疲劳极限
γ_s	78.5kN/m³	钢筋密度
γ_c	22kN/m³	混凝土密度
γ_p	19kN/m³	铺装层密度
ν_c	0.2	混凝土泊松比

需要补充说明的是，本章考虑最大蚀坑以及疲劳裂纹发生于 RC 梁最大弯矩作用截面位置，这可能导致疲劳寿命评估结果偏保守。在自然腐蚀过程中，蚀坑和疲劳裂纹的萌生和增长都是较为复杂的过程，可在不同位置甚至多处位置同时萌生和增长。因此，本章未考虑坑蚀和疲劳裂纹的空间变异性。坑蚀和疲劳裂纹空间变异性受到众多因素的影响，如梁的长度、钢筋直径和长度、钢筋数量、钢筋强度、材料微观构造特点、梁的加工制作过程等。有关坑蚀和疲劳裂纹空间变异性的建模，仍需要大量理论和试验研究对相关变量的不确定性进行量化，这些问题都需要今后不断深入研究。

受拉钢筋脆性断裂为 RC 梁在疲劳荷载作用下的主要失效模式[220]。因此，可将受拉钢筋作为主要研究对象。此外，RC 梁受压区混凝土疲劳弹性模量在反复荷载作用下逐渐退化，导致 RC 梁内部应力重分布。由第 8 章腐蚀 RC 梁疲劳寿命预测模型的参数分析可得，忽略受压区混凝土疲劳损伤对疲劳寿命预测结果影响很小。Ma 等[98]认为忽略 RC 梁受压区混凝土弹性模量退化对腐蚀 RC 梁寿命预测结果的影响不超过 5%。因此，本章未考虑混凝土疲劳损伤。

腐蚀钢筋在疲劳荷载作用下的应力幅值可计算如下：

$$\Delta\sigma = \frac{T_{\max} - T_{\min}}{A_s(t)} \tag{9.24}$$

式中，$T_{\min}$ 和 $T_{\max}$ 分别为恒载和恒载-活载作用下钢筋拉力（N）。

上述建立的腐蚀疲劳寿命评估模型以断裂力学和裂纹增长分析为理论基础，获取材料疲劳裂纹增长速率是开展该模型分析计算的前提条件。为此，结合第 2 章与第 3 章钢筋疲劳裂纹扩展试验结果，分别采用空气环境和 3.5%氯化钠溶液环境下的裂纹增长速率曲线进行钢筋裂纹增长分析。图 9.11 为应力比 0.5 和不同环境下的钢筋疲劳裂纹增长速率曲线。本章设计的 RC 梁在自重以及车辆荷载 P 作用下的应力比同为 0.5。空气环境下的疲劳裂纹扩展速率曲线拟合参数分别为 C_a、m_a，$\Delta K_{\text{th},a}$，3.5%氯化钠溶液环境下的疲劳裂纹扩展速率曲线拟合参数分别为 C_b、m_b，$\Delta K_{\text{th},b}$，拟合结果如表 9.2 所示。

由本章模型计算流程可知，考虑服役环境季节交替变化的钢筋疲劳裂纹增长分析过程包含较多的循环计算以及较为复杂的分析过程，并且模型中相关参数同样存在不确定性。因此，有必要在上述腐蚀疲劳寿命评估模型基础上，发展相应的腐蚀疲劳寿命评估概率模型。表 9.3 为本章模型中考虑的各随机变量取值情况。为简化分析过程，将所考虑的随机变量的变异系数均假定为 0.1。运用蒙特卡洛模拟方法对各影响因素随机抽取 50 万个样本分别进行计算。此外，表 9.3 所示参数中，混凝土表面氯离子浓度分别为 0.1、0.2、0.3、0.4，分别标记为低度腐蚀（low）、中度腐蚀（moderate）、高度腐蚀（high）、极度腐蚀（extreme），用于分析环境腐蚀程度对本章模型计算结果的影响。

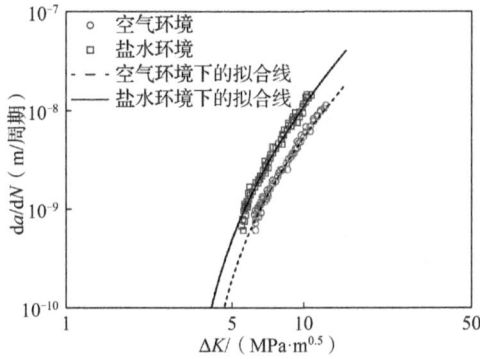

图 9.11　钢筋疲劳裂纹增长速率曲线

表 9.2　钢筋疲劳裂纹扩展速率参数

空气环境			3.5%氯化钠溶液		
C_a	m_a	$\Delta K_{th,a}$	C_b	m_b	$\Delta K_{th,b}$
1.007×10^{-10}	2.152	3.619	1.201×10^{-10}	2.363	3.157

表 9.3　随机变量的统计参数

随机变量	分布类型	均值	变异系数	参考文献
P	对数正态分布	120kN	0.2	
C_{th}	对数正态分布	0.04	0.1	[199]
C_s				[240]
low	对数正态分布	0.1	0.1	
moderate	对数正态分布	0.2	0.1	
high	对数正态分布	0.3	0.1	
extreme	对数正态分布	0.4	0.1	
C_z	正态分布	40mm	0.05	[239]
D_{Cl}	对数正态分布	0.35cm²/年	0.1	[239]
f_s	正态分布	480MPa	0.05	[239]
f_c	正态分布	40MPa	0.05	[239]
d_0	正态分布	0.002mm	0.1	[234]
k_{ac}	正态分布	1.2	0.1	[233]
ϕ_{cr}	正态分布	2.0	0.1	[234]

9.2.2　腐蚀初始和纯疲劳裂纹增长

不同腐蚀环境下混凝土内钢筋的腐蚀初始时间 T_{ini} 的概率密度曲线如图 9.12

所示。混凝土表面氯离子浓度增加，混凝土表面至钢筋表面的氯离子浓度梯度增大，导致氯离子扩散速率增大，钢筋腐蚀初始时间减小。如图 9.12 所示，当环境由低度腐蚀提高至极度腐蚀时，钢筋腐蚀初始时间均值由 34.46 年减小至 4.63 年。对各腐蚀初始时间概率密度进行 K-S 检验，检验显著水平为 5%，结果显示，各环境下的腐蚀初始时间不拒绝服从对数正态分布。

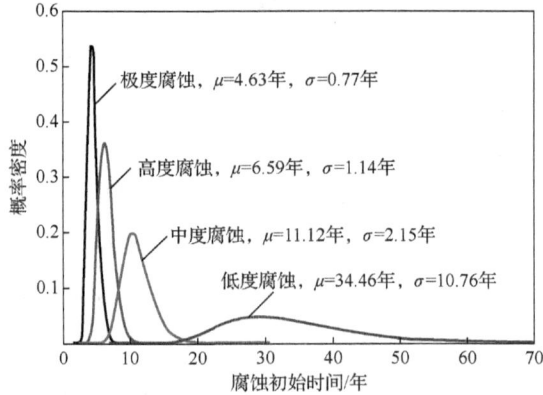

图 9.12　不同环境下钢筋腐蚀初始时间 T_{ini} 概率密度曲线

图 9.13 为腐蚀初始时刻的蚀坑深度与纯疲劳裂纹长度的概率密度曲线比较情况。如图 9.13 所示，随着环境腐蚀程度的提高，蚀坑深度均值从 0.173mm 增大至 0.268mm，变异系数由 0.051mm 增大至 0.084mm。纯疲劳裂纹长度均值和变异系数的区间分别为[0.331, 0.764]和[0.041, 0.134]。K-S 检验结果指出，腐蚀初始时刻的蚀坑深度和纯疲劳裂纹长度均不拒绝服从对数正态分布。

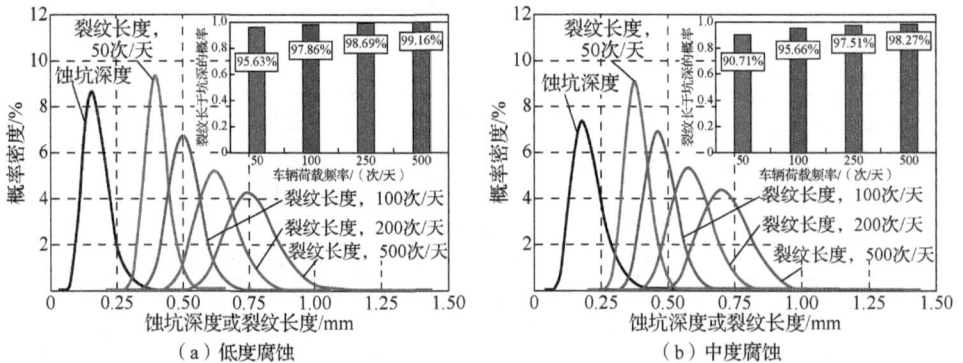

（a）低度腐蚀　　　　　　　　　　（b）中度腐蚀

图 9.13　腐蚀初始时刻的蚀坑深度与纯疲劳裂纹长度的概率密度曲线比较

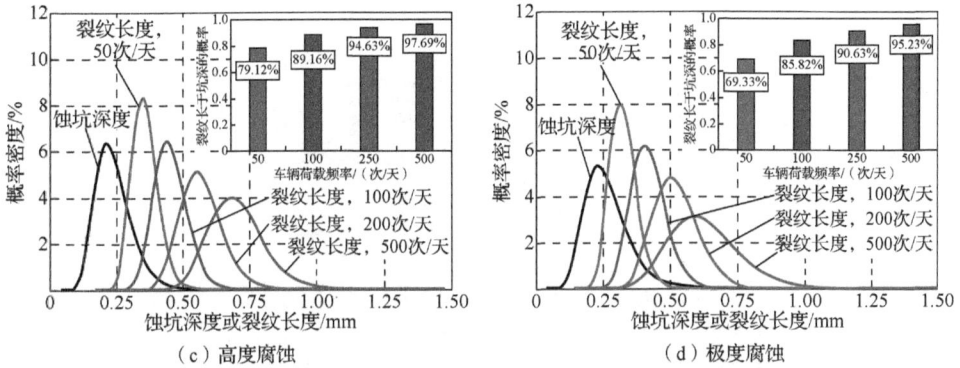

（c）高度腐蚀   （d）极度腐蚀

图 9.13（续）

图 9.13 中的柱状图为纯疲劳裂纹长度大于蚀坑深度的概率。四种环境腐蚀程度下的纯疲劳裂纹长度均值都大于蚀坑深度均值。如图 9.13 中柱状图所示，纯疲劳裂纹长度大于蚀坑深度的概率随荷载频率的增大而增大，其原因在于，增大荷载频率将加速疲劳裂纹增长，导致相同时间内的疲劳裂纹增长量增大。另外，提高环境腐蚀程度将促进蚀坑的增长，纯疲劳裂纹长度大于蚀坑深度的概率随环境腐蚀程度提高而减小。

9.2.3 蚀坑与裂纹之间竞争阶段时间

蚀坑与疲劳裂纹在腐蚀初始之后将同时增长。图 9.14 为不同车辆荷载频率、不同环境下的蚀坑增长与疲劳裂纹增长的竞争阶段时间 T_{com} 概率密度曲线及竞争阶段时间均值。竞争阶段时间的均值和变异系数随车辆荷载频率和环境腐蚀程度的提高而减小。K-S 检验结果表明竞争阶段时间 T_{com} 不拒绝服从威布尔分布，且均值和变异系数的范围分别为 0.72～72.03 年和 1.46～65.02 年。

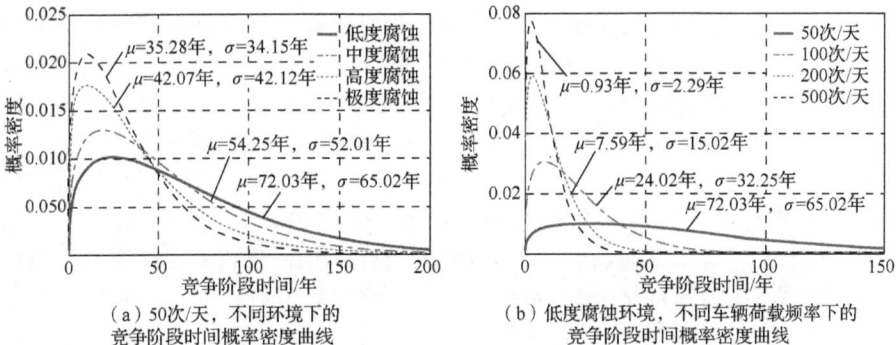

（a）50 次/天，不同环境下的
竞争阶段时间概率密度曲线

（b）低度腐蚀环境，不同车辆荷载频率下的
竞争阶段时间概率密度曲线

图 9.14 不同车辆荷载频率、不同环境下的蚀坑增长与裂纹增长的
竞争阶段时间 T_{com} 概率密度曲线及竞争阶段时间均值

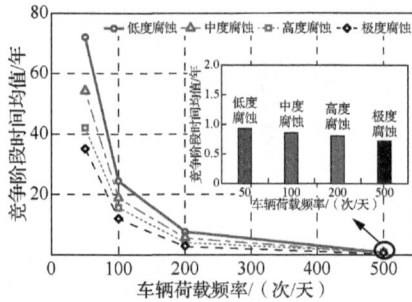

（c）不同车辆荷载频率、不同环境下的竞争阶段时间均值

图 9.14（续）

　　增大车辆荷载频率将增大疲劳裂纹增长速率，使得疲劳裂纹增长在更短的时间内超过蚀坑增长。如图 9.14（c）所示，随着车辆荷载频率的增大，竞争阶段时间逐渐减小，且不同环境下的竞争阶段时间的差异也逐渐减小。这说明增大车辆荷载频率将使得疲劳荷载作用逐渐成为 RC 梁退化的主导因素，并加快结束蚀坑增长与疲劳裂纹增长之间的竞争过程。提高环境腐蚀程度将同时加快蚀坑与疲劳裂纹的增长速率。由图 9.14（c）可知，疲劳裂纹增长速率在提高腐蚀程度情况下比蚀坑增长速率增加得更快，导致竞争阶段时间随环境腐蚀程度的提高而减小，这也表明疲劳裂纹增长速率比蚀坑增长速率对环境变化更敏感。

9.2.4　结构失效与腐蚀疲劳寿命

　　图 9.15 为不同车辆荷载频率、不同环境下的 RC 梁失效阶段时间 T_{det} 概率密度曲线及失效阶段时间均值。失效阶段时间 T_{det} 不拒绝服从对数正态分布，均值和变异系数的区间分别为[10.21, 54.67]和[4.32, 17.47]，并且失效阶段时间的均值和变异系数随环境腐蚀程度和车辆荷载频率的提高而不断减小。提高车辆荷载频率将增大疲劳裂纹增长速率，缩短 RC 梁失效阶段时间。另外，提高环境腐蚀程度也将使得钢筋断裂得更快，RC 梁失效得更快。

　　图 9.16 为计算示例中各种情况下的 RC 梁腐蚀疲劳寿命概率密度曲线及疲劳寿命均值。RC 梁腐蚀疲劳寿命分布类型可用对数正态分布进行描述。随着车辆荷载频率和环境腐蚀程度提高，RC 梁腐蚀疲劳寿命均值从 161.32 年减小至 15.56 年，变异系数从 74.89 年减小至 5.18 年。如图 9.16（c）所示，RC 梁寿命随车辆荷载频率和环境腐蚀程度的变化规律与竞争阶段时间、失效阶段时间的变化规律相类似。

　　为深入探究不同阶段在总寿命中的特点，各阶段在总寿命中所占百分比如图 9.17 所示。随着车辆荷载频率不断增大，腐蚀初始-纯疲劳裂纹增长阶段和结构失效阶段所占的寿命百分比不断增大，而蚀坑与疲劳裂纹的竞争阶段所占寿命百分比不断减小，这可归因于高荷载频率将显著减小竞争阶段时间及其所占寿命百分比，进而使得腐蚀初始-纯疲劳裂纹增长阶段和结构失效阶段所占寿命百分增大。同样地，随着环境腐蚀程度的提高，腐蚀初始时间及其所占寿命百分比减小，竞争阶段与结构失效阶段所占寿命百分比增大。

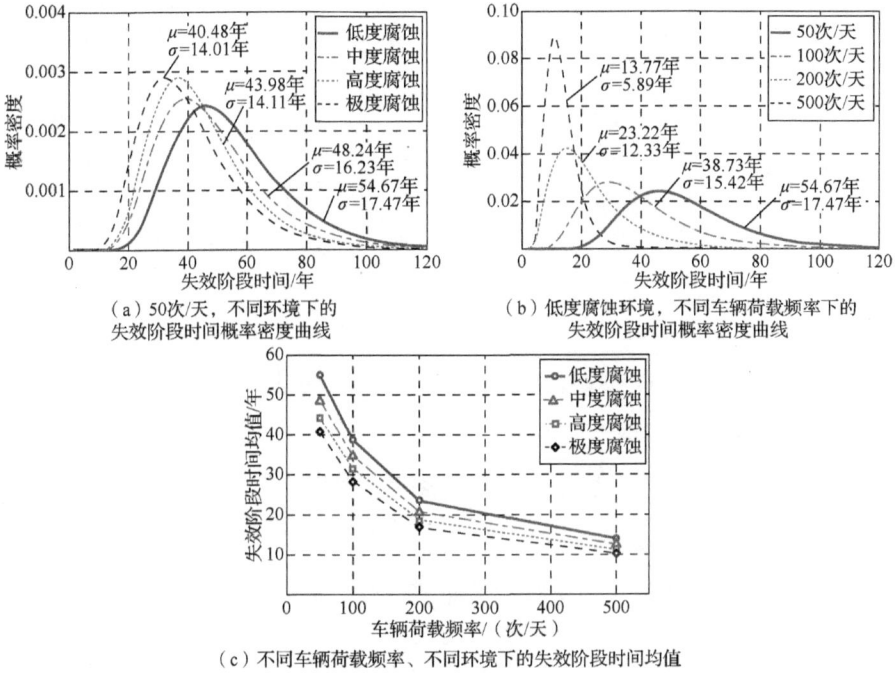

（a）50次/天，不同环境下的
失效阶段时间概率密度曲线

（b）低度腐蚀环境，不同车辆荷载频率下的
失效阶段时间概率密度曲线

（c）不同车辆荷载频率、不同环境下的失效阶段时间均值

图 9.15　不同车辆荷载频率、不同环境下的 RC 梁失效阶段
时间 T_{det} 概率密度曲线及失效阶段时间均值

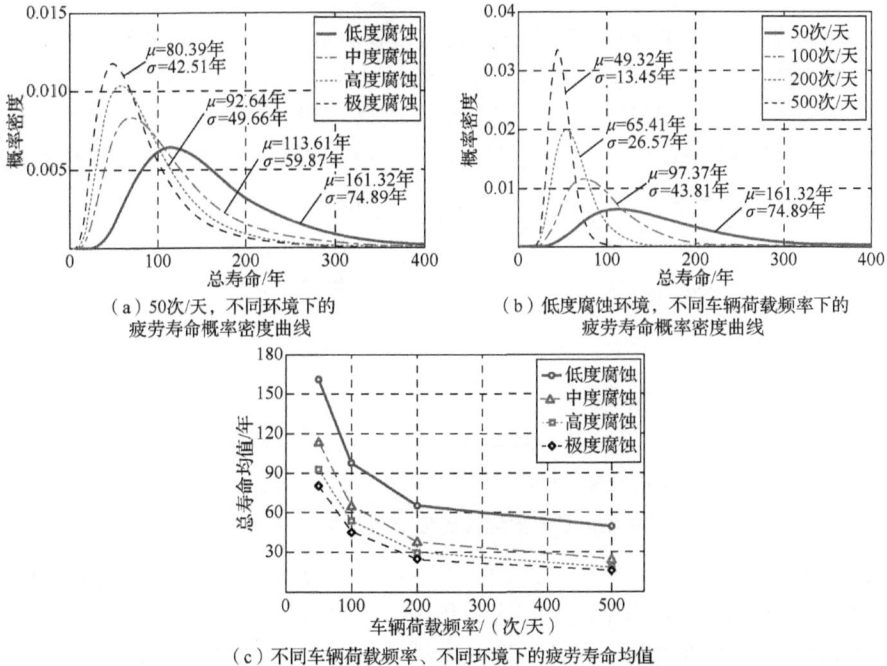

（a）50次/天，不同环境下的
疲劳寿命概率密度曲线

（b）低度腐蚀环境，不同车辆荷载频率下的
疲劳寿命概率密度曲线

（c）不同车辆荷载频率、不同环境下的疲劳寿命均值

图 9.16　不同车辆荷载频率、不同环境下的 RC 梁腐蚀疲劳寿命概率密度曲线及疲劳寿命均值

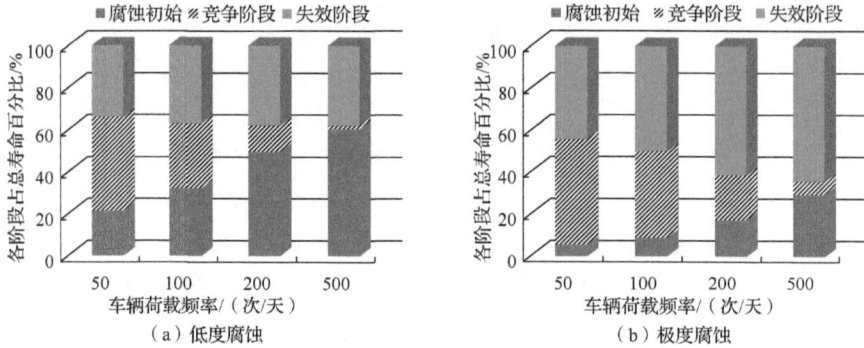

（a）低度腐蚀　　　　　　　　　　　（b）极度腐蚀

图 9.17　RC 梁腐蚀疲劳寿命中各阶段所占百分比

9.3　影响参数分析

本节内容通过对本章模型进行参数敏感性分析，分别研究蚀坑根部应力集中效应、混凝土锈胀开裂损伤和环境季节变化对 RC 梁腐蚀疲劳寿命的影响，给出腐蚀疲劳寿命评估的相关建议。

9.3.1　应力集中的影响

蚀坑根部应力集中对疲劳寿命评估具有重要影响。为探究不考虑蚀坑根部应力集中对腐蚀疲劳寿命评估的影响，本章针对两种情况予以考虑：①疲劳裂纹成核与增长位置仍为蚀坑根部，但是应力集中因子取 1；②疲劳裂纹成核与增长不处于蚀坑根部位置，蚀坑与疲劳裂纹彼此之间不存在相互影响。这两种情况分别如图 9.18 所示。

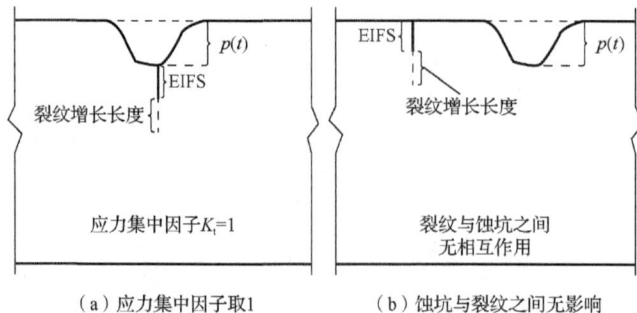

（a）应力集中因子取1　　　　　　　（b）蚀坑与裂纹之间无影响

图 9.18　不考虑坑蚀对疲劳裂纹增长的影响

图 9.19 和图 9.20 为本章模型腐蚀疲劳寿命评估结果与不考虑应力集中效应的腐蚀疲劳寿命评估结果的比较。若应力集中因子直接取 1，则其腐蚀疲劳寿命显著大于本章模型评估结果。另外，不考虑蚀坑与疲劳裂纹的相互作用导致寿命评估结果仍大于本章模型的腐蚀疲劳寿命。这表明，应力集中效应将促使疲劳裂纹

成核与增长，不考虑应力集中效应会高估结构的腐蚀疲劳寿命，进而得出不保守的腐蚀疲劳寿命评估结果。

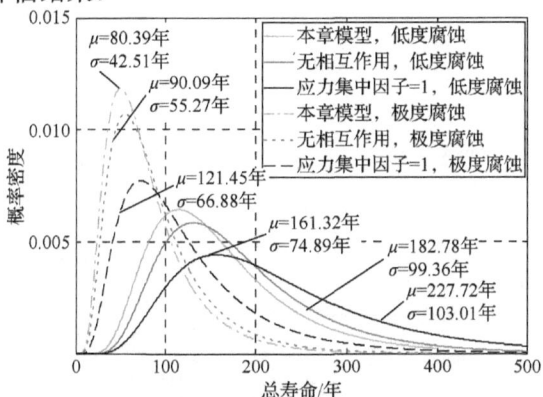

（a）车辆荷载频率50次/天，不同腐蚀程度环境下的概率密度曲线

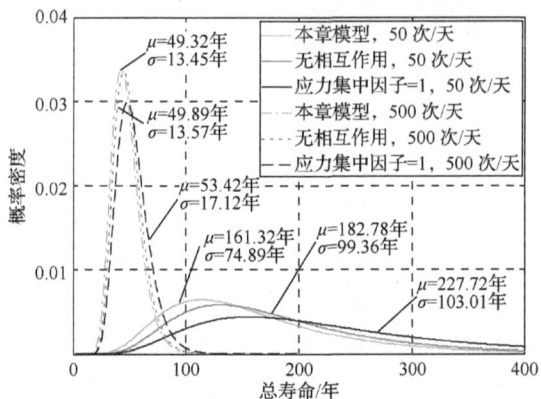

（b）低度腐蚀环境，不同车辆荷载频率下的概率密度曲线

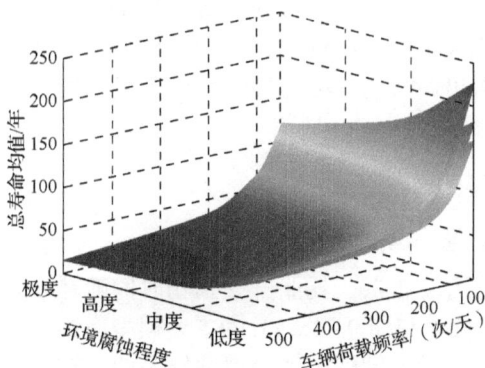

（c）不同车辆荷载频率、不同腐蚀程度环境下的总寿命均值

图 9.19　不考虑应力集中对腐蚀疲劳寿命的影响

（a）低度和高度腐蚀下的寿命均值

（b）中度和极度腐蚀下的寿命均值

（c）低度和极度腐蚀下寿命均值增长百分比

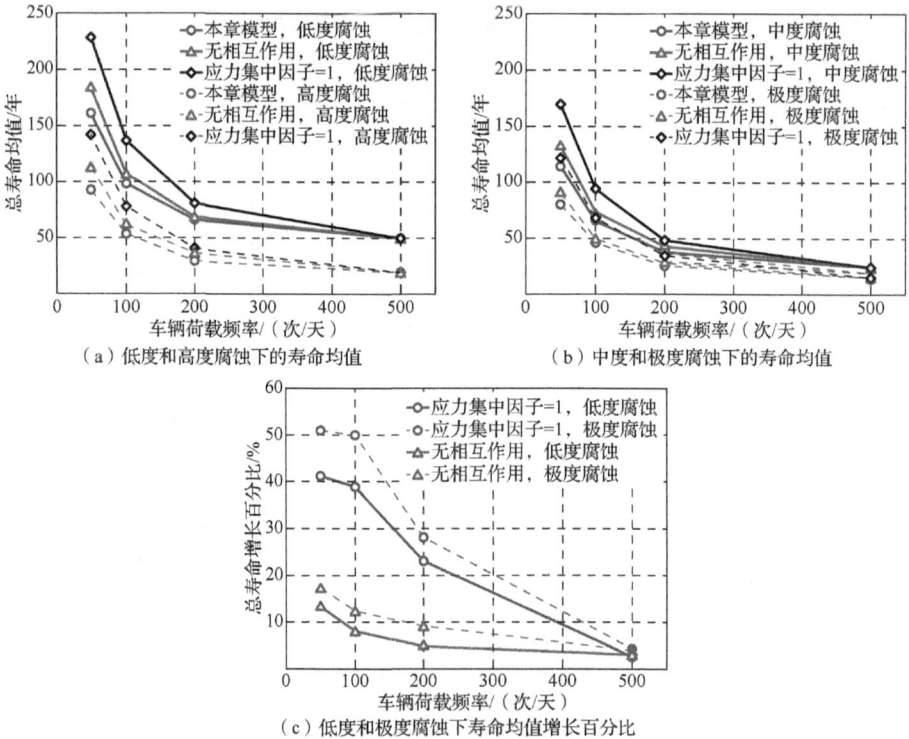

图 9.20　不考虑应力集中对腐蚀疲劳寿命均值的影响

图 9.20（c）为不考虑应力集中效应所导致的 RC 梁腐蚀疲劳寿命增长百分比。由图 9.20（c）可知，提高环境腐蚀程度将更加凸显应力集中效应对腐蚀疲劳寿命评估的影响。当环境腐蚀程度提高，不考虑应力集中导致的寿命增长百分比增大，应力集中因子取 1 的情况下，寿命增长百分比最大为 51.1%，而不考虑蚀坑与疲劳裂纹相互影响的情况下，寿命增长百分比最大为 18.7%，应力集中因子取 1 情况下的寿命增长百分比大于不考虑蚀坑与疲劳裂纹相互作用情况下的寿命增长百分比。通过上述比较得出，考虑蚀坑与疲劳裂纹之间的相互作用对 RC 梁腐蚀疲劳寿命评估具有重要影响。

9.3.2　混凝土锈胀开裂的影响

对于本章模型，各腐蚀程度服役环境下的混凝土锈胀开裂损伤时间的概率密度曲线如图 9.21（a）所示。混凝土锈胀开裂损伤时间随环境腐蚀程度的提高而逐渐降低。图 9.21（b）、（c）和图 9.22（a）为本章模型腐蚀疲劳寿命评估结果与不考虑混凝土锈胀开裂损伤的腐蚀疲劳寿命评估结果的比较。忽略混凝土锈胀开裂损伤将降低蚀坑增长速率，导致腐蚀疲劳寿命评估结果出现小幅度增大。由图 9.22（b）可知，忽略混凝土锈胀开裂损伤情况下的寿命均值与本章模型所得寿命均值的差值随荷载频率和环境腐蚀程度增大而逐渐减小。

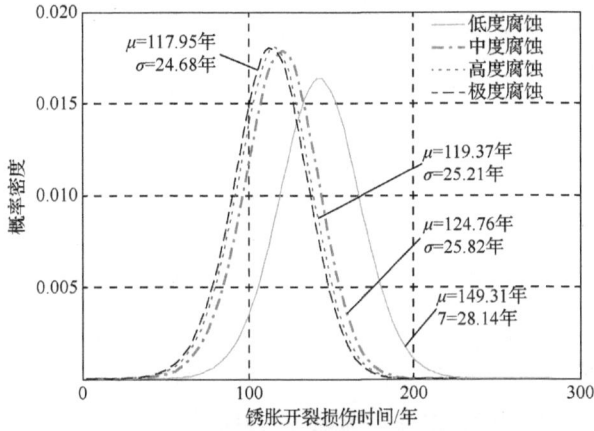

（a）不同腐蚀程度环境下锈胀开裂损伤时间概率密度曲线

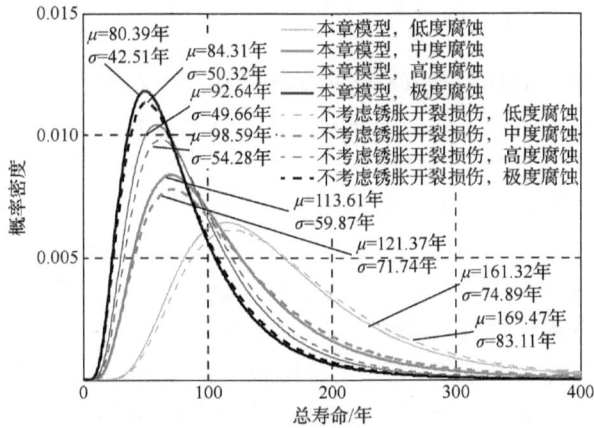

（b）车辆荷载频率50次/天，不同腐蚀程度环境下总寿命概率密度曲线

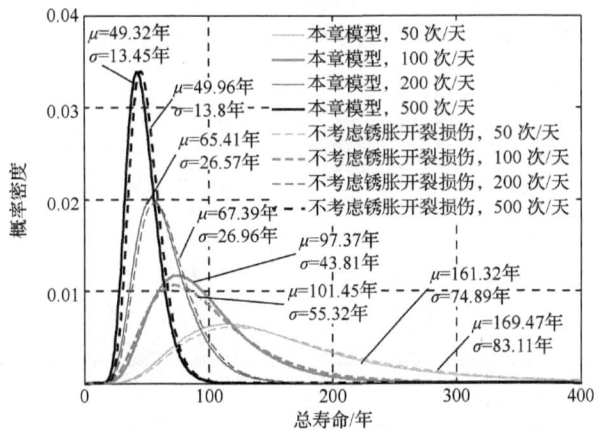

（c）低度腐蚀环境，不同车辆荷载频率下总寿命概率密度曲线

图 9.21　不考虑混凝土锈胀损伤对腐蚀疲劳寿命的影响

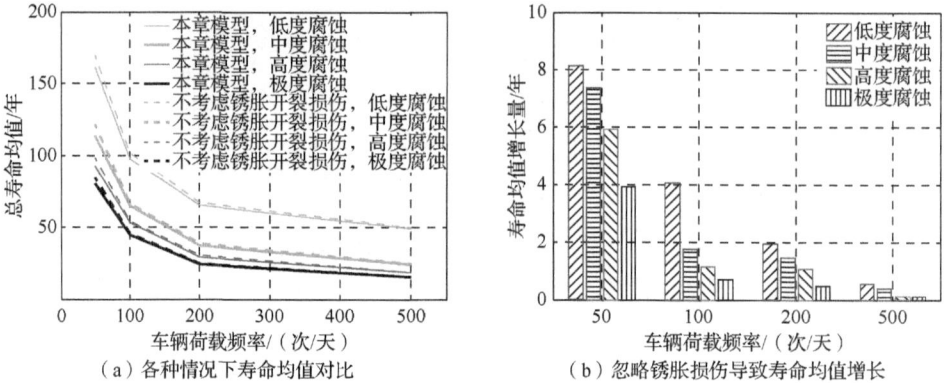

（a）各种情况下寿命均值对比　　　　　（b）忽略锈胀损伤导致寿命均值增长

图 9.22　　不考虑混凝土锈胀损伤对腐蚀疲劳寿命均值的影响

9.3.3　环境变化的影响

　　钢筋疲劳裂纹扩展性能与其周围环境密切相关。本章模型腐蚀疲劳寿命评估结果与不考虑环境季节变化的腐蚀疲劳寿命评估结果的对比情况如图 9.23 所示。其中，不考虑环境季节变化的情况中，不考虑钢筋腐蚀疲劳裂纹扩展速率和无腐蚀状态下疲劳裂纹增长速率的交替计算，仅考虑钢筋腐蚀疲劳裂纹扩展速率。

　　如图 9.23（a）～（c）所示，忽略服役环境季节交替变化而仅考虑环境的腐蚀作用将加速疲劳裂纹增长，导致腐蚀疲劳寿命评估结果降低。图 9.23（d）为忽略环境季节变化导致的腐蚀疲劳寿命均值减小百分比。由图 9.23（d）可知，忽略环境季节变化导致的腐蚀疲劳寿命减小百分比随车辆荷载频率和环境腐蚀程度的增大而逐渐增大，最大为 **28.3%**。这说明高腐蚀环境和高荷载频率下的季节交替变化对腐蚀疲劳寿命评估具有重要影响。在低腐蚀环境和低荷载频率下，忽略环境季节变化导致的腐蚀疲劳寿命减小百分比为 **9.0%**，对腐蚀疲劳寿命评估的影响相对较小。

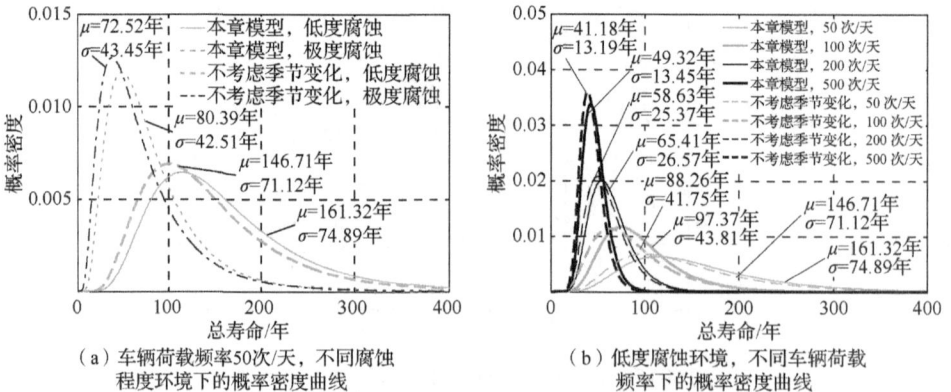

（a）车辆荷载频率50次/天，不同腐蚀　　　　（b）低度腐蚀环境，不同车辆荷载
　　　　程度环境下的概率密度曲线　　　　　　　　频率下的概率密度曲线

图 9.23　　不考虑环境季节变化对腐蚀疲劳寿命的影响

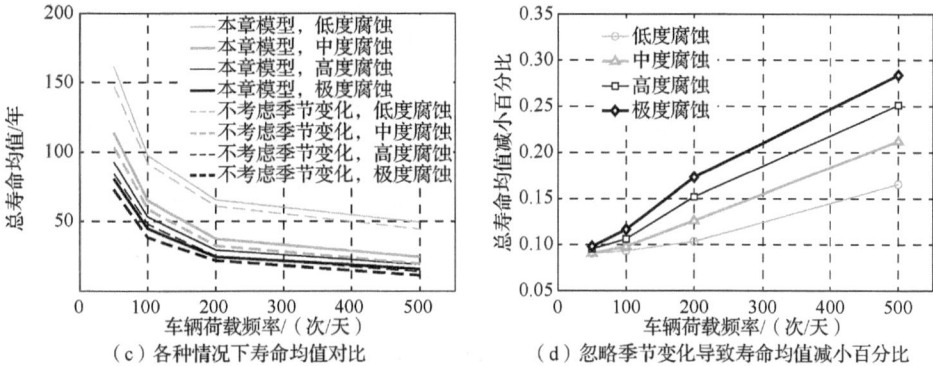

（c）各种情况下寿命均值对比　　　（d）忽略季节变化导致寿命均值减小百分比

图 9.23（续）

9.4 小　　结

基于断裂力学与裂纹增长分析，发展了考虑服役环境季节交替变化的 RC 桥梁疲劳寿命评估模型。该模型综合考虑了材料微观缺陷、氯离子扩散和侵蚀、蚀坑增长、混凝土开裂、环境季节变化、蚀坑根部应力集中等因素的影响，结论如下：

（1）RC 桥梁腐蚀疲劳寿命包括三个主要阶段，分别为腐蚀初始-纯疲劳裂纹扩展阶段、蚀坑与疲劳裂纹竞争阶段以及结构失效阶段。蚀坑深度、疲劳裂纹长度和腐蚀疲劳总寿命不拒绝服从对数正态分布，蚀坑增长与疲劳裂纹增长之间的竞争阶段时间不拒绝服从威布尔分布。

（2）蚀坑根部应力集中效应对 RC 桥梁的腐蚀疲劳寿命评估具有重要影响。应力集中效应将加速钢筋疲劳裂纹成核和增长。不考虑应力集中导致腐蚀疲劳寿命评估结果显著增大，寿命增长百分比最大达到 51%。

（3）钢筋蚀坑增长与疲劳裂纹增长之间的竞争阶段时间随车辆荷载频率的增大而减小。钢筋疲劳裂纹增长速率比蚀坑增长速率对环境变化更敏感，提高环境腐蚀程度导致疲劳裂纹增长速率比蚀坑增长速率增大得更快，使得竞争阶段时间随环境腐蚀程度增大而减小。

（4）未考虑环境的季节交替变化将减小 RC 桥梁腐蚀疲劳寿命，得到偏保守的评估结果。在低腐蚀环境和低荷载频率的情况下，未考虑环境的季节交替变化对腐蚀疲劳寿命评估影响较小，产生腐蚀疲劳寿命减小百分比不超过 10%。在高腐蚀环境和高荷载频率下，未考虑环境的季节交替变化对 RC 桥梁腐蚀疲劳寿命评估具有重要影响，导致腐蚀疲劳寿命减小百分比可达 29%。

参 考 文 献

[1] Mehta P K. Durability of concrete: fifty years of progress?. ACI Special Publication, 1991, 126: 1-32.

[2] Val D V, Stewart M G, Melchers R E. Effect of reinforcement corrosion on reliability of highway bridges. Engineering Structures, 1998, 20(11): 1010-1019.

[3] Li C Q, Yang T S. Prediction of concrete crack width under combined reinforcement corrosion and applied load. Journal of Engineering Mechanics, 2011, 137(11): 722-731.

[4] Zhang W, Yuan H. Corrosion fatigue effects on life estimation of deteriorated bridges under vehicle impacts. Engineering Structures, 2014, 71: 128-136.

[5] Cederquist S C. Motor speedway bridge collapse caused by corrosion. Materials performance, 2000, 39(7): 18-19.

[6] Zhu S J, Levinson D, Liu H X, et al. The traffic and behavioral effects of the I-35W Mississippi River bridge collapse. Transportation Research Part A, 2010, 44(10): 771-784.

[7] 张建玲. 缓粘结部分预应力混凝土梁疲劳性能试验研究. 大连: 大连理工大学, 2007.

[8] Ray S, Kishen J. Analysis of fatigue crack growth in reinforced concrete beams. Materials and Structures, 2014, 47(1-2): 183-198.

[9] Oh B H, Kim S H. Advanced crack width analysis of reinforced concrete beams under repeated loads. Journal of Structural Engineering, 2007, 133(3): 411-420.

[10] Yi W J, Kunnath S K, Sun X D, et al. Fatigue behavior of reinforced concrete beams with corroded steel reinforcement. ACI Structural Journal, 2010, 107(5): 506-508.

[11] 曹翔. 动力荷载与环境耦合作用预应力混凝土箱梁的疲劳性能研究. 长沙: 中南大学, 2013.

[12] Schijve J. Fatigue of structures and materials in the 20th century and the state of the art. Materials Science, 2003, 25(8): 679-702.

[13] 马亚飞. 多源不确定信息下服役 RC 桥梁可靠性及寿命评估. 长沙: 长沙理工大学, 2015.

[14] Zhu W J, François R, Coronelli D, et al. Effect of corrosion of reinforcement on the mechanical behaviour of highly corroded RC beams. Engineering Structures, 2013, 56(6): 544-554.

[15] Maslehuddin M, Allam I M, Al-Sulaimani G J, et al. Effect of rusting of reinforcing steel on its mechanical properties and bond with concrete. ACI Materials Journal, 1990, 87(5): 496-502.

[16] Allam I M, Maslehuddin M, Saricimen H, et al. Influence of atmospheric corrosion on the mechanical properties of reinforcing steel. Construction and Building Materials, 1994, 8(1): 35-41.

[17] Almusallam A A. Effect of degree of corrosion on the properties of reinforcing steel bars[J]. Construction and Building Materials, 2001, 15(8): 361-368.

[18] Cairns J, Plizzari G A, Du Y, et al. Mechanical properties of corrosion-damaged reinforcement. ACI Materials Journal, 2005, 102(4): 256-264.

[19] 吴庆, 袁迎曙. 锈蚀钢筋力学性能退化规律试验研究. 土木工程学报, 2008, 41(12): 42-47.

[20] 徐港, 张懂, 刘德富, 等. 氯盐环境下混凝土中锈蚀钢筋力学性能研究. 水利学报, 2012, 43(4): 452-459.

[21] 张伟平, 商登峰, 顾祥林. 锈蚀钢筋应力-应变关系研究. 同济大学学报(自然科学版), 2006, 34(5): 586-592.

[22] Zhang W P, Song X B, Gu X L, et al. Tensile and fatigue behavior of corroded rebars. Construction and Building Materials, 2012, 34: 409-417.

[23] 张伟平, 李士彬, 顾祥林, 等. 自然锈蚀钢筋的轴向拉伸疲劳试验. 中国公路学报, 2009, 22(2): 53-58.

[24] Nakamura S I, Suzumura K. Hydrogen embrittlement and corrosion fatigue of corroded bridge wires. Journal of Constructional Steel Research, 2009, 65(2): 269-277.

[25] Apostolopoulos C A, Papadopoulos M P. Tensile and low cycle fatigue behavior of corroded reinforcing steel bars S400. Construction and Building Materials, 2007, 21(4): 855-864.

[26] Apostolopoulos C A. Mechanical behavior of corroded reinforcing steel bars S500s tempcore under low cycle fatigue[J]. Construction and Building Materials, 2007, 21(7): 1447-1456.

[27] Sun J Z, Huang Q, Ren Y. Performance deterioration of corroded RC beams and reinforcing bars under repeated loading[J]. Construction and Building Materials, 2015, 96: 404-415.

[28] 曾志斌, 李之榕. 普通混凝土梁用钢筋的疲劳 S-N 曲线研究. 土木工程学报, 1999, 32(5): 10-14.

[29] 李士彬. 锈蚀钢筋混凝土梁的弯曲疲劳性能及寿命预测. 上海: 同济大学, 2007.

[30] Nakamura S, Suzumura K. Experimental study on fatigue strength of corroded bridge wires. Journal of Bridge Engineering, 2013, 18(3): 200-209.

[31] Cerit M, Genel K, Eksi S. Numerical investigation on stress concentration of corrosion pit. Engineering Failure Analysis, 2009, 16(7): 2467-2472.

[32] Ma Y F, Wang Q, Guo Z Z, et al. Static and fatigue behavior investigation of artificial notched steel reinforcement. Materials, 2017, 10(5): 532-546.

[33] Chen J, Diao B, He J J, et al. Equivalent surface defect model for fatigue life prediction of steel reinforcing bars with pitting corrosion. International Journal of Fatigue, 2018, 110: 153-161.

[34] 陈传尧. 疲劳与断裂. 武汉: 华中科技大学出版社, 2002.

[35] Guan M F, Yu H. Fatigue crack growth behaviors in hot-rolled low carbon steels: A comparison between ferrite–pearlite and ferrite–bainite microstructures. Materials Science and Engineering A, 2013, 559: 875-881.

[36] Zhao Z P, Qiao G Y, Tang L, et al. Fatigue properties of X80 pipeline steels with ferrite/bainite dual-phase microstructure. Materials Science and Engineering A, 2016, 657: 96-103.

[37] Ronevich J A, Somerday B P, Marchi C. Effects of microstructure banding on hydrogen assisted fatigue crack growth in X65 pipeline steels. International Journal of Fatigue, 2016, 82: 497-504.

[38] Verdhan N, Bhende D D, Kapoor R, et al. Effect of microstructure on the fatigue crack growth behaviour of a near-α Ti alloy. International Journal of Fatigue, 2015, 74: 46-54.

[39] Li M J, Pan Q L, Shi Y J, et al. Microstructure dependent fatigue crack growth in Al-Mg-Sc alloy. Materials Science and Engineering, A, 2014, 611: 142-151.

[40] Krüger L, Grundmann N, Trubitz P. Influence of microstructure and stress ratio on fatigue crack growth in a Ti-6-22-22-S alloy. Materials Today: proceedings, 2015, 2: S205-S211.

[41] Carpinteri A, Spagnoli A, Vantadori S, et al. Influence of the crack morphology on the fatigue crack growth rate: A continuously-kinked crack model based on fractals. Engineering Fracture Mechanics, 2008, 75(3-4): 579-589.

[42] Carpinteri A, Spagnoli A, Vantadori S. A multifractal analysis of fatigue crack growth and its application to concrete. Engineering Fracture Mechanics, 2010, 77(6): 974-984.

[43] Korda A A, Mutoh Y, Miyashita Y, et al. Effects of pearlite morphology and specimen thickness on fatigue crack growth resistance in ferritic-pearlitic steels. Materials Science and Engineering: A, 2006, A428(1/2): 262-269.

[44] 张朝晖, 鲁思渊, 巨建涛. 不同强化工艺下 HRB400 螺纹钢筋力学性能及组织分析. 热加工工艺, 2010, 39(24): 86-89.

[45] Wang X G, Gao Z L, Zhao T W, et al. An experimental study of the crack growth behavior of 16MnR pressure vessel steel. Journal of Pressure Vessel Technology, 2009, 131(2): 1-9.

[46] Kalnaus S, Fan F, Jiang Y, et al. An experimental investigation of fatigue crack growth of stainless steel 304L. International Journal of Fatigue, 2009, 31(5):840-849.

[47] Kalnaus S, Fan F, Vasudevan A K, et al. An experimental investigation on fatigue crack growth of AL6XN stainless steel[J]. Engineering Fracture Mechanics, 2008, 75(8): 2002-2019.

[48] Zhao T, Zhang J, Jiang Y. A study of fatigue crack growth of 7075-T651 aluminum alloy. International Journal of Fatigue, 2008, 30(7): 1169-1180.

[49] 张仕朝, 张建国, 郭伟彬, 等. Ti-1023 钛合金的疲劳裂纹扩展行为. 热加工工艺, 2009, 38(6): 43-44.

[50] 王立东, 李建平, 李高宏, 等. 不同应力比下 SiCp/Al 复合材料疲劳裂纹扩展行为. 西安工业大学学报, 2006, 26(1): 76-79.

[51] Park H B, Lee B W. Effect of specimen thickness on fatigue crack growth rate. Nuclear Engineering and Design, 2000, 197(1-2): 197-203.

[52] 王春生, 段兰, 郑丽, 等. 桥梁高性能钢 HPS 485W 疲劳裂纹扩展速率试验研究. 工程力学, 2013, 30(6): 212-216.

[53] 宗亮, 施刚, 王元清, 等. Q345qD 桥梁钢疲劳裂纹扩展速率试验研究. 中国铁道科学, 2015, 36(3): 37-44.

[54] 吕宝桐, 郑修麟. 低温下 LY12CZ 铝合金的疲劳裂纹扩展. 宇航学报, 1993, 14(1): 76-80.

[55] Dudgeon H D, Martin J W. Near-threshold fatigue crack growth at room temperature and an elevated temperature in Al Li alloy 8090. Materials Science and Engineering: A, 1992, 150(2): 195-207.

[56] 钱友荣, 何向东. 高强度钢腐蚀疲劳裂纹扩展的温度效应和过载迟滞效应. 金属学报, 1989, 25(6): 61-65.

[57] Lu D, Yan W C, Lei N. A simple corrosion fatigue design method for bridges considering the coupled corrosion-overloading effect. Engineering Structures, 2019, 178: 309-317.

[58] Fleck C, Eifler D. Corrosion, fatigue and corrosion fatigue behaviour of metal implant materials, especially titanium alloys. International Journal of Fatigue, 2010, 32(6): 929-935.

[59] Weng L, Zhang J X, Kalnaus S, et al. Corrosion fatigue crack growth of AISI 4340 steel. International Journal of Fatigue, 2013, 48: 156-164.

[60] Turnbull A, Zhou S. Comparative evaluation of environment induced cracking of conventional and advanced steam turbine blade steels. Part 2: Corrosion fatigue. Corrosion Science, 2011, 53(1): 503-512.

[61] Schroeder V, Ritchie R. Stress-corrosion fatigue-crack growth in a Zr-based bulk amorphous metal. Acta Materialia, 2006, 54(7): 1785-1794.

[62] Kim K, Hartt W H. Mechanistic features of short fatigue crack growth kinetics for high strength steels in sea water. Journal of Offshore Mechanics and Arctic Engineering, 2006, 128(2): 169-176.

[63] Ding Y, Lv Y T, Zhao B J, et al. Response relationship between loading condition and corrosion fatigue behavior of nickel-aluminum bronze alloy and its crack tip damage mechanism. Materials Characterization, 2018, 144: 356-67.

[64] McEvily A J, Wei R P. Fracture mechanics and corrosion fatigue. In Corrosion fatigue: Chemistry, Mechanics and Microstructure NACE-2, 1972, 381-395.

[65] Schönbauer B M, Stanzl-Tschegg S E, Perlega A, et al. Fatigue life estimation of pitted 12% Cr steam turbine blade steel in different environments and at different stress ratios. International Journal of Fatigue, 2014, 65: 33-43.

[66] May M E, Palin-Luc T, Saintier N, et al. Effect of corrosion on the high cycle fatigue strength of martensitic stainless steel X12CrNiMoV12-3. International Journal of Fatigue, 2013, 47: 330-339.

[67] Guo Q, Liu J H, Yu M, et al. Effect of passive film on mechanical properties of martensitic stainless steel 15-5PH in a neutral NaCl solution. Applied Surface Science, 2015, 327: 313-320.

[68] May M E, Saintier N, Palin-Luc T, et al. Modelling of corrosion fatigue crack initiation on martensitic stainless steel in high cycle fatigue regime. Corrosion Science, 2018, 133: 397-405.

[69] Asgari M, Johnsen R, Barnoush A. Nanomechanical characterization of the hydrogen effect on pulsed plasma nitrided super duplex stainless steel. International Journal of Hydrogen Energy, 2013, 38(35): 15520-15531.

[70] Zhao W M, Xin R F, He Z R, et al. Contribution of anodic dissolution to the corrosion fatigue crack propagation of X80 steel in 3.5 wt.% NaCl solution. Corrosion Science, 2012, 63: 387-392.

[71] Menan F, Henaff G. Influence of frequency and exposure to a saline solution on the corrosion fatigue crack growth behavior of the aluminum alloy 2024. International Journal of Fatigue, 2009, 31(11-12): 1684-1695.

[72] Zhao T L, Liu Z Y, Du C W, et al. Corrosion fatigue crack initiation and initial propagation mechanism of E690 steel in simulated seawater. Materials Science and Engineering: A, 2017, 708: 181-192.

[73] Olive J M, Cwiek J, Desjardins D. Quantification of the hydrogen produced during corrosion fatigue crack propagation. Corrosion Science, 1999, 41(6): 1067-1078.

[74] 沈海军. 高强度铝合金腐蚀疲劳机理与腐蚀疲劳全寿命工程模型. 西安: 西北工业大学, 2000.

[75] 杨胜, 易丹青, 杨守杰, 等. 腐蚀环境下 2E12 航空铝合金疲劳裂纹扩展行为研究. 材料工程, 2007, 2(12): 26-34.

[76] Committee A. Considerations for design of concrete structures subjected to fatigue loading. ACI Journal Proceedings, 1974, 71: 97-121.

[77] Pimentel M, Bruehwiler E, Figueiras J. Fatigue life of short-span reinforced concrete railway bridges. Structural Concrete, 2008, 9(4): 215-222.

[78] Higgins L, Forth J P, Neville A, et al. Behaviour of cracked reinforced concrete beams under repeated and sustained load types. Engineering Structures, 2013, 56(6): 457-465.

[79] Schlafli M, Bruhwiler E. Fatigue of existing reinforced concrete bridge deck slabs. Engineering Structures, 1998, 20(11): 991-998.

[80] Ma Y F, Wang G D, Su X C, et al. Experimental and modelling of the flexural performance degradation of corroded RC beams under fatigue load. Construction and Building Materials, 2018, 191: 994-1003.

[81] 易伟建, 孙晓东. 锈蚀钢筋混凝土梁疲劳性能试验研究. 土木工程学报, 2007, 40(3): 6-10.

[82] 李士彬, 张伟平, 顾祥林, 等. 锈后无黏结钢筋混凝土梁的模拟疲劳试验与分析. 西安建筑科技大学学报(自然科学版), 2010, 24(1): 9-14.

[83] 何世钦, 滕起, 徐锡权, 等. 混凝土梁腐蚀疲劳刚度衰减规律. 哈尔滨工业大学学报, 2008, 40(6): 961-964.

[84] 王海超, 贡金鑫, 宋元成. 钢筋混凝土梁腐蚀疲劳的试验研究. 建筑结构学报, 2004, 25(5): 105-110.

[85] Fang C Q, Yang S, Zhang Z. Bending characteristics of corroded reinforced concrete beam under repeated loading. Structural Engineering and Mechanics, 2013, 47(6): 773-790.

[86] Zhang W P, Ye Z W, Gu X L, et al. Assessment of fatigue life for corroded reinforced concrete beams under uniaxial bending. Journal of Structural Engineering, 2017, 143(7): 1-14.

[87] 吴瑾, 王晨霞, 徐贾, 等. 疲劳荷载下锈蚀钢筋混凝土梁弯曲性能试验研究. 土木工程学报, 2012, 45(10): 118-124.

[88] Bastidas-Arteaga E, Bressolette P, Chateauneuf A, et al. Probabilistic lifetime assessment of RC structures under coupled corrosion-fatigue deterioration processes. Structural Safety, 2009, 31(1): 84-96.

[89] Xiang Y B, Lu Z Z, Liu Y M. Crack growth-based fatigue life prediction using an equivalent initial flaw model. Part I: Uniaxial loading. International Journal of Fatigue, 2010, 32(2): 341-349.

[90] Goswami T K, Hoeppner D W. Pitting corrosion fatigue of structural materials. American Society of Mechanical Engineers, 1995, 47: 129-139.

[91] Li S X, Akid R. Corrosion fatigue life prediction of a steel shaft material in seawater. Engineering Failure Analysis, 2013, 34(8): 324-334.

[92] Cheng A, Chen N Z. An extended engineering critical assessment for corrosion fatigue of subsea pipeline steels. Engineering Failure Analysis, 2018, 84: 262-275.

[93] Shi P, Mahadevan S. Damage tolerance approach for probabilistic pitting corrosion fatigue life prediction. Engineering Fracture Mechanics, 2001, 68(13): 1493-1507.

[94] Nan Z Y, Ishihara S, Goshima T. Corrosion fatigue behavior of extruded magnesium alloy AZ31 in sodium chloride solution. International Journal of Fatigue, 2008, 30(7): 1181-1188.

[95] Apostolopoulos C A, Demis S, Papadakis V G. Chloride-induced corrosion of steel reinforcement – Mechanical performance and pit depth analysis. Construction and Building Materials. 2013, 38: 139-146.

[96] Rusk D T, Hoppe W, Braisted W, et al. Fatigue life prediction of corrosion-damaged high-strength steel using an equivalent stress riser (ESR) model. Part II: Model development and results. International Journal of Fatigue, 2009, 31(10): 1464-1475.

[97] Xiang Y B, Liu Y M. EIFS-based crack growth fatigue life prediction of pitting-corroded test specimens. Engineering Fracture Mechanics, 2010, 77(8): 1314-1324.

[98] Ma Y F, Xiang Y B, Wang L, et al. Fatigue life prediction for aging RC beams considering corrosive environments. Engineering Structures, 2014, 79: 211-221.

[99] Al-Hammoud R, Soudki K, Topper T H. Bond analysis of corroded reinforced concrete beams under monotonic and fatigue loads. Cement and Concrete Composites, 2010, 32(3): 194-203.

[100] Lin H W, Zhao Y X, Ozbolt J, et al. The bond behavior between concrete and corroded steel bar under repeated loading. Engineering Structures, 2017, 140: 390-405.

[101] Li F M, Qu Y X, Wang J H. Bond life degradation of steel strand and concrete under combined corrosion and fatigue. Engineering Failure Analysis, 2017, 80: 186-196.

[102] American Society of Testing Materials. Standard specification for deformed and plain carbon-steel bars for concrete reinforcement: ASTM A615. West Conshohocken, 2009.

[103] 郭忠照, 马亚飞, 王磊, 等. HRB400 钢筋材料疲劳裂纹扩展性能试验研究. 土木工程学报, 2018, 51(7): 116-124.

[104] Hui W J, Zhang Y J, Zhao X L, et al. High cycle fatigue behavior of V-microalloyed medium carbon steels: A comparison between bainitic and ferritic-pearlitic microstructures. International Journal of Fatigue, 2016, 91: 232-41.

[105] Zhang L T, Wang J Q. Effect of temperature and loading mode on environmentally assisted crack growth of a forged 316L SS in oxygenated high-temperature water. Corrosion Science: The Journal on Environmental Degradation of Materials and its Control, 2014, 87: 278-287.

[106] Korda A A, Mutoh Y, Miyashita Y, et al. In situ observation of fatigue crack retardation in banded ferrite–pearlite microstructure due to crack branching. Scripta Materialia, 2006, 54(11): 1835-1840.

[107] Zhu M L, Xuan F Z, Tu S T. Effect of load ratio on fatigue crack growth in the near-threshold regime: A literature review, and a combined crack closure and driving force approach. Engineering Fracture Mechanics, 2015, 141: 57-77.

[108] Qiu J K, Feng X, Ma Y J, et al. Fatigue crack growth behavior of beta-annealed Ti-6Al-2Sn-4Zr-xMo (x=2, 4 and 6) alloys: Influence of microstructure and stress ratio. International Journal of Fatigue, 2016, 83: 150-160.

[109] 国家市场监督管理总局, 国家标准化管理委员会. 金属材料　拉伸试验　第 1 部分: 室温试验方法: GB/T 228.1—2021. 北京: 中国标准出版社, 2021.

[110] American Society of Testing Materials. Standard test method for measurement of fatigue crack growth rates: ASTM E647-15 . West Conshohocken, PA, 2015.

[111] 代娇荣, 黄一, 吴智敏. 应力比对 D36 钢腐蚀疲劳裂纹扩展的影响. 腐蚀科学与防护技术, 2016, 28(2): 109-114.

[112] Lü B T, Zheng X L. A model for predicting fatigue crack growth behaviour of a low alloy steel at low temperatures. Engineering Fracture Mechanics, 1992, 42(6): 1001-1009.

[113] Okayasu M, Sato K, Mizuno M, et al. Fatigue properties of ultra-fine grained dual phase ferrite/martensite low carbon steel. International Journal of Fatigue, 2008, 30(8): 1358-1365.

[114] Xie Y J, Hu X Z, Wang X H, et al. A theoretical note on mode-I crack branching and kinking. Engineering Fracture Mechanics, 2011, 78(6): 919-929.

[115] Paris P, Erdogan F. A critical analysis of crack propagation laws. Journal of Basic Engineering, 1963, 85(4): 528-533.

[116] Toribio J, Matos J C, González B. A macro- and micro-approach to the anisotropic fatigue behaviour of hot-rolled and cold-drawn pearlitic steel. Engineering Fracture Mechanics, 2014, 123: 70-76.

[117] Chen Y Z. Stress intensity factors for curved and kinked cracks in plane extension. Theoretical and Applied Fracture Mechanics, 1999, 31(3): 223-232.

[118] Kitagawa H, Yuuki R, Ohira T. Crack-morphological aspects in fracture mechanics. Engineering Fracture Mechanics, 1975, 7(3): 515-520.

[119] Yang S, Yang H Q, Liu G, et al. Approach for fatigue damage assessment of welded structure considering coupling effect between stress and corrosion[J]. International Journal of Fatigue, 2016, 88: 88-95.

[120] Apostolopoulos C A. Coastal bridges and the 120 Life Span – the Rio-Antirio case study. International Journal of Structural Integrity, 2010, 1(2): 173-83.

[121] Mathur S, Vyas R, Sachdev S, et al. XPS characterization of corrosion films formed on the crystalline, amorphous and nanocrystalline states of the alloy $Ti_{60} Ni_{40}$. Journal of Non-Crystalline Solids, 2011, 357(7): 1632-1635.

[122] Kim J K, Kim C S. Fatigue crack growth behavior of rail steel under mode I and mixed mode loadings. Materials

Science and Engineering A, 2002, 338(1-2): 191-201.

[123] Paul S K, Sivaprasad S, Dhar S, et al. Cyclic plastic deformation and cyclic hardening/softening behavior in 304LN stainless steel. Theoretical and Applied Fracture Mechanics, 2010, 54(1): 63-70.

[124] Dauskardt R H, Dalgleish B J, Yao D, et al. Cyclic fatigue-crack propagation in a silicon carbide whisker-reinforced alumina composite: role of load ratio. Journal of Materials Science, 1993, 28(12): 3258-3266.

[125] Cai X J, Xia R, Huo M C, et al. A threshold formula for fatigue crack growth with mean stress intensity factors. International Journal of Mechanical Sciences, 2018, 135: 639-645.

[126] Riddell W T, Piascik R S. Stress ratio effects on crack opening loads and crack growth rates in aluminum alloy 2024. In Fatigue and fracture mechanics: 29th volume. West Conshohocken, PA: ASTM, 1998.

[127] Shih T H, Wei R P. The effects of load ratio on environmentally assisted fatigue crack growth. Engineering Fracture Mechanics, 1983, 18(4): 827-837.

[128] Meng X Q, Lin Z Y, Wang F F. Investigation on corrosion fatigue crack growth rate in 7075 aluminum alloy. Materials and Design, 2013, 51: 683-687.

[129] Vosikovsky O. Fatigue-crack growth in an X-65 line-pipe steel at low cyclic frequencies in aqueous environments. Journal of Engineering Materials and Technology, 1975, 97(4): 298-304.

[130] Ishikawa N, Yasuda K, Sueyoshi H, et al. Microscopic deformation and strain hardening analysis of ferrite-bainite dual-phase steels using micro-grid method. Acta Materialia, 2015, 97: 257-268.

[131] Huang K, Logé R E. A review of dynamic recrystallization phenomena in metallic materials. Materials and Design, 2016, 111: 548-574.

[132] Lynch S. Failures of metallic components involving environmental degradation and material- selection issues. Corrosion Reviews, 2017, 35(4-5): 191-204.

[133] Lynch S. A review of underlying reasons for intergranular cracking for a variety of failure modes and materials and examples of case histories. Engineering Failure Analysis, 2019, 100: 329-350.

[134] Neves J, Loureiro A. Fracture toughness of welds—effect of brittle zones and strength mismatch. Journal of Materials Processing Technology, 2004, 153-154: 537-543.

[135] 仲伟秋, 赵国藩. 多种腐蚀因素作用下钢筋混凝土结构的可靠度分析. 土木工程学报, 2003, 36(11): 1-5.

[136] Sheng H, Dong C F, Xiao K, et al. Anodic dissolution of a crack tip at AA2024-T351 in 3.5wt% NaCl solution. International Journal of Minerals Metallurgy and Materials, 2012, 19(10): 939-944.

[137] Kalnaus S, Zhang J X, Jiang Y Y. Stress-corrosion cracking of AISI 4340 steel in aqueous environments. Metallurgical and Materials Transactions A, 2011, 42(2): 434-447.

[138] Cooper K R, Kelly R G. Crack tip chemistry and electrochemistry of environmental cracks in AA 7050. Corrosion Science, 2007, 49(6): 2636-2662.

[139] Landes J D, Wei R P. Correlation between sustained-load and fatigue crack growth in high-strength steels. Materials Research Standards, 1969, 9(7): 25-28.

[140] Krawiec H, Vignal V, Heintz O, et al. Influence of the dissolution of MnS inclusions under free corrosion and potentiostatic conditions on the composition of passive films and the electrochemical behaviour of stainless steels. Electrochimica Acta, 2006, 51(16): 3235-3243.

[141] Ghosh S K, Dey G K, Dusane R O, et al. Improved pitting corrosion behaviour of electrodeposited nanocrystalline Ni-Cu alloys in 3.0 wt. percent NaCl solution. Journal of Alloys and Compounds, 2006, 426(1): 235-243.

[142] Ford, F. P. Quantitative prediction of environmentally assisted cracking. Corrosion, 1996, 52(5): 375-395.

[143] Ma Y F, Zhang J R, Wang L, et al. Probabilistic prediction with Bayesian updating for strength degradation of RC bridge beams. Structural Safety, 2013, 44: 102-109.

[144] Kashani M M, Alagheband P, Khan R, et al. Impact of corrosion on low-cycle fatigue degradation of reinforcing bars with the effect of inelastic buckling. International Journal of Fatigue, 2015, 77: 174-185.

[145] Azad A, Ahmad S, Azher S. Residual strength of corrosion-damaged reinforced concrete beams. ACI Materials Journal, 2007, 104(1): 40-47.

[146] Yang Y M, Peng J X, Zhang J R, et al. A new method for estimating the scale of fluctuation in reliability assessment of reinforced concrete structures considering spatial variability. Advances in Structural Engineering, 2018, 21(13): 1951-1962.

[147] Sain T, Chandra Kishen J M. Probabilistic assessment of fatigue crack growth in concrete. International Journal of Fatigue, 2008, 30(12): 2156-2164.

[148] Carpinteri A, Spagnoli A, Vantadori S. Mechanical damage of ordinary or prestressed reinforced concrete beams under cyclic bending. Engineering Fracture Mechanics, 2005, 72(9): 1313-1328.

[149] Zanuy C, Albajar L, Fuente P. Sectional analysis of concrete structures under fatigue loading. ACI Structural Journal, 2009, 106(5): 667-77.

[150] Ma Y F, Guo Z Z, Wang L, et al. Effects of stress ratio and banded microstructure on fatigue crack growth behavior of HRB400 steel bar. Journal of Materials in Civil Engineering, 2018, 30(3): 04017314.

[151] Dekoster M, Buyle-Bodin F, Maurel O, et al. Modelling of the flexural behaviour of RC beams subjected to localised and uniform corrosion. Engineering Structures, 2003, 25(10): 1333-1341.

[152] Liu Y, Jiang N, Deng Y, et al. Flexural experiment and stiffness investigation of reinforced concrete beam under chloride penetration and sustained loading. Construction and Building Materials, 2016, 117: 302-310.

[153] Zhao Y X, Jin W L. Modeling the amount of steel corrosion at the cracking of concrete cover. Advances in Structural Engineering, 2006, 9(5): 687-696.

[154] Gao L B, Hsu C. Fatigue of concrete under uniaxial compression cyclic loading. ACI Materials Journal, 1998, 95(5): 575-581.

[155] Wang L, Yuan P, Zhang X H, et al. Bond behavior between multi-strand tendons and surrounding grout: Interface equivalent modeling method. Construction and Building Materials, 2019, 226: 61-71.

[156] Guo Z Z, Ma Y F, Wang L, et al. Crack propagation-based fatigue life prediction of corroded RC beams considering bond degradation. Journal of Bridge Engineering, 2020, 25(8): 04020048.

[157] Liu X G, Zhang W P, Gu X L, et al. Degradation of mechanical behavior of corroded prestressing wires subjected to high-cycle fatigue loading. Journal of Bridge Engineering, 2017, 22(5): 04017004.

[158] Kopas P, Jakubovičová L, Vaško M, et al. Fatigue Resistance of Reinforcing Steel Bars. Procedia Engineering, 2016, 136: 193-197.

[159] Guo Z Z, Ma Y F, Wang L, et al. Modelling guidelines for corrosion-fatigue life prediction of concrete bridges: Considering corrosion pit as a notch or crack. Engineering Failure Analysis, 2019, 105(6): 1-14.

[160] Tong L W, Liu B, Xian Q J, et al. Experimental study on fatigue behavior of Steel Reinforced Concrete (SRC) beams. Engineering Structures, 2016, 123: 247-262.

[161] Liu Y, Jiang N, Zhang H P, et al. Fatigue-life prediction of corroded steel bar based on fractal theory. Journal of Materials in Civil Engineering, 2018, 30(9): 04018228.

[162] Powers R G. Corrosion evaluation of post-tensioned tendons on the Niles Channel Bridge. FDOT, Gainesville, Florida, 1999.

[163] FDOT. Sunshine skyway bridge post-tensioned tendons investigation. Florida Department of Transportation (FDOT), Tallahassee, Florida: Parsons Brinckerhoff Quade and Douglas Inc; 2001.

[164] Wang L, Zhang X H, Zhang J R, et al. Effect of insufficient grouting and strand corrosion on flexural behavior of PC beams. Construction and Building Materials, 2014, 53: 213-224.

[165] Fernandez I, Bairán J M, Marí A R. Mechanical model to evaluate steel reinforcement corrosion effects on $\sigma - \varepsilon$ and fatigue curves. Experimental calibration and validation. Engineering Structures, 2016, 118: 320-333.

[166] Sun H H, Xu J, Chen W Z, et al. Time-dependent effect of corrosion on the mechanical characteristics of stay cable. Journal of Bridge Engineering, 2018, 23(5): 04018019.

[167] Carola M, Francisco B, María V, et al. Effect of atmospheric corrosion on the mechanical properties of SAE 1020 structural steel. Materials, 2018, 11(4): 591.

[168] Apostolopoulos C A. The Influence of corrosion and cross-section diameter on the mechanical properties of B500c

steel. Journal of Materials. Engineering and Performance, 2009, 18(2): 190-195.

[169] Apostolopoulos C A, Diamantogiannis G, Apostolopoulos A C. Assessment of the mechanical behavior in dual-phase steel B400C, B450C, and B500B in a marine environment. Journal of Materials in Civil Engineering, 2016, 28(2): 04015097.

[170] Kocich J, Sevcikova J, Tuleja S. Effect of atmospheric corrosion on the mechanical properties of the weathering steel ATMOFIX 52A. Corrosion Science, 1993, 35(1-4): 719-725.

[171] Du Y G, Clark L A, Chan A H C. Residual capacity of corroded reinforcing bars. Magazine of Concrete Research, 2005, 57(3): 135-147.

[172] Guo X Y, Kang J F, Zhu J S, et al. Corrosion behavior and mechanical property degradation of weathering steel in marine atmosphere. Journal of Materials in Civil Engineering, 2019, 31(9): 04019181.

[173] Zhu W J, François R. Corrosion of the reinforcement and its influence on the residual structural performance of a 26-year-old corroded RC beam. Construction and Building Materials, 2014, 51: 461-472.

[174] Zhu W J, François R, Poon C S, et al. Influences of corrosion degree and corrosion morphology on the ductility of steel reinforcement. Construction and Building Materials, 2017, 148: 297-306.

[175] Sun X Y, Kong H T, Wang H L, et al. Evaluation of corrosion characteristics and corrosion effects on the mechanical properties of reinforcing steel bars based on three-dimensional scanning. Corrosion Science, 2018, 142: 284-294.

[176] Ou Y C, Susanto Y T T, Roh H. Tensile behavior of naturally and artificially corroded steel bars. Construction and Building Materials, 2016, 103: 93-104.

[177] Sanchez-Santana U, Rubio-Gonzalez C, Mesmacque G, et al. Effect of fatigue damage on the dynamic tensile behavior of 6061-T6 aluminum alloy and AISI 4140T steel. International Journal of Fatigue, 2009, 31(11-12): 1928-1937.

[178] Spathelf C A, Vogel T. Fatigue performance of orthogonally reinforced concrete slabs: Experimental investigation. Engineering Structures, 2018, 168: 69-81.

[179] Yin F, Yang L, Wang M, et al. Study on ultra-low cycle fatigue behavior of austenitic stainless steel. Thin-Walled Structures, 2019, 143: 1-11.

[180] Zheng H, Abel A A. Fatigue properties of reinforcing steel produced by TEMPCORE process. Journal of Materials in Civil Engineering, 1999, 11(2): 158-165.

[181] Li H, Lan C M, Ju Y, et al. Experimental and numerical study of the fatigue properties of corroded parallel wire cables. Journal of Bridge Engineering, 2012, 17(2): 211-220.

[182] Guo Z Z, Ma Y F, Wang L, et al. Corrosion fatigue crack propagation mechanism of high-strength steel bar in various environments. Journal of Materials in Civil Engineering, 2020, 32(6): 04020115.

[183] Ma Y F, Guo Z Z, Wang L, et al. Probabilistic life prediction for reinforced concrete structures subjected to seasonal corrosion-fatigue damage. Journal of Structural Engineering, 2020, 146(7): 04020117.

[184] Hawileh R A, Abdalla J A, Tamimi AA, et al. Behavior of corroded steel reinforcing bars under monotonic and cyclic loadings. Mechanics of Advanced Materials and Structures, 2011, 18(3): 218-224.

[185] Kashani M M, Crewe A J, Alexander N A. Nonlinear cyclic response of corrosion-damaged reinforcing bars with the effect of buckling. Construction and Building Materials, 2013, 41: 388-400.

[186] Kashani M M, Lowes L N, Crewe A J, et al. Finite element investigation of the influence of corrosion pattern on inelastic buckling and cyclic response of corroded reinforcing bars. Engineering Structures, 2014, 75: 113-125.

[187] Fernandez, Ignasi, Miguel, et al. Corrosion effects on the mechanical properties of reinforcing steel bars. Fatigue and sigma-epsilon behavior. Construction and Building Materials, 2015, 101: 772-783.

[188] Lee H S, Cho Y S. Evaluation of the mechanical properties of steel reinforcement embedded in concrete specimen as a function of the degree of reinforcement corrosion. International Journal of Fracture, 2009, 157(1-2): 81-88.

[189] Li D W, Xiong C, Huang T, et al. A simplified constitutive model for corroded steel bars. Construction and Building Materials, 2018, 186: 11-19.

[190] Soltani A, Harries K A, Shahrooz B M, et al. Fatigue Performance of High-Strength Reinforcing Steel. Journal of Bridge Engineering, 2012, 17(3): 454-461.

[191] Caprili S, Salvatore W. Cyclic behaviour of uncorroded and corroded steel reinforcing bars. Construction and Building Materials, 2015, 76: 168-186.

[192] Enright M P, Dan M F. Probabilistic analysis of resistance degradation of reinforced concrete bridge beams under corrosion. Engineering Structures, 1998, 20(11): 960-971.

[193] Zhong J Q, Gardoni P, Rosowsky D. Stiffness degradation and time to cracking of cover concrete in reinforced concrete structures subject to corrosion. Journal of Engineering Mechanics, 2010, 136(2): 209-219.

[194] Stewart M G. Reliability safety assessment of corroding reinforced concrete structures based on visual inspection information. ACI Structural Journal, 2010, 107(6): 671-679.

[195] Enright M P, Frangopol D M. Condition prediction of deteriorating concrete bridges using Bayesian updating. Journal of Structural Engineering, 1999, 127(10): 1118-1125.

[196] Rao C, Frantz G C. Fatigue tests of 27-year-old prestressed concrete bridge box beams. PCI Journal, 1996, 41(5): 74-83.

[197] Jones K, Hoeppner D W. Prior corrosion and fatigue of 2024-T3 aluminum alloy. Corrosion Science, 2006, 48(10): 3109-3122.

[198] Coca F, Tello M, Gaona-Tiburcio C, et al. Corrosion fatigue of road bridges: a review. International Journal of Electrochemical Science, 2011, 6(8): 3438-3451.

[199] Stewart M G. Mechanical behaviour of pitting corrosion of flexural and shear reinforcement and its effect on structural reliability of corroding RC beams. Structural Safety, 2009, 31(1): 19-30.

[200] Vu K, Stewart M G. Predicting the likelihood and extent of reinforced concrete corrosion-induced cracking. Journal of Structural Engineering, 2005, 131(11): 1681-1689.

[201] Kunnath S K, Heo Y A, Mohle J F. Nonlinear uniaxial material model for reinforcing steel bars. Journal of Structural Engineering, 2009, 135(4): 335-343.

[202] Mendes L, Castro L. A simplified reinforcing steel model suitable for cyclic loading including ultra-low-cycle fatigue effects. Engineering Structures, 2014, 68(4): 155-164.

[203] Zanuy C, Maya L F, Albajar L, et al. Transverse fatigue behaviour of lightly reinforced concrete bridge decks. Engineering Structures, 2011, 33(10): 2839-2849.

[204] Mccrea A, Chamberlain D, Navon R. Automated inspection and restoration of steel bridges—a critical review of methods and enabling technologies. Automation in Construction, 2002, 11(4): 351-373.

[205] Krasnowski B R, Rotenberger K M, Spence W W. A damage tolerance method for helicopter dynamic components. Journal of the American Helicopter Society, 1991, 36(2): 52-60.

[206] 王春生, 刘鑫, 俞欣, 等. 基于无损探测信息的既有钢桥构件疲劳可靠度更新评估. 土木工程学报, 2010, 43(8): 81-87.

[207] Hsu K C, Lin C K. Effects of R-ratio on high-temperature fatigue crack growth behavior of a precipitation-hardening stainless steel. International Journal of Fatigue, 2008 , 30(12): 2147-2155.

[208] Skorupa M, Skorupa A. Experimental results and predictions on fatigue crack growth in structural steel. International Journal of Fatigue, 2005, 27(8): 1016-1028.

[209] Li Z X, Zhou T Q, Chan T H T, et al. Multi-scale numerical analysis on dynamic response and local damage in long-span bridges. Engineering Structures, 2007, 29(7): 1507-1524.

[210] Dicleli M, Bruneau M. Fatigue-based methodology for managing impact of heavy-permit trucks on steel highway bridges. Journal of Structural Engineering, 1995, 121(11): 1651-1659.

[211] Liu Y M, Mahadevan S. Stochastic fatigue damage modeling under variable amplitude loading. International Journal of Fatigue, 2006, 29(6): 1149-1161.

[212] Merati A, Eastaugh G. Determination of fatigue related discontinuity state of 7000 series of aerospace aluminum alloys. Engineering Failure Analysis, 2007, 14(4): 673-685.

[213] Liu Y M, Mahadevan S. Probabilistic fatigue life prediction using an equivalent initial flaw size distribution. International Journal of Fatigue, 2009, 31(3): 476-487.

[214] Forman R G, Shivakumar V. Growth behavior of surface cracks in the circumferential plane of solid and hollow cylinders. Fracture Mechnics, 1986, 17: 59-74.

[215] Valor A, Caleyo F, Alfonso L, et al. Stochastic modeling of pitting corrosion: A new model for initiation and growth of multiple corrosion pits. Corrosion Science, 2007, 49(2): 559-579.

[216] Miki C, Nishimura T, Tanabe H, et al. Study on estimation of fatigue strengths of notched steel members. Proceedings of the Japan Society of Civil Engineers, 1981, 316: 153-166.

[217] Guo W, Shen H, Li H. Stress intensity factors for elliptical surface cracks in round bars with different stress concentration coefficient. International Journal of Fatigue, 2003, 25(8): 733-741.

[218] Liu Y M, Mahadevan S. Fatigue limit prediction of notched components using short crack growth theory and an asymptotic interpolation method. Engineering Fracture Mechanics, 2009, 76(15): 2317-2331.

[219] Zanuy C, Fuente P, Al Ba Jar L. Effect of fatigue degradation of the compression zone of concrete in reinforced concrete sections. Engineering Structures, 2007, 29(11): 2908-2920.

[220] Brena S F, Benouaich M A, Kreger M E, et al. Fatigue tests of reinforced concrete beams strengthened using carbon fiber-reinforced polymer composites. ACI Structural Journal, 2005, 102(2): 305-313.

[221] Zheng X L. A simple formula for fatigue crack propagation and a new method for the determination of ΔK_{th}. Engineering Fracture Mechanics, 1987, 27(4): 465-475.

[222] 王海超. 钢筋混凝土构件腐蚀疲劳试验研究与理论分析. 大连: 大连理工大学, 2004.

[223] Grooteman F. Adaptive radial-based importance sampling method for structural reliability. Structural Safety, 2008, 30(6): 533-542.

[224] Hohenbichler M, Gollwitzer S, Kruse W, et al. New light on first- and second-order reliability methods. Structural Safety, 1987, 4(4): 267-284.

[225] Kiureghian A D, Zhang Y, Li C C. Inverse reliability problem. Journal of Engineering Mechanics, 1994, 120(5): 1154-1159.

[226] Xiang Y B, Liu Y M. Inverse first-order reliability method for probabilistic fatigue life prediction of composite laminates under multiaxial loading. Journal of Aerospace Engineering, 2011, 24(2): 189-198.

[227] Ma Y F, Xu F Y, Wang L, et al. Influence of corrosion-induced cracking on structural behavior of reinforced concrete arch ribs. Engineering Structures, 2016, 117: 184-194.

[228] Thoft-Christensen P. Lifetime reliability assessment of concrete slab bridges. Engineering Structures, 1998, 20(11): 104-109.

[229] Ma Y F, Wang L, Zhang J R, et al. Bridge remaining strength prediction integrated with Bayesian network and in-situ load testing. Journal of Bridge Engineering, 2014, 19(10): 04014037.

[230] Yuan Y S, Ji Y S, Jiang J H. Effect of corrosion layer of steel bar in concrete on time-variant corrosion rate. Materials and Structures, 2009, 42(10): 1443-1450.

[231] Stewart M G, Al-Harthy A. Pitting corrosion and structural reliability of corroding RC structures: Experimental data and probabilistic analysis. Reliability Engineering and System Safety, 2008, 93(3): 373-382.

[232] Stewart M G, Mullard J A. Spatial time-dependent reliability analysis of corrosion damage and the timing of first repair for RC structures. Engineering Structures, 2007, 29(3): 1457-1464.

[233] Ma Y F, Wang L, Zhang J R, et al. Hybrid uncertainty quantification for probabilistic corrosion damage prediction for aging RC bridges. Journal of Materials in Civil Engineering, 2015, 27(4): 04014152.

[234] Maaddawy T E, Soudki K. A model for prediction of time from corrosion initiation to corrosion cracking. Cement and Concrete Composites, 2007, 29(3): 168-175.

[235] Murakami Y, Nlsitani H. Stress intensity factor for circumferentially cracked round bar in tension. Transactions of the Japan Society of Mechanical Engineers, 1975, 41(342): 360-369.

[236] Din A, Lovegrove J M. Fatigue of cold worked ribbed reinforcing bar-a fracture mechanics approach. International

Journal of Fatigue, 1982, 4(1): 15-26.

[237] Chen G S, Wan K C, Gao M, et al. Transition from pitting to fatigue crack growth-modeling of corrosion fatigue crack nucleation in a 2024-T3 aluminum alloy. Materials Science and Engineering: A, 1996, 219(1-2): 126-132.

[238] Kondo Y. Prediction of fatigue crack initiation life based on pit growth. Corrosion, 1989, 45(1): 7-11.

[239] 中华人民共和国交通运输部. 公路工程结构可靠性设计统一标准: JTG 2120—2020. 北京: 中国计划出版社, 2020.

[240] Vu K A, Stewart M G. Structural reliability of concrete bridges including improved chloride-induced corrosion models. Structural Safety, 2000, 22(4): 313-333.

[241] Carpinteri A, Spagnoli A, Vantadori S. A fracture mechanics model for a composite beam with multiple reinforcements under cyclic bending. International Journal of Solids and Structures, 2004, 41(20): 5499-5515.

[242] Kashani M M, Maddocks J, Dizaj E A. Residual capacity of corroded reinforced concrete bridge components: state-of-the-art review. Journal of Bridge Engineering, 2019, 24(7): 1-13.

[243] Sun J Z, Ding Z H, Huang Q. Corrosion fatigue life prediction for steel bar in concrete based on fatigue crack propagation and equivalent initial flaw size. Construction and Building Materials, 2019, 195: 208-217.

[244] Holmen J O. Fatigue of concrete by constant and variable amplitude loading. Fatigue of Concrete Structures, 1982, 74: 71-110.

[245] Balaguru P N. Analysis of prestressed concrete beams for fatigue loading. Journal-Prestressed Concrete Institute, 1981, 26(3): 70-94.

[246] Ma Y F, Guo Z Z, Wang L, et al. Experimental investigation of corrosion effect on bond behavior between reinforcing bar and concrete. Construction and Building Materials, 2017, 152: 240-249.

[247] Wang L, Zhang X H, Zhang J R, et al. Simplified model for corrosion-induced bond degradation between steel strand and concrete. Journal of Materials in Civil Engineering, 2017, 29(4): 04016257.

[248] Ye Z W, Zhang W P, Hu Y, et al. Experimental study on effects of fatigue loading history on bond behavior between steel bars and concrete. Key Engineering Materials, 2016, 711: 673-680.

[249] Zhang X H, Wang L, Zhang J R, et al. Bond degradation-induced incompatible strain between steel bars and concrete in corroded RC beams. Journal of Performance of Constructed Facilities, 2016, 30(6): 04016058.

[250] Cairns J, Abdullah R B. Bond strength of black and epoxy-coated reinforcement - a theoretical approach. ACI Materials Journal, 1996, 93(4): 362-369.

[251] Giuriani E, Plizzari G, Schumm C. Role of stirrups and residual tensile strength of cracked concrete on bond. Journal of Structural Engineering, 1991, 117(1): 1-18.

[252] Wang X H, Liu X L. Modeling bond strength of corroded reinforcement without stirrups. Cement and Concrete Research, 2004, 34(8): 1331-1339.

[253] Coronelli D. Corrosion cracking and bond strength modeling for corroded bars in reinforced concrete. ACI Structural Journal, 2002, 99(3): 267-276.

[254] Bhargava K, Ghosh A K, Mori Y, et al. Suggested empirical models for corrosion-induced bond degradation in reinforced concrete. Journal of Structural Engineering, 2007, 134(2): 221-230.

[255] American Concrete Institute (ACI). Building code requirements for structural concrete and commentary. Farmington Hills, MI, 43: American Concrete Institute (ACI) Committee 318, 2008.

[256] EI-Tawil S, Ogunc C, Okeil A. Static and fatigue analyses of RC beams strengthened with CFRP laminates. Journal of Composites for Construction, 2001, 5(4): 258-267.

[257] Haskett M, Oehlers D J, Ali M S M. Local and global bond characteristics of steel reinforcing bars. Engineering Structures, 2007, 30(2): 376-383.

[258] Masoud S, Soudki K, Topper T. Postrepair fatigue performance of FRP-repaired corroded RC beams: experimental and analytical investigation. Journal of Composites for Construction, 2005, 9(5): 441-449.

[259] Enright M P, Dan M F. Service-life prediction of deteriorating concrete bridges. Journal of Structural Engineering, 1998, 124(3): 309-317.

[260] Arya C, Oforidarko F K. Influence of crack frequency on reinforcement corrosion in concrete. Cement and Concrete Research, 1996, 26(3): 345-353.

[261] Schiess P, Raupach M. Laboratory studies and calculations on the influence of crack width on chloride-induced corrosion of steel in concrete. ACI Materials Journal, 1997, 94(1): 56-62.